MAGDALEN COLLEGE LIBRARY

KV-372-209

ERM

300 20107M

MCMASTER COLLEGE LIBRARY
Shelf No.

MARCEL PROUST

MAGDALEN COLLEGE LIBRARY

DU MÊME AUTEUR

L'Œil de Proust (essai), Paris, Nizet, 1988.

Littérature canadienne-française et québécoise. Anthologie critique, Montréal, Beauchemin/Bordas, 1992.

Michel Erman

Marcel Proust

Fayard

940402

© Librairie Arthème Fayard, 1994

Avant-propos

« Écrire, disait Proust, est une grande tentation puisque c'est réaliser la vraie vie […] abroger toutes ses plus chères illusions, cesser de croire à l'objectivité de ce qu'on élabore soi-même[1]. » À interroger d'emblée l'intériorité, le biographe est naturellement porté vers l'existence dans ce qu'elle a de plus banal, voire d'incertain. Ainsi, la biographie d'un écrivain est un genre composite qui relève à la fois de l'érudition, de l'analyse critique des œuvres, dans la mesure où celles-ci permettent de dévoiler une intentionnalité, de l'art de la description, de la psychologie et surtout du récit qui donne son unité à l'ensemble.

Le biographe est un historien d'un genre particulier : il cherche à éclairer le mystère de la vie d'un autre qui exerce sur lui une indéniable fascination. S'il puise dans les archives, les manuscrits, les écrits intimes et toutes les sources heuristiques, s'il se réfère aux découvertes des sciences humaines, satisfaisant ainsi aux critères scientifiques d'objectivité, il emprunte tout à son modèle, ramène tout à lui, en fait sa créature, et dès ce moment il sait qu'elle lui échappe. Car c'est des intermittences, des énigmes, des absences de la vie que surgit l'irréductible singularité de l'être.

Il y a en Marcel Proust un être terrifiant et tragique qui n'est pas moins capable d'une immense sympathie pour autrui. Lucien Daudet a rappelé à quel point « il possédait cette imagination douloureuse qui fait voir en un instant toutes les formes de la misère[2] ». Il y a aussi en lui un goût infini pour le parler vrai d'Alceste amoureux donnant à la vie sa complétude de chaque instant. Le jeune Proust se plaît à rêver l'idée du bonheur, s'éprouve dans le monde, quête la notoriété, cherche sa patrie vécue ; le Proust de la *Recherche* élabore le spectacle dévoilé d'une conscience, lequel ne transpose rien mais présente la vie telle qu'elle est : plaisante et pitoyable, superbe et atroce. Jamais il ne date ses lettres, tout juste indique-t-il parfois le jour de la semaine, car le temps de l'écrivain est un éternel présent : il ne connaît le passé qu'au prisme de la subjectivité et ignore le futur identifié à la finitude.

L'épicurisme de la jeunesse a trouvé à s'exprimer dans l'œuvre de la maturité. Mais la vie du romancier en ses mille et une nuits, les contemporains l'ont souvent répété, s'est élaborée, pour une large part, sur le sentiment du tragique. Sans illusions, selon le mot de Paul Morand, Proust « a cherché à pénétrer l'essence du Temps, à l'amincir, à l'annihiler : le Temps s'est vengé comme un corps chimique se venge du savant en le faisant sauter[3] ».

La vie de Proust a déjà suscité bien des passions biographiques. André Maurois s'est attaché à révéler les personnalités diverses du romancier, la somme de George Painter porte en particulier sur le problème des sources, le « fragment de biographie » d'Henri Bonnet, ainsi l'auteur nomme-t-il son *Marcel Proust de 1907 à 1914*, a l'immense mérite de montrer l'écrivain au travail. Le livre que l'on va lire leur doit cetains aperçus, comme à la *Correspondance* établie par Philip Kolb, mais il consiste en une tentative différente, celle de recréer le flux de l'existence.

CHAPITRE PREMIER

Une bourgeoisie libérale
1871-1882

En juillet 1871, Auteuil, ancienne commune de la Seine, rattachée à la capitale par le baron Haussmann, est un lieu de villégiature pour les riches Parisiens en quête de paysages champêtres durant la belle saison. On y respire l'atmosphère de la province dont le calme contraste avec le brouhaha régnant à Paris, dû en particulier aux nombreux véhicules à chevaux qui parcourent le pavé des rues et des boulevards. Derrière de hauts murs se dissimulent d'élégantes demeures à deux étages entourées pour la plupart d'un jardin. La proximité du bois de Boulogne ajoute encore au caractère champêtre de l'ensemble. La quiétude du lieu a cependant été perturbée dans les mois passés. À l'hiver 1870-1871, Paris est assiégé par les Prussiens ; en mars, l'affrontement entre le gouvernement de Thiers, replié à Versailles par crainte des manifestations de mécontentement de la population, et la Garde nationale met la capitale en état d'émeute. En janvier 1871, Auteuil subit la canonnade ; pendant la Commune, la ville est occupée par les fédérés et reprise par les Versaillais le 21 mai. Depuis janvier, les Parisiens sont soumis au rationnement : ils ont droit à 30 grammes de viande de cheval par jour et par personne, le sucre et la farine se font rares, le pain est à peine digeste ; certains doivent, pour survivre, manger des animaux domestiques, voire des rats. De plus, une épidémie de dysenterie s'est déclarée. Après la capitulation, le 24 janvier 1871, les conditions de vie des habitants s'améliorent ; pourtant, en avril et en mai, beaucoup s'en vont en raison de la situation insurrectionnelle qui y règne. Parmi eux, un jeune couple qui vient de se marier civilement, le 3 septembre 1870, à la mairie du Xe arrondissement, en pleine confusion militaire et politique au lendemain de la défaite de Sedan : Adrien et Jeanne Proust.

Adrien Proust[1] est un brillant médecin qui occupe un poste de chef de clinique à l'hôpital de la Charité dans le service du professeur Guillet, ainsi que des fonctions de conseiller auprès du gouvernement. Il s'intéresse à la chimie du cerveau, mais également aux questions d'hygiène. À la suite de l'épidémie de choléra qui a frappé la France en 1866, il a tenté de convaincre les autorités de la nécessité d'une prophylaxie de la maladie qui passe obligatoirement par une étude des étapes de sa propagation. On sait, à l'époque, qu'elle est due à un bacille, mais le dogme de la génération spontanée a la vie dure. En 1869, le docteur Proust est chargé par le gouvernement d'étudier les voies de pénétration de la maladie vers l'Occident. Il part pour Moscou puis traverse les steppes du Caucase et la Perse, où il est reçu par le shah ; il gagne ensuite La Mecque et revient en Europe par la Turquie. Ses observations le persuadent que la maladie trouve son origine aux Indes et qu'il convient d'établir des barrières sanitaires de surveillance en Égypte, car les voyageurs en provenance d'Orient passent par le canal de Suez. La réussite de sa mission, effectuée dans des conditions difficiles, ce qui prouve son courage et témoigne de sa grande vigueur physique, lui vaudra d'être nommé dans l'ordre de la Légion d'honneur en août 1870.

À l'âge de trente-six ans, Adrien Proust a épousé une belle jeune femme de vingt et un ans, Jeanne Weil. Elle est la fille d'un agent de change et la petite-nièce d'Adolphe Crémieux, le célèbre avocat et homme politique libéral. Celui-ci fait partie du gouvernement de la Défense nationale créé après la proclamation de la République, le 4 septembre. La jeune mariée est une femme très cultivée qui a été élevée dans le culte de l'esprit : elle est musicienne, parle plusieurs langues et possède l'amour des lettres. Sa famille paternelle est originaire de Moselle ; le grand-père, Baruch Weil, s'est installé à Paris au début du siècle, comme beaucoup de juifs devenus français avec la Révolution, et il a créé une manufacture de porcelaine vite florissante. Les fils de celui-ci, Nathé et Lazare, qui changera son prénom en Louis, vont faire prospérer leur patrimoine sous l'Empire. Le premier — le père de la mariée — est agent de change ; il a fait fortune dans la finance et vit maintenant de ses rentes. Le second s'est enrichi dans la fabrication et le commerce des boutons. Il appartient au conseil d'administration du Comptoir d'escompte de Paris, ce qui témoigne de sa réussite sociale. En 1857, il a fait l'acquisition d'une propriété comportant une grande maison et un parc, sise au 96, rue La Fontaine, à Auteuil.

Adrien Proust est le fils d'un boutiquier qui tenait une épicerie-mercerie à Illiers, un petit village de la Beauce, situé au sud de Chartres. Celui-ci a gagné quelque argent en fabriquant des bougies stéariques et des cierges qui remplacèrent dans les années 1830 les chandelles de suif[2]. Adrien fut un élève brillant, une bourse lui permit de suivre des études secondaires à Chartres et il envisagea, un temps, d'entrer au séminaire, peut-être pour obéir à la volonté paternelle — la famille est très catholique — ou parce que la prêtrise représente une manière de promotion sociale pour un jeune homme d'extraction modeste. En fait, après le baccalauréat, il entreprendra sa médecine à Paris. À l'époque, la faculté de médecine est un cercle de libres penseurs frottés des théories matérialistes et scientistes. Il obtint le titre de docteur le 29 décembre 1862 avec une thèse sur le pneumothorax. Les époux ne viennent donc pas du même milieu social, bien que tous deux soient issus de familles de commerçants. Cependant, les activités d'Adrien Proust lui assurent un traitement élevé et sa notoriété égalera bientôt celle des Weil.

Pour l'heure, le jeune couple s'est installé dans l'appartement qu'Adrien a loué 8, rue Roy, dans le VIIIᵉ arrondissement. La République vient d'être proclamée par Gambetta, Jules Favre et Jules Ferry ; la guerre contre la Prusse se poursuit. Paris est bientôt en état de siège ; certains habitants s'en vont, mais le docteur Proust ne peut abandonner son poste à l'hôpital de la Charité. Jeanne, qui est enceinte, décide de rester à ses côtés. Après l'armistice, le calme ne dure pas ; Paris, qui refuse la défaite et craint une nouvelle restauration, est en ébullition. La Commune est élue le 26 mars ; le tocsin et le tambour résonnent à toute heure. Adrien Proust n'en continue pas moins d'accomplir son service à l'hôpital. En mai, au moment où l'armée attaque la capitale aux mains des communards, la balle d'un insurgé le manque de peu alors qu'il se rend à son travail. Après cet incident, le couple juge plus sage que Jeanne s'en aille habiter la maison que l'oncle Weil possède à Auteuil afin que sa grossesse se termine dans des conditions moins dangereuses.

Marcel Proust naît le 10 juillet 1871 à onze heures et demie du soir au 96, rue La Fontaine, à Paris, dans le quartier d'Auteuil (XVIe arrondissement[3]). Le nouveau-né est chétif et donne quelque inquiétude à ses parents. Mais il survit et il est baptisé, le 5 août, en l'église Saint-Louis-d'Antin. Ce sera un enfant fragile, demandant des soins attentifs, refusant parfois de se nourrir, et cherchant à vivre en osmose avec sa mère bien au-delà du temps du sevrage. La violence de la répression exercée par Thiers contre la Commune effraie beaucoup de gens. Bien qu'ennemis des extrêmes, Adolphe Crémieux, les Weil et les Proust ont dû être horrifiés par tant de sang. Marcel naît donc dans une atmosphère délétère.

La propriété de Louis Weil est une grande maison de trois étages à laquelle viendra s'ajouter une aile, construite en 1876, comprenant plusieurs pièces destinées à accueillir les Proust[4]. En effet, dès l'arrivée des beaux jours, la famille entière s'y installe à demeure. Un grand parc planté de marronniers et comportant une pièce d'eau entoure la maison. Le jeune Marcel passera bien des printemps et des étés à Auteuil ; il s'en souviendra avec bonheur : « Cette maison que nous habitions avec mon oncle, à Auteuil au milieu d'un grand jardin [...] était aussi dénuée de goût que possible. Pourtant je ne peux dire le plaisir que j'éprouvais quand après avoir longé en plein soleil, dans le parfum des tilleuls, la rue La Fontaine, je montais un instant dans ma chambre où l'air onctueux d'une chaude matinée avait achevé de vernir et d'isoler, dans le clair-obscur nacré par le reflet et le glacis des grands rideaux (bien peu campagne) en satin bleu Empire, les simples odeurs du savon et de l'armoire à glace ; quand après avoir traversé en trébuchant le petit salon [...] j'entrais enfin dans la salle à manger à l'atmosphère transparente et congelée comme une immatérielle agate que veinait l'odeur des cerises[5]. » Si Auteuil est le véritable jardin de l'enfance, le village d'Illiers marquera aussi son imaginaire. Marcel a six ans quand ses parents prennent l'habitude d'aller passer les vacances de Pâques dans la famille d'Adrien Proust. Ils sont accueillis par la sœur de ce dernier, Élisabeth, mariée à Jules Amiot qui tient un commerce de nouveautés sur la place du Marché, après avoir fait fortune en Algérie. Les Amiot habitent une petite maison sise rue du Saint-Esprit. Illiers est un gros bourg un peu triste, le logis n'est guère confortable, une atmosphère un peu compassée s'en dégage comme si le temps s'était arrêté. Mais la vie y a des charmes incomparables dans sa permanence même, avec ses travaux champêtres, ses commérages et sa vie de paroisse.

La naissance de Robert, le 24 mai 1873, va ravir Marcel à l'attention exclusive de sa mère. Les deux frères seront élevés ensemble, selon les mêmes principes, mais tandis que le cadet deviendra un garçon sûr de lui, l'aîné, sans cesse en quête de marques d'attention, se montrera souvent affecté par la moindre contrariété, passera brusquement de l'exaltation à l'abattement. À sa mère qui lui demande quel cadeau il désire pour le Jour de l'An, il répond : « Donne-moi ton affection. » Et cette dernière de le traiter gentiment de « petit imbécile[6] ». À l'égard de Robert, Marcel va employer inconsciemment une stratégie d'évitement : la jalousie suscite en lui un sentiment de culpabilité intolérable qui vient renforcer encore la sensation douloureuse que lui renvoie le désir presque agressif qu'il manifeste à sa mère. Quant au père, absorbé par son travail de clinicien et ses charges de médecin sanitaire, attentif à mener une carrière brillante qui nécessite d'entretenir de

MAGDALEN COLLEGE LIBRARY

nombreuses relations dans le monde politique, il est peu présent. De temps à autre il manifeste quelques accès d'autorité, attendus, presque souhaités par Marcel. Le petit garçon a, en effet, conscience qu'il entre en rivalité avec son père ; en retour le châtiment lui semble naturel, attiré qu'il est par la concomitance du plaisir et de la crainte.

Tous les témoignages concourent à tracer de Marcel le portrait d'un enfant altruiste et généreux, d'un bon garçon comme en rêvent les familles bourgeoises bien-pensantes. Il est vrai qu'il est plein de bonne volonté, qu'il montre une extrême gentillesse en toutes choses, craignant toujours de faire de la peine s'il ne paraît pas assez prévenant. Ce désir de faire plaisir et de se conformer aux attentes familiales est tout à la fois une quête effrénée d'amour et une manière de résoudre les tensions suscitées par cette jalousie à l'encontre de Robert, jalousie qu'il ne peut pas vraiment exprimer. Puisqu'il lui faut partager l'amour maternel, il va se complaire dans une attitude régressive qui répète à satiété un attachement originel à la mère. Une après-midi de juin, au cours d'un jeu de cache-cache chez des camarades, dissimulé dans un placard rempli de vêtements féminins, le jeune Marcel éprouve au contact des étoffes et de leurs odeurs enfouies d'étranges sensations. L'expérience est banale chez bien des enfants, mais dans son cas elle est marquante : il se la rappellera bien des années plus tard, allant jusqu'à reconnaître que cette tension érotique se rapporte plus aux vêtements qu'au corps de la femme elle-même et qu'elle conduit à la seule satisfaction onaniste[7]. D'autre part, on relève dans la *Recherche* les traces symboliques d'un érotisme oral apparaissant comme la nostalgie profonde d'une satisfaction ancienne, le narrateur n'hésitant pas à comparer le héros recevant de sa mère puis de sa grand-mère le baiser vespéral à « un enfant qui tète[8] ». Nul doute que Marcel Proust devenu romancier aura associé pulsion et création.

Le gentil Marcel n'en éprouve pas moins des sentiments ambivalents envers ses parents. Adulte, il confiera à l'un de ses amis que « chaque fois que [ceux-ci] dînaient en ville, ou allaient, le soir, au théâtre [il se] tournait et retournait dans

[son] lit, [se] figurant que le cheval de leur voiture s'était emballé, que le théâtre brûlait[9] ». Désirer la mort des parents et se retrouver seul sont les fantasmes d'un enfant qui n'a jamais su symboliser la séparation avec sa mère, à telle enseigne qu'un éloignement momentané de cette dernière le plonge dans l'angoisse. Cela le rend peu sûr de lui, doutant toujours qu'il puisse être aimable. L'enfance a toutefois ses sortilèges capables de balayer toutes les tristesses. À Illiers, Marcel s'absorbe des heures dans le spectacle de la nature. Il se plaît dans le jardin d'agrément de l'oncle Amiot, décoré d'un petit pavillon aux allures orientalo-gothiques et planté d'arbres exotiques ; il aime aussi les promenades le long du Loir. Auteuil et ses maisons cachées derrière de hauts murs que surplombent des massifs de verdure l'enchante par son aspect mystérieux. Les lieux de l'enfance respirent le calme et la douceur de vivre.

En août 1873, les Proust emménagent dans un grand appartement de sept pièces, situé au premier étage — l'étage noble — du 9, boulevard Malesherbes, non loin de la Madeleine dans le VIIIe arrondissement. L'immeuble est haussmannien en diable, avec ses pierres de taille, ses balcons imposants, ses corniches comme des mâchicoulis, et il est pourvu de tout le confort moderne : eau courante, salle de bain, chauffage central, éclairage au gaz. Le prix de la location s'élève à 3 500 francs[10] par an ; en regard, un logement de deux pièces situé au cinquième étage, dans un quartier moins cossu, destiné à un ménage d'ouvriers ou d'employés revient à 200 francs. L'appartement est meublé selon le goût bourgeois de l'époque : meubles massifs Second Empire en acajou, tapis profonds, lourdes tentures, que d'aucuns compareront à « un bric-à-brac balzacien[11] ». Les Proust ont du personnel de maison, Augustine la femme de chambre et Eugène le valet ; ils les traitent de la façon la plus courtoise qui soit. À cette époque, habiter les VIIIe, IXe et XVIe arrondissements et employer des domestiques est un signe d'appartenance à la nouvelle classe bourgeoise aisée.

Si l'essentiel de la fortune vient du côté Weil — au moment de son mariage, Jeanne avait reçu 200 000 francs-or

de dot —, Adrien Proust bénéficie d'une reconnaissance
sociale. La mission qu'il a effectuée en Russie et en Perse
ainsi que ses travaux médico-psychologiques portant sur la
paralysie labio-glosso-laryngée et sur l'aphasie lui ont valu
l'estime des milieux scientifiques et gouvernementaux, en
même temps qu'ils lui conféraient une autorité suffisante
pour faire partie, en 1874, de la délégation française à la
conférence sanitaire de Vienne. À ses connaissances médicales, il lui fallut ajouter l'art de la diplomatie : certains
gouvernements se montraient, en effet, hostiles, pour des
raisons économiques, à la mise en place de mesures sanitaires destinées à lutter contre les maladies contagieuses, car
celles-ci auraient entravé leurs activités maritimes. D'autre
part, le docteur Proust a une consultation à l'Hôtel-Dieu et
sa clientèle privée devient de plus en plus huppée. Au plan
intellectuel, il est marqué par le positivisme. Disciple des
Lumières, il croit au progrès de la science et a foi en l'évolution de la société. Mais le bourgeois arrivé n'oublie pas
ses origines modestes : il donne des consultations gratuites
aux indigents dans les locaux du Parvis Notre-Dame,
annexe de l'Hôtel-Dieu où se trouve le bureau central des
hôpitaux de l'Assistance publique. Un humanisme profond,
qu'il juge indissociable de son activité de médecin, le porte
à plaider en faveur de l'application de mesures d'hygiène
dans le travail[12]. Au long de plusieurs rapports, il présente
des cas de maladies pulmonaires chez les mineurs et
d'intoxications chez les polisseuses de camées pour recommander une amélioration des conditions de travail.

Quant à Jeanne Proust, elle se partage entre l'éducation des
enfants, la tenue de son intérieur, surveillant avec tact et gentillesse le travail des domestiques, et la fréquentation de sa
parentèle. Peu encline à la vie mondaine, on la voit plus souvent dans les cabinets de lecture que dans les salons. De
temps à autre, elle va aux bains Deligny, situés sur les berges
de la Seine, pour obéir aux principes d'hygiène de son époux.
Elle est une parfaite maîtresse de maison qui sait recevoir les
relations de celui-ci : le docteur Pozzi, célèbre pour ses études
sur le cerveau et traducteur de Darwin, le docteur Duplay,

éminent chirurgien, et des hommes politiques, comme Jean Cruppi, l'un de ses cousins éloignés, qui a épousé une petite-fille d'Adolphe Crémieux et deviendra ministre.

Les Proust appartiennent donc à une bourgeoisie salariée jouissant d'une fortune personnelle. Ils ont des principes d'économie que la stabilité de la monnaie transforme en rentes dans les dernières années du siècle. Mme Proust tient les comptes de façon scrupuleuse, chaque dépense fait l'objet d'une attention toute particulière. Ils consacrent cependant une somme d'argent importante à leur habitation et à leurs voyages d'agrément : ils vont en cure et prennent des vacances sur la côte normande. Jeanne Proust, sans renier ses origines, se sent de plain-pied avec la culture française et donne à ses enfants une éducation libre de toute confession dans laquelle apparaît sa condition de bourgeoise « intellectuelle » ouverte sur les cultures étrangères : elle fera lire à ses enfants les romans de Dickens et de Stevenson. Elle ne se reconnaît pas dans la grande bourgeoisie juive des Rothschild, non plus que dans les juifs des classes moyennes qui se poussent du col. D'autre part, les Proust représentent bien la famille malthusienne de l'époque, qui limite les naissances, pratique l'épargne et se préoccupe de l'avenir professionnel des enfants. Leur idéal d'honorabilité est tempéré par l'attention qu'ils portent aux injustices sociales. Adrien Proust a des sympathies à gauche qui l'amènent, vers 1880, à se retrouver avec les radicaux, lesquels réclament une « République démocratique et sociale ». Il est vrai qu'il s'abstint toujours de manifester publiquement ses idées, par respect du devoir de réserve que lui imposent ses fonctions mais sans doute aussi par prudence, pour ne pas contrarier ses ambitions. Toutefois, en 1882, à l'occasion d'un procès pour diffamation qui opposait *La Lanterne* et *Le Petit Parisien* à un ouvrier graveur, Charles Chabert, membre du parti ouvrier socialiste et candidat, l'année passée, aux élections législatives à Rennes, il est le témoin de ce dernier et fait quelque objection, au moment de déposer, à prêter serment sur la croix.

MAGDALEN COLLEGE LIBRARY

On sait peu de choses sur la formation primaire du jeune
Marcel ; il faut supposer que son frère et lui ont dû avoir des
institutrices privées. À l'âge de huit ans, trois lettres écrites
à son grand-père[13] montrent qu'il maîtrise mal le matériau
lexical et l'orthographe, mais, à dix ans, il étudie déjà l'allemand et le latin, sans doute sous la conduite de sa mère.
À l'époque, l'école n'est pas encore obligatoire — elle le
deviendra en 1882 —, mais la plupart des enfants vivant en
milieu urbain fréquentent un établissement à compter de
l'âge de huit ans. Depuis les années 1830, il existe des
écoles normales de garçons destinées à former les maîtres.
La pédagogie qui y est enseignée se ressent beaucoup de la
tradition religieuse et scolastique, prônant un apprentissage
autoritaire au détriment de l'éveil de l'esprit. En 1881, c'est
dans un établissement primaire tout différent, auquel un
décret vient de donner un statut officiel, que les Proust décident d'inscrire Marcel. L'école Pape-Carpantier, sise 41, rue
Gay-Lussac, pratique une pédagogie d'inspiration rous-
seauiste qui s'étaie sur les qualités spontanées des enfants et
sur l'expérience, plutôt que sur la contrainte, selon les idées
de sa fondatrice, Marie Pape-Carpantier. Celle-ci a publié
de nombreux ouvrages où elle défend un enseignement
concret, adapté aux capacités des élèves et respectueux de
leur liberté de perception et d'expression[14]. L'école est fréquentée par des enfants appartenant à la bourgeoisie ;
Marcel fait, entre autres, la connaissance de Jacques Bizet,
fils de feu l'auteur de *Carmen*, dont la mère s'est remariée
avec l'avocat Émile Straus, un ami de Georges Weil. Ces
principes d'éducation, tendant à responsabiliser l'enfant et à
lui donner confiance en soi, recoupent les idées des Proust,
qui pratiquent le dialogue avec leurs fils et se montrent toujours attentifs à faire admettre les choses plutôt qu'à les
imposer ; le dessein ultime étant de développer leur volonté.
   Précisément celle-ci semble faire défaut à Marcel, du
moins en fonction des attentes paternelles. Longtemps
Adrien Proust déplorera que son fils s'abandonne à ses idiosyncrasies, qu'il se montre incapable de dominer les mouvements de sa sensibilité. De plus, sa faiblesse physique ne le

prédispose pas à la pratique des exercices sportifs que le père juge nécessaires à la bonne santé. En 1880, Marcel fait une chute aux Champs-Élysées et se casse le nez. Lors de sa première leçon d'équitation, il tombe de cheval et renonce vite à apprendre à monter. Certes, les séjours à Illiers favorisent la vie au grand air, mais il faudra les interrompre dès 1881. Au printemps de cette année Marcel est, en effet, victime d'une crise d'étouffement au retour d'une promenade au bois de Boulogne. Impuissant à calmer l'enfant, le docteur Proust appelle un confrère qui, ne sachant que prescrire, lui fait une injection de morphine, sans effet bénéfique. La crise fut si violente que Marcel a cru mourir. À une époque où l'on ne dispose guère de médications, la vie du petit garçon de neuf ans prend soudain un tour tragique. Sa famille va le surprotéger ; lui-même jouera, au plan affectif, de cette fragilité pour contrer les volontés de son père et accaparer les attentions de sa mère. L'hypothèse d'un asthme d'origine nerveuse lié à une sensibilité anormale du système neurovégétatif a été souvent avancée[15]. Il est probable que des facteurs névrotiques se soient ajoutés à une prédisposition physiologique, l'asthme intervenant comme un compromis pour résoudre le conflit opposant l'angoisse d'être séparé de la mère à l'impossibilité de rester l'enfant tout-puissant.

Si la famille renonce à Illiers, non seulement parce que l'air de la campagne est susceptible de provoquer des crises d'étouffement, mais aussi en raison de l'incommodité de l'endroit, elle n'abandonne pas pour autant ses habitudes à Auteuil. Bien que la rue La Fontaine soit plantée de tilleuls et le jardin de l'oncle Louis d'aubépines et de lilas, l'air d'Auteuil n'est pas néfaste à Marcel. La maison est une ruche où trois générations se côtoient. Le maître des lieux, l'oncle Louis, à qui l'on prête avec une pointe de désaveu une vie galante, et son frère Nathé, qui dispose d'une partie de la maison, accueillent gracieusement le reste de la famille une fois le printemps revenu. Outre Adèle, née Berncastel, la femme de ce dernier, il y a leurs enfants : Georges, né en 1847, exerçant alors la profession d'avocat, et Jeanne, la mère de Marcel. Chaque matin, le docteur

MAGDALEN COLLEGE LIBRARY

Proust se rend à Paris, soit en tramway, soit en empruntant l'omnibus à chevaux Auteuil-Madeleine, ce qui montre combien la villégiature reste urbaine. Parfois, d'autres membres des familles Weil et Crémieux se retrouvent à l'occasion des déjeuners du dimanche. En 1882, Marcel et Robert feront la connaissance d'un de leurs cousins, Lionel Hauser, un garçon brillant qui vient d'obtenir le baccalauréat à l'âge de quatorze ans et entame des études à l'École commerciale de l'avenue Trudaine. L'esprit caustique de l'oncle Louis marque le jeune Marcel. Mais c'est la grand-mère qui a le plus d'ascendant sur lui et sur son frère. Elle leur raconte à l'envi les fastes de sa jeunesse dans le salon des Crémieux, où elle a rencontré de nombreux écrivains comme Lamartine, Victor Hugo et George Sand, tout en prenant part aux débats philosophiques des saint-simoniens qui s'y retrouvaient[16]. C'est une femme d'esprit, pleine de gentillesse, qui ne manque pas de donner à ses petits-enfants le goût de la culture. Elle les incite, en particulier, à lire les romans champêtres de George Sand, sensible qu'elle est aux « droits du cœur » que revendique la romancière.

Né dans un milieu aisé et cultivé, une bourgeoisie voltairienne où se rencontrent le commerce, la banque, la médecine et la politique, Marcel Proust connut sans conteste une enfance protégée. Toutefois, l'inquiétude qui habite son cœur témoigne d'un état de détresse, que les crises d'étouffement vont renforcer, et d'une nostalgie du paradis perdu.

CHAPITRE II

De l'enfance à l'adolescence

1882-1887

L'arrêté de Jules Ferry du 2 août 1880, qui constitue une modification pédagogique profonde, substituant aux méthodes d'apprentissage minutieuses héritées des jésuites la nécessité de développer les aptitudes au raisonnement dans le dessein de former des têtes bien faites, vient d'entrer en vigueur lorsque Marcel Proust entame des études secondaires. Ses parents ont choisi de l'inscrire au lycée Fontanes, qui retrouvera bientôt le nom de Condorcet, situé rue Caumartin, non loin de leur domicile. L'établissement a conservé quelques traditions anciennes liées à sa création, en 1803, sous le Consulat, comme le roulement de tambour, remplacé ailleurs par la cloche, qui annonce le début des cours ; mais à l'inverse des lycées de la rive gauche, la discipline y est moins stricte, les bâtiments plus accueillants, bien qu'il s'agisse d'un ancien couvent, et l'atmosphère plus libre[1]. Fréquenté par les fils de la bourgeoisie du boulevard Haussmann et du XVIᵉ arrondissement, c'est un lycée chic : les études sont sérieuses, mais on ne néglige pas pour autant les disciplines annexes. Certains élèves ont fondé, en 1882, le Racing Club du bois de Boulogne. On les voit s'entraîner à la course à pied, le dimanche, en tenue de jockey. Les réformes de Jules Ferry n'étaient pas du goût du corps enseignant dans son ensemble, d'autant plus qu'elles s'attaquaient au sacro-saint discours latin[2]. Toutefois, à

MAGDALEN COLLEGE LIBRARY

Condorcet, elles rencontrèrent moins de résistance qu'à
Louis-le-Grand ou à Charlemagne.

Marcel Proust entre en classe de cinquième le 2 octobre
1882. En tant qu'externe, il porte le costume civil et regagne
deux fois par jour le domicile familial. Sa frêle constitution
et ses crises d'asthme le tiendront souvent éloigné des
classes au long de ses études, ce qui fera de lui un collégien
peu ordinaire, parfois lointain avec ses camarades. En cinquième, les élèves sont astreints, chaque semaine, à trois
heures de français, dix heures de latin, trois heures d'allemand, quatre heures de sciences, trois heures d'histoire et de
géographie, et deux heures de dessin. Ces horaires ne
varient guère d'une classe à l'autre du premier cycle ; celui
de latin est seulement un peu diminué en quatrième pour
permettre l'enseignement du grec, à raison de six heures
hebdomadaires. On le voit, les humanités traditionnelles
tiennent le haut du pavé dans le secondaire et imposent leurs
méthodes de travail : l'analyse grammaticale, la traduction
et l'apprentissage par cœur de résumés des leçons. Le jeune
Proust est un élève appliqué ; cependant, le professeur de
latin et de français relève sa trop grande tendance à l'imagination. Il arrivera que sa conduite soit jugée à peine satisfaisante, sans doute était-il parfois inattentif ou faisait-il
preuve d'indépendance d'esprit. Les résultats scolaires en
français, en latin puis en grec seront en général bons, malgré
quelques faiblesses dans cette dernière matière qui l'intéresse moins. Mais en allemand et en mathématiques, ils
seront juste passables, sauf pendant l'année de troisième au
cours de laquelle l'élève semble s'appliquer à l'étude de ces
disciplines, qu'il juge bien rébarbatives. En français, il
découvre les auteurs classiques : Corneille, Racine, Boileau ;
la peinture dramatique de la nature humaine qui ressort de
leurs œuvres flatte ses imaginations où le malheur le dispute
au renoncement et éveille en lui le goût des aventures romanesques. Mis à part le français, les matières qui le passion-
nent le plus sont les sciences naturelles et l'histoire[3]. Pour ce
qui concerne la première, la personnalité de son professeur
de quatrième, Georges Colomb, esprit délié et fantaisiste —

sous le pseudonyme de Christophe, il fera bientôt paraître des histoires plaisantes et pittoresques comme *Le Sapeur Camembert* et *La Famille Fenouillard* —, y fit beaucoup ; il pratiquait un gai savoir qui détonnait au milieu des voix sobres et parfois laborieuses de bien des professeurs. Quant à l'histoire, c'est une discipline particulière, parce qu'elle a connu des fortunes diverses au cours du siècle qui s'achève. La Restauration l'avait presque fait disparaître des programmes, le Second Empire commençant avait tenté de l'utiliser comme moyen de propagande, avant que l'historien Victor Duruy, ministre de l'Instruction publique, ne l'établisse, en 1863, dans tous ses droits scientifiques et pédagogiques[4]. Dans les années 1880, il est indéniable que son enseignement joue un rôle patriotique pour une France encore humiliée par la défaite de Sedan. Les lycéens étudient dans les ouvrages de Lavisse, qui insistent sur l'idée de continuité de la nation française. L'arrêté du 12 août 1880 précise que l'histoire « devra mettre en lumière le développement général des institutions d'où est sortie la société moderne, elle devra inspirer le respect et l'attachement pour les principes sur lesquels cette société est fondée[5] ». Si l'on fait fi de l'aspect patriotique, c'est une discipline de réflexion qui s'étaie sur la pratique du récit. En troisième, Marcel Proust lui prête toutes les vertus de l'imagination. Cette passion pour l'histoire ne le quittera plus. Il l'associe à ses premières admirations littéraires et se plaît à composer des narrations dont les sujets renvoient à l'histoire de Rome ou à celle de la Grèce. À treize ans, il s'initie à l'histoire romaine dans Tacite. Deux ans plus tard, il lit avec avidité l'*Histoire de la conquête de l'Angleterre par les Normands* d'Augustin Thierry durant des vacances passées à Illiers, en compagnie de ses parents venus régler la succession de la tante Amiot.

Au fil de ces trois années de collège, l'esprit du jeune garçon s'éveille peu à peu à la culture dans laquelle il trouve des compensations à une vie perturbée par la maladie. Il souffre, en effet, d'un déséquilibre du système neurovégétatif provoqué par les pollens et la poussière, en d'autres termes d'un asthme allergique. Au printemps 1884, il a de fortes crises qui le tiennent éloigné du lycée et, l'année suivante, en classe de troisième, il sera absent durant tout le dernier trimestre. Les crises s'accompagnent de fièvre, d'affections laryngées et, parfois, d'hémorragies. Les médecins appelés à son chevet sont souvent impuissants ; ils prescrivent des cautérisations nasales, traitement douloureux et sans grand effet. Pendant ces périodes de réclusion forcée, il prend des cours particuliers. Sa mère lui sert souvent de répétitrice en langues anciennes, en allemand et en français. C'est pour elle que le « pauvre loup », comme elle aime à l'appeler, rédige des compositions qui disent symboliquement combien il est un garçon triste, perpétuellement en quête de consolation et de tendresse. D'habitude toute dévouée à la carrière de son mari et occupée à la tenue de son intérieur, elle vit alors pour lui, et pour lui seul. La maladie les réunit. À quatorze ans, Marcel pense que le plus grand malheur qui pourrait le frapper serait d'être séparé d'elle. Si Jeanne Proust couve son fils à l'excès, encourage sa sensibilité délicate et favorise son goût pour les livres, elle se montre parfois surprise, voire réprobatrice, devant ses accès de gentillesse et de compassion. Marcel ne peut croiser un malheureux dans la rue sans lui donner une pièce. Un jour, il installe les livreurs d'un grand magasin autour de la table familiale pour leur servir une collation. Sa mère fut étonnée de le trouver en semblable compagnie, habitudes bourgeoises obligent. Quant au père, il n'a pas toujours la patience nécessaire pour admettre les comportements de son fils.

Les valeurs de vertu et d'application que l'enseignement scolaire propose aux lycéens servent de refuge au jeune Marcel. Jamais il ne se révoltera contre elles, à la manière d'un Jules Vallès par exemple. En 1883, il est très fier de pouvoir offrir à sa grand-mère pour sa fête la couronne qu'il vient d'obtenir lors de la distribution des prix. S'il acquiert très vite une maturité intellectuelle remarquable pour un jeune adolescent, au plan affectif il ne souhaite pas quitter le monde de l'enfance. À quatorze ans, Pline le Jeune, dont les *Lettres* ont sans doute fait l'objet d'une version scolaire, est son héros. Le goût de la mesure et du bonheur que professe l'épistolier semble un idéal à atteindre. D'autre part, il sait par cœur des vers de Musset chantant la douleur et la souffrance. Cette double postulation constitue un trait marquant et durable de son caractère. Dans le même temps, il va jouer aux Champs-Élysées dans la partie de l'avenue qui s'étend de la Concorde au théâtre Marigny, bordée de boutiques proposant, pour certaines, du pain d'épices et des sucres d'orge, pour d'autres des ballons et des billes d'agate, et égayée par les chevaux de bois, les jeux en plein air et le théâtre de Guignol. Il aime mieux, en général, la compagnie des filles à celle des garçons. Antoinette Faure, la fille du député du Havre, futur président de la République, est sa compagne de jeux préférée. Elle est vive et remuante, alors que Marcel, qui n'aime guère les jeux d'adresse, ne cherche qu'à l'entraîner à l'écart pour lui réciter des vers. À seize ans, il continue à fréquenter l'endroit, le jeudi ou après les heures de classe, et se lie avec des camarades plus jeunes, comme Robert Dreyfus, qu'il charme en leur parlant de Racine, de Musset et de Hugo. Garçon délicat, à la nature sensible, intimement lié à sa mère, comme si la maladie scellait entre eux un pacte, tel est Marcel Proust en 1885, à la veille de son entrée en classe de seconde.

Les vacances sont le temps privilégié de l'épanouissement de la vie affective. Enfant, il connut les plages de la Manche que la bonne société du Second Empire avait mises à la mode. À l'été 1881, il accompagna, seul, sa grand-mère à Cabourg, petite station familiale qui vit à l'ombre de la déjà luxueuse Deauville. L'intimité qui règne entre la vieille dame et l'enfant ressemble en tous points à l'intimité désirée avec la mère ; Adèle Weil est une « mère » bonne et fidèle, sans reproche, qui ne fait pas l'objet de sentiments troubles de jalousie. À partir de 1885, les séjours au bord de la mer sont remplacés par des vacances à Salies-de-Béarn, station thermale des Basses-Pyrénées où Mme Proust doit prendre les eaux. Les deux frères accompagnent leur mère, mais s'ennuient un peu. Une cliente de l'hôtel, la belle Mme Catusse, qui deviendra une amie intime de Mme Proust, les distrait par son charme et ses dons musicaux ; Marcel en

MAGDALEN COLLEGE LIBRARY

est secrètement amoureux. En 1886, les vacances sont studieuses : il a besoin de réviser ses connaissances scolaires, il travaille l'histoire, les langues anciennes, commente l'*Énéide* et lit *Eugénie Grandet*. L'année de seconde qui vient de s'écouler a, en effet, été désastreuse ; il a quitté le lycée à la fin du premier trimestre pour ne plus y retourner en raison d'un très mauvais état de santé. Les années suivantes, Mme Proust n'emmène que Robert en villégiature, ce qui ravive le sentiment de jalousie envers le cadet, lequel est par ailleurs doué de qualités qui font défaut à l'indolent Marcel : il est vigoureux, intrépide et en bonne santé. Mais l'adolescent ne saurait manifester de véritable agressivité à son frère ; il se renferme dans la tristesse, puis se tourne vers des camarades plus jeunes que lui.

En octobre 1886, Marcel est donc contraint de redoubler sa seconde. Durant les mois passés il a beaucoup lu : Loti, Hugo, Balzac, Leconte de Lisle, Augustin Thierry ; il a maintenant la passion de la littérature ancrée en lui. Ses résultats scolaires sont brillants ; il remporte à la fin de l'année le second prix en histoire et deux accessits en latin et en composition française. Le 13 juillet 1887, il est même admis à composer aux épreuves du Concours général, mais il n'obtiendra pas de distinction. Il entre de plain-pied dans l'adolescence et en éprouve toutes les perturbations : les rêveries, les impatiences ainsi que la solitude. Il se renferme un peu sur soi en découvrant les tourments de la vie intérieure et se rejette dans la lecture : il est sensible au déchirement profond de Verlaine, comme à la religion de l'art et à l'idéal de perfection de Leconte de Lisle. La vie de l'esprit, c'est aussi un goût immodéré pour le théâtre. Depuis l'âge de douze ou treize ans, il rêve devant les affiches des colonnes Morris annonçant les spectacles de la capitale, mais ses parents ne l'autorisent pas à y assister. À l'époque, les théâtres sont des lieux peu salubres, surchauffés ou parcourus de courants d'air, et surtout poussiéreux ; d'autre part, les représentations durent trois à quatre heures, car les entractes sont prolongés pour permettre aux spectateurs d'aller se dégourdir ou se rafraîchir. Les acteurs en vogue,

Mounet-Sully — qui tient le rôle d'Hamlet, en octobre 1886, à la Comédie-Française — et Sarah Bernhardt, sont ses idoles. Ils représentent un modèle de réussite sociale, et sont surtout des intercesseurs entre la vie réelle et l'art, d'autant plus que l'époque est aux spectacles et élève les acteurs au rang de héros. Si, dans sa jeunesse, Marcel a tant aimé *Le Capitaine Fracasse*, c'est sans doute parce que le roman rapporte l'existence de comédiens ambulants au xviiᵉ siècle. Aux Champs-Élysées, il s'est épris d'une jeune fille qui vient jouer avec sa sœur, Marie de Bénardaky. Il a à peine seize ans et c'est sa première grande passion ; elle a treize ans, habite avec sa famille, émigrée de Russie, les beaux quartiers, et tient Marcel pour un simple compagnon de jeux. Chaque jour du mois de juillet il va aux Champs-Élysées, après la classe, dans l'espoir de la retrouver. Elle occupe ses pensées jusqu'à l'obsession, ses moindres paroles sont comme des promesses de bonheur, jamais concrétisées. Quand il ne la rencontre pas, il passe de longs moments à la guetter devant son domicile, rue de Chaillot. Les parents Proust, inquiets de voir leur fils aussi perturbé, font tout pour décourager ses élans. Jamais Marcel n'oubliera le visage et la silhouette de Marie, non plus que la proposition, désespérante, qu'elle lui fit de n'être qu'amis.

Le 14 juillet 1887, Marcel assiste à Auteuil à la traditionnelle revue. Il est impressionné, voire enthousiasmé, par la foule qui crie : « C'est Boulange, lange, lange », bien qu'il pense que le général, ex-ministre de la Guerre et champion d'un populisme revanchard, soit « un vulgaire batteur de grosse caisse[6] ». Sa mère, qui a des sympathies orléanistes mais se proclame républicaine, n'a pas apprécié que le général ait refusé de réintégrer les princes dans l'armée quand il était aux affaires. Le grand-père Nathé, proche des républicains modérés, ne goûte guère les manœuvres politiciennes du général qui avait bénéficié du soutien des radicaux pour entrer dans le gouvernement Freycinet, en janvier 1886. Quant au grand-oncle Louis, qui fut saint-simonien, il ne pouvait lui non plus être favorable à cet officier soutenu par la Ligue des patriotes de Déroulède. L'année précédente, au jour de la fête nationale, le « brav' général » avait reçu la même ovation, restée célèbre grâce à une chanson de Paulus créée à l'Alcazar, *En rev'nant d' la r'vue*, ainsi qualifiée par Anatole France : « C'est l'hymne des braillards [...]. Elle est inepte, cette chanson, elle est ignoble[7]. » Chez les Weil et les Proust, on est libéral, on se méfie des enthousiasmes populaires et l'on ne croit guère à l'homme providentiel. La respectabilité bourgeoise se mêle aux principes républicains garants de l'ordre social, menacé par l'instabilité gouvernementale comme par l'agitation nationaliste.

Pour une raison plus personnelle, le nationalisme ne pouvait que rebuter les Weil : il s'accompagne, en effet, d'un courant d'antisémitisme. Édouard Drumont vient de publier son pamphlet *La France juive*, succès populaire fortifié par le soutien de la presse catholique. Cependant, la famille maternelle de Marcel est parfaitement assimilée et n'accorde que peu d'importance aux traditions. Si l'oncle Louis porte parfois la calotte de drap, Nathé Weil admire les rites catholiques et, dit-on, aime à assister aux cérémonies à Notre-Dame. Quant à Adèle Weil et à sa fille, elles sont les héritières de la tradition laïque et intellectuelle des Crémieux. Les deux frères Proust ont été baptisés mais élevés en dehors de toute véritable confession, même s'ils reçurent quelques rudiments de catéchisme. Toute sa vie Marcel restera indifférent au sentiment du sacré ; il se dira catholique parce que l'Église a sa part dans la culture française. Enfant, il goûtait l'atmosphère des cérémonies religieuses qui rythment la vie, en particulier lors des séjours à Illiers, à l'époque de Pâques et à la Pentecôte. Ces fêtes régalent l'imagination, à la manière des nourritures dont Marcel raffolait quand il allait chez son oncle et sa tante Amiot, les épinards et la crème au chocolat[8] ; les unes comme les autres sont indissociables de la villégiature champêtre. L'adolescent de seize ans n'est guère tourmenté par les événements politiques non plus que par la religion. Au monde de la croyance, il préfère le monde des sensations, qu'il s'efforce de transcrire dans ses lettres à sa mère et à sa grand-mère, citant et pastichant, déjà, ses auteurs favoris comme Gautier ou Molière.

CHAPITRE III

Portrait en jeune homme sensible
1887-1891

En octobre 1887, Marcel Proust aborde avec enthousiasme l'année de rhétorique qui marque l'accomplissement des études secondaires. Il sait que l'horaire de la classe de français est porté à cinq heures hebdomadaires, au lieu de quatre en seconde, et qu'il va se consacrer à l'étude de l'expression de la pensée ainsi qu'à celle des questions de style. La réforme des programmes, mise en œuvre par Jules Ferry, a remplacé l'épreuve de composition latine du baccalauréat par une épreuve de dissertation française[1], donnant ainsi à la disciplinc un statut à part entière. Son professeur, Maxime Gaucher, critique littéraire à la *Revue bleue*, héritière de la vénérable *Revue politique et littéraire*, place son enseignement dans le courant moderniste en cherchant à développer l'intelligence et l'imagination des élèves. En revanche, le professeur de latin, Victor Cucheval, auteur d'un ouvrage sur l'éloquence latine, est un partisan des humanités traditionnelles ; cela n'empêche en rien le jeune lycéen d'apprécier sa rigueur. Mais les langues anciennes ne sont pas ses disciplines de prédilection, même s'il s'est toujours appliqué à leur étude. Cucheval portera sur son élève un jugement mitigé, relevant qu'il ne rend pas régulièrement les devoirs. Il convient de préciser que des troubles dyspepsiques sont à l'origine de nombreuses absences pendant le premier trimestre. En mathématiques et en allemand, les résultats scolaires de l'élève Proust sont juste passables, voire médiocres. Il sera pourtant reçu à la première partie du baccalauréat avec la mention Bien, et obtiendra un prix d'honneur en composition française.

Le jeune admirateur de Gautier, de Verlaine et de Leconte de Lisle aime écrire des vers parnassiens ; il voit dans le culte de la forme et l'exotisme une manière de transcender les vicissitudes de la vie. Les rêves de bonheur et de splendeur rejoignent les obsessions de la personnalité profonde de l'adolescent qui se sent inapte à vivre dans la réalité. La tentation est grande de transposer ses états d'âme dans ses dissertations, il ne répugne pas au pathétique et use parfois d'audaces rhétoriques empruntées à ses lectures parnassiennes et symbolistes. Maxime Gaucher l'encourage dans ce sens, lui demandant même de lire ses devoirs à haute voix devant toute la classe. Toutefois, l'élève se montre plus intéressé par la représentation de l'être intime dans les textes littéraires que par les questions formelles. Avec un art de la nuance, auquel le critique qu'était Gaucher ne pouvait être insensible, il évoque le sujet dans une dissertation portant sur le goût littéraire, à partir d'une phrase de Sainte-Beuve : « Celui qui aime passionnément Corneille peut n'être pas ennemi d'un peu de jactance. Aimer passionnément Racine, c'est risquer d'avoir trop ce qu'on appelle en France le goût, et qui rend parfois dégoûté. » Pour le jeune lycéen, c'est dans les œuvres les moins maîtrisées que l'écrivain s'arrache aux critères du goût et des principes, et qu'il révèle les traits de son génie irréductible : le drame de la moralité et l'idéal héroïque, pour Corneille, le réalisme farouche des passions, pour Racine[2], au sujet duquel il écrit, dans un autre devoir[3], que la sensibilité est sa qualité essentielle.

Ses camarades lui en veulent un peu d'être considéré par Gaucher comme le meilleur élément, d'autant plus qu'ils tentent aussi, avec moins de bonheur, d'écrire dans le style symboliste qui fait son charme. Marcel fréquente donc en dehors de sa classe des élèves plus jeunes que lui, auprès desquels il fait figure d'aîné. Il est lié avec Daniel Halévy, le fils du célèbre librettiste et académicien Ludovic Halévy, et avec son cousin, Jacques Bizet ; tous deux sont en classe de troisième. Robert Dreyfus, l'ami des Champs-Élysées, est en seconde. Il y a aussi Louis de La Salle, Robert de Flers, Jacques Baignères et Gabriel Trarieux, ce dernier étant un peu plus âgé. S'il exerce sur eux un certain ascendant intellectuel, il s'attire parfois les moqueries de ces gaillards pleins d'énergie qui comprennent mal les manifestations de son tempérament délicat, l'amenant à exprimer sans cesse trop de gentillesses et de prévenances. Ils créeront le verbe « proustifier » pour désigner ses attitudes, qu'ils jugent un peu puériles et précieuses. « Nous l'aimions bien, nous l'admirions, dira plus tard Halévy, pourtant nous restions étonnés, gênés par l'intuition d'une différence, d'une distance, d'un incommensurable invisible et réel entre nous[4]. » Le même Daniel Halévy a lancé, avec la collaboration de quelques élèves, dont Proust, une petite revue de lycéens polycopiée et distribuée à quelques exemplaires, *Le Lundi*. Le premier numéro, daté de novembre 1887, comporte une déclaration liminaire qui revendique le patronage de Verlaine et en appelle à tous les courants littéraires et artistiques. Dans une livraison du mois de décembre, Marcel Proust s'essaie à la critique dramatique : en reprenant les éléments exposés dans sa dissertation, il analyse la couleur locale chez Corneille et conclut que le génie de l'auteur se ramène à ses idiosyncrasies. Dans une autre contribution, il conteste les opinions de Faguet et de Brunetière, qui accusent Gautier de manquer d'idées, pour célébrer, à leur encontre, la puissance de l'imagination de l'auteur du *Capitaine Fracasse*[5]. Nul doute que l'enseignement de Gaucher a donné de l'assurance au jeune lycéen. Il peut se prévaloir, devant ses cadets, d'une connaissance de l'ensemble de la littérature que ceux-ci n'ont pas encore acquise. Aux impétuosités modernistes de certains d'entre eux, il opposera l'originalité véritable qu'il décèle chez les auteurs classiques et chez les parnassiens, Leconte de Lisle en particulier, pour qui l'idéal de beauté est une forme d'épicurisme.

L'ami le plus proche est Daniel Halévy ; Marcel aime son
assurance insigne et lui reconnaît une certaine supériorité
morale. C'est pourquoi il sera affligé lorsque celui-ci, soit
malice, soit impatience, le snobera à la fin de l'année scolaire. Il souffre de n'être pas compris dans son désir de toujours dire la vérité sur soi, tout en montrant — mais un peu
trop — le côté relatif de sa personnalité, car derrière l'affectation il se veut simple et confiant. Il adopte souvent des
attitudes que ses camarades jugent un peu féminines. C'est
qu'il ressent pour certains d'entre eux une attirance tendre et
sentimentale, et aimerait recevoir en retour des marques
d'affection. Au début de l'année 1888, Jacques Bizet fait
l'objet de toutes ses attentions, mais n'en a cure. Proust ne
louvoie pas avec ses émotions et ne craint pas de manifester
le désir qui l'obsède ; il écrit à Daniel Halévy : « Je sais [...]
qu'il y a des jeunes gens (et si ça t'intéresse et que tu me
promettes un *secret absolu*, même pour Bizet, je te donnerai
des pièces d'intérêt très grand à ce point de vue, à moi
appartenant, à moi adressées), des jeunes gens et surtout des
types de huit à dix-sept ans qui aiment d'autres types, veulent toujours les voir (comme moi, Bizet), pleurent et souf-
frent loin d'eux, et ne désirent qu'une chose, les embrasser
et se mettre sur leurs genoux, qui les aiment pour leur *chair*,
qui les couvent des yeux, qui les appellent chéri, mon ange,
très sérieusement, qui leur écrivent des lettres passionnées et
qui pour rien au monde ne feraient de pédérastie. Pourtant
généralement l'amour l'emporte et ils se masturbent
ensemble. Mais ne te moque pas d'eux et de celui dont tu
parles, s'il est ainsi. Ce sont en somme des amoureux. Et je
ne sais pas pourquoi leur amour est plus malpropre que
l'amour habituel[6]. » Bien qu'il s'attire moqueries et rebuf-
fades, Marcel ne renonce pas à déclarer ses tendances qui
exigent, on le voit, les plaisirs de la chair.

Ses attirances sont celles d'un adolescent qui n'a pas vraiment fait de choix sexuel, et que le besoin d'amour et de
communication morale pousse vers ses camarades du même
sexe. S'il n'est pas torturé par la conscience claire qu'il a de
ses inclinations, il redoute que lesdits camarades ne le

jugent mal. Lorsque ses élans le porteront vers Daniel Halévy, il tâchera de le convaincre de la pureté de ses sentiments, en même temps que de la beauté naturelle des plaisirs des sens, en lui écrivant quelques vers à résonance parnassienne :

> *Au gazon framboisé émeraude et carmin !*
> *Sans rustiques ennuis, guêpes, rosée ou givre*
> *Je voudrais à jamais coucher aimer ou vivre*
> *Avec un tiède enfant, Jacques, Pierre ou Firmin*[7].

Il ne se dit pas pédéraste, car il est également attiré par le sexe opposé. En fait, il rêve de relations homosexuelles sincères et innocentes, comme celles des émules de Socrate. Il n'est guère plus heureux avec les femmes. Un jour, au sortir du lycée, Daniel Halévy l'entraîne avec lui pour aller admirer une jeune femme dont la beauté rayonnante et les formes voluptueuses l'obsèdent. Mme Chirade tient une crémerie rue Fontaine ; les deux amis l'observent depuis le trottoir d'en face. Quelque temps après, Marcel, tombé amoureux, décide de se déclarer. Plein d'audace, il entre dans la boutique, un bouquet de fleurs à la main. La belle crémière sourit aux paroles du jeune homme, secoue négativement la tête et le pousse avec gentillesse mais fermeté vers la porte... À la fin des vacances d'été, il fait la connaissance de Laure Hayman, une demi-mondaine de trente-sept ans, charmante et cultivée, qui est la maîtresse, entre autres, de son grand-oncle Louis. Il lui fait une cour en règle, mais n'obtiendra pas ses faveurs. Elle lui accorde, en revanche, son amitié et le reçoit, même de manière impromptue, dans son boudoir intime décoré de porcelaines de Saxe, en l'hôtel particulier qu'elle habite, rue La Pérouse. Paul Bourget, un autre de ses admirateurs, l'avait prise pour modèle de l'héroïne d'une nouvelle intitulée *Gladys Harvey*. Elle offrira à Marcel, qu'elle surnomme affectueusement « Mon petit saxe psychologique », un exemplaire du livre, relié dans la soie d'un de ses jupons... ajoutant en dédicace : « À Marcel Proust / N'aimez pas une Gladys Harvey. »

Au jeune homme qui ne trouve pas à satisfaire ses désirs, il reste les amours respectueuses. Il est possible qu'il soit allé une ou deux fois dans les brasseries de filles de la rive gauche ; les serveuses portaient des costumes très courts et savaient se montrer accortes. Il est certain que, en mai 1888, il fait une visite dans un bordel, sur le conseil de son père, inquiet de ses habitudes masturbatoires. Le professeur d'hygiène qu'était Adrien Proust pensait qu'il convenait d'espacer ces pratiques, au risque d'exaspérer les sens et d'y laisser son énergie physique et nerveuse ; le dialogue de la chair devait tout naturellement y aider. C'est ainsi qu'il donne à son fils la somme nécessaire à l'assouvissement de ses besoins. Mais l'expérience se solde par un fiasco. De plus, Marcel, trop anxieux, rivalisant de maladresse, brisa un vase de nuit qu'il lui fallut rembourser. Avec la complicité de sa mère — il n'ose pas avouer cet échec à son père qu'il sait parcimonieux —, il demande alors au grand-père Nathé Weil l'argent pour une nouvelle tentative, affirmant, péremptoire, qu'il « n'arrive pas deux fois dans la vie d'être trop troublé pour pouvoir baiser[8] ».

Le concours apporté par la famille à l'initiation du fils témoigne, certes, d'une largesse d'esprit, mais a pour corollaire une grande emprise sur sa vie. Il en va de même pour le frère cadet, toutefois ce dernier s'émancipera vite du milieu familial. Le grand-père, en qui Marcel voit un cicérone — lors des élections générales de 1889, Nathé Weil lui explique qu'il convient de défendre la République contre les dangers du nationalisme monarcho-boulangiste —, et sa mère qu'il ne peut se résoudre à voir s'éloigner — à l'été 1888, elle est en cure à Salies-de-Béarn avec Robert, tandis que Marcel, désemparé, reste à Auteuil — le traitent souvent comme un enfant, lui faisant moult remarques, entre autres, au sujet de sa tenue à table. Fort heureusement la cellule familiale est aussi un lieu d'échanges intellectuels. On lit *Le Temps*, le journal de la bourgeoisie éclairée. Mme Proust et Marcel ont des goûts littéraires en commun ; ils vont souvent emprunter des livres dans un cabinet de lecture situé rue Saint-Lazare. Jeanne Proust aime les poésies de Musset, les romans de Loti et de France, elle consulte *La Revue des Deux Mondes* et s'intéresse aux débats littéraires contemporains autour du naturalisme. Il est indéniable que le climat qui règne au foyer familial n'est pas celui d'une culture bourgeoise figée. En janvier 1889, les Proust recevront même Renan à dîner, lequel offrira à Marcel une dédicace sur son exemplaire de la *Vie de Jésus*.

En octobre 1888, c'est un jeune homme désenchanté qui entre en classe de philosophie. A force d'introspection il a, en effet, perdu le sentiment du contact direct et immédiat avec les œuvres littéraires. L'idée du sublime associant la beauté à la connaissance intérieure, qui l'a galvanisé depuis quelques années, n'est plus que lettre morte. Il se complaît pourtant avec bonheur aux « fragiles chansons » de Charles Cros et se sent toujours imprégné de l'œuvre de Racine et de littérature classique en général, mais les lectures ne comblent plus autant qu'il le voudrait ses attentes. Il pressent que l'impuissance à être est une chose contre laquelle il est presque impossible de lutter. Il lui faudrait s'oublier, mais c'est là une perspective effroyable. Il attend donc de son professeur de philosophie, Alphonse Darlu, avec qui un courant de sympathie s'établit immédiatement, qu'il l'aide à combler ce vide existentiel.

Alphonse Darlu est un homme de quarante ans qui manifeste un talent conceptuel indéniable, mais n'a pas fait œuvre de philosophe, même s'il participe, quatre ans plus tard, à la création de la *Revue de métaphysique et de morale*. C'est aussi un homme libre. Jeune professeur de philosophie au lycée d'Angoulême, il n'a pas craint d'indisposer le clergé local en exposant les thèses positivistes dans ses classes. Il a été nommé à Condorcet en 1885 et deviendra, bientôt, maître de conférences de morale et de psychologie à l'École normale supérieure. Il conçoit l'enseignement de la philosophie comme un dialogue entre le maître et les élèves et cherche, par la parole, tantôt chaleureuse, tantôt stimulante, à faire naître en chacun une pensée propre. Il défend les thèses néo-kantiennes de primauté de l'esprit sur la nature et sait ramener les problèmes philosophiques à la simplicité des expériences sensibles quotidiennes. Proust se prend d'une admiration sans borne pour le maître qui fait de lui moins un lycéen qu'un disciple. Il l'attend à la sortie du lycée pour l'entretenir le long du chemin menant à son domicile ; il a même obtenu de ses parents de prendre avec Darlu des leçons particulières, qu'il aime à prolonger au-delà de l'heure convenue. En retour, le professeur a beaucoup d'estime pour son élève et lui décernera, à la fin de chaque trimestre, la mention Bien.

Dans l'étude de la logique, comme dans celle de la psychologie et de la morale, Darlu s'attachait à montrer comment toute réalité prend forme dans l'esprit. Il exigeait de ses élèves qu'ils écrivent dans une langue claire et univoque afin que leur pensée se libère de cette gangue qui enveloppe souvent les productions des apprentis philosophes. Les travaux de Proust qu'il nous est donné de consulter[9] attestent qu'il a effectivement renoncé — du moins dans ses dissertations — à l'emploi de tournures imagées et quelque peu affectées, pour user d'un style analytique, qui ne lui convient d'ailleurs guère, et indiquent qu'il inscrit sa pensée dans la conception idéaliste. Il est vraisemblable que Darlu recommandait la lecture des deux tomes des *Leçons de philosophie* d'Élie Rabier, lesquelles abondaient dans le sens d'une philosophie cartésienne attentive à déceler des relations et des lois.

Reconnaître le primat de la pensée, comme y invite Darlu, amène Marcel Proust à comprendre que la littérature réside dans le rendu de l'impression sensible. Avec ses camarades, Jacques Bizet, Daniel Halévy et quelques autres, il se lance à nouveau dans la réalisation d'une revue de lycéens. En octobre 1888, ils créent *La Revue verte*, feuille manuscrite distribuée à quelques lecteurs choisis. Chaque numéro donne l'occasion à ces jeunes gens épris de littérature et du commerce des idées de débattre longuement de leurs goûts. Les opinions de Marcel Proust sont écoutées avec intérêt, il fait montre d'une autorité intellectuelle que tous reconnaissent. Ils prétendent ensuite à une gazette de meilleure tenue. Ils achètent, à cet effet, des cahiers à couverture mauve chez un papetier de la rue du Havre et polycopient les contributions de chacun ; *La Revue lilas* connaîtra quelques numéros. Proust aurait aimé y publier un poème célébrant l'amour grec, ses amis s'y refusèrent. Il donne deux courts textes en prose, à la narration très subjective[10] mais soucieuse de rendre la manière dont la réalité investit la conscience. Il faut ajouter que la lecture exaltée de Barrès, faite par tout le petit groupe, a montré à chacun qu'il est possible de magnifier le réel tout en le soumettant à l'analyse.

Proust, qui aime à pasticher les écrivains, comme Michelet ou Catulle Mendès, prend peu à peu conscience que la littérature porte en soi l'être individuel et que celui-ci se manifeste moins dans une rhétorique que dans un effort constant pour explorer les catégories de l'existence. Il est séduit par le relativisme historique et esthétique de Renan et il lit avec intérêt les romans d'Anatole France et ses chroniques publiées dans *Le Temps*. Lui qui cherchait des règles à la beauté, pour combler cette distance intérieure qui s'était faite en lui, les a peut-être trouvées dans le rationalisme de Darlu, mais nul doute que la fréquentation de Renan, de Barrès et de France ne l'engage à considérer toute vérité comme relative, et à tenir le style pour la manifestation de l'évidence de l'être.

En dépit de quelques indispositions, la santé de Marcel Proust fut plutôt satisfaisante durant sa dernière année de lycée. Ses résultats scolaires furent bons, sauf en mathématiques et en physique. Il sera reçu bachelier ès lettres sans difficulté, le 15 juillet 1889. Il aura conçu un intérêt réel pour la philosophie et il aura tâté de la chose littéraire avec un certain succès, puisque c'est ce qui lui aura permis de prendre l'ascendant sur ses camarades. Il a aussi pu satisfaire son goût pour le théâtre. Le 13 octobre 1888, il assistait à une représentation d'*Athalie* ; le 19 décembre, il était à l'Odéon, pour la première de *Germinie Lacerteux*, la pièce tirée du roman des Goncourt, en compagnie de Jacques Bizet. Celui-ci l'a d'ailleurs introduit dans le salon de sa mère, Geneviève Halévy, la belle veuve de l'auteur de

Carmen, remariée avec l'avocat Émile Straus. Chez elle, il rencontre des gens de théâtre, mais aussi des membres de la noblesse, comme l'ambassadeur d'Angleterre Lord Lytton. Les propos que l'on tient sont très libres, et Marcel, apprenti dandy, s'applique à montrer son intelligence pour tenir sa place. Il apprend à goûter le charme des conversations mondaines, tantôt affectées, tantôt impertinentes. Il assiste aussi aux soirées musicales données dans le salon de la mère de son ami Jacques Baignères. Il est donc entré dans le milieu de la grande bourgeoisie artiste, milieu bien différent de la peu distrayante sphère familiale, élargie à des médecins et à des commis de l'État. Au total, grâce à ses acquis intellectuels et à son entregent social, il aura tenté de balayer le sentiment d'infériorité que lui donnent sa santé délicate et sa sensibilité douloureuse.

Après des vacances un peu tristes, sa mère est de nouveau partie seule à Salies-de-Béarn. Il a accepté par dépit l'invitation de son ami Horace Finaly à aller passer quelques jours à Ostende. Il se pose alors la question de son avenir. À l'époque, les jeunes bacheliers ont la possibilité de contracter un engagement volontaire conditionnel qui leur permet de ne faire qu'un an de service militaire au lieu des cinq imposés aux malchanceux du tirage au sort. Une nouvelle loi, promulguée dans l'esprit républicain du centenaire de la Révolution, doit mettre fin à ce régime. C'est pourquoi Marcel Proust devance l'appel et rejoint, le 15 novembre 1889, le 76e régiment d'infanterie cantonné à Orléans.

On peut s'interroger sur les raisons d'une telle décision qui n'alla sans doute pas de soi, puisque Marcel ne la prit qu'au dernier moment, quand il eut l'assurance qu'il pourrait choisir un casernement peu éloigné de Paris. Il n'a que dix-huit ans et sa constitution fragile ne laisse d'inquiéter sa famille. D'autre part, la nouvelle loi donnait aux diplômés de l'enseignement supérieur la même possibilité de ne passer qu'une année sous les drapeaux. Mais précisément, quelles études voulait-il entreprendre? Est-ce l'indécision sur leur nature, ajoutée à la résolution du docteur Proust d'imposer à son fils une école de volonté, qui conduisit celui-ci à la caserne Coligny? Toujours est-il qu'il trouva dans la vie militaire, malgré les corvées et les quelques permissions refusées, une forme d'insouciance, de tranquillité d'esprit, presque de bonheur, dont il garda le souvenir sa vie durant.

Sa santé délicate ne l'empêche pas de participer aux divers exercices et aux marches, de monter à cheval et de tirer les armes. Il suivra le peloton d'instruction, puis la formation de l'école de compagnie préparant à l'examen de sous-officier. En avril 1890, une hémialgie lui interdit toute activité physique violente. Il deviendra, alors, secrétaire au quartier général de la division. Dès les premiers jours, il a bénéficié d'un traitement de faveur en obtenant l'autorisation de loger en ville, car ses indispositions passagères gênaient ses compagnons de chambrée. Les fils de famille qui effectuaient leur volontariat obtenaient parfois des passe-droits; ils étaient destinés à devenir sous-officiers dans la réserve, ce qui leur donnait un certain prestige auprès de l'encadrement. Proust loue donc une chambre dans une pension sise 92, rue Bannier, non loin de la caserne Coligny. Les rigueurs de la vie militaire sont bien adoucies, d'autant plus qu'il entretient des rapports cordiaux avec les officiers, comme le lieutenant Armand de Cholet, membre du Jockey-Club, qui le priera à dîner, et le médecin-major Kopff, une relation de son père. La notoriété dont jouit alors le docteur Proust, titulaire depuis 1885 de la chaire d'hygiène de la faculté de médecine, fait que le préfet du Loiret, Paul Boegher, invite le jeune soldat Proust un soir de février 1890. Il rencontre à cette occasion un autre engagé volontaire, affecté au 30ᵉ régiment d'artillerie d'Orléans, qui deviendra plus tard l'un de ses proches amis. Robert de Billy avait connu une éducation rigoureuse; il trouvait dans l'idéal militaire et le sens de la discipline une issue naturelle. Il fut frappé par l'allure bien peu martiale du fantassin Marcel Proust, engoncé dans une capote trop grande, et qui a la fâcheuse manie de faire rouler la conversation du côté de la métaphysique.

À la fin de chaque semaine, Proust vient en permission à Paris. Sa mère, avec laquelle il correspond presque quotidiennement, l'attend et s'inquiète du moindre empêchement. Bien qu'elle pense que le service militaire peut contribuer à le rendre plus vigoureux, elle supporte mal son absence, d'autant qu'elle vient de perdre sa propre mère, le 3 janvier 1890. Durant cet hiver, elle se rejette sur la lecture du *Roman d'un enfant* de Loti, hymne filial à l'attachement maternel, et des lettres de Mme de Sévigné à sa fille. Les dimanches, Proust les passe chez Mme Arman de Caillavet, l'égérie d'Anatole France, qui tient salon littéraire avenue Hoche. En mai 1889, alors qu'il était encore lycéen, il a adressé une lettre à l'écrivain pour lui témoigner sa sympathie à la suite d'un article caustique d'un critique des *Débats* sur *Balthasar*. Il se dit un ardent lecteur des romans mais aussi des chroniques que France donne à la presse, ajoutant : « Vous m'avez appris à trouver dans les choses, dans les livres, dans les idées, et dans les hommes, une beauté dont auparavant je ne savais pas jouir[11]. » Il sera invité, en octobre, à venir le rencontrer dans le salon de sa maîtresse, fréquenté par beaucoup de gens de lettres attirés par la présence de celui qui commence à faire figure de maître à penser. Marcel Proust devient très vite un familier de la maison, ayant, d'autre part, noué amitié avec le fils, Gaston de Caillavet, futur auteur dramatique.

Le service militaire achevé, se pose la question du choix d'une carrière et des études supérieures qui doivent y mener. Adrien Proust, qui avait été nommé très jeune chef de clinique après des études médicales brillantes, alors commissaire écouté du gouvernement pour ce qui touche aux affaires sanitaires, aimerait que Marcel entre dans la haute administration : la diplomatie ou la magistrature — l'une comme l'autre jouissent d'un grand prestige aux yeux d'une bourgeoisie désireuse d'occuper toute sa place dans la gestion de l'État. Pour se conformer à la volonté paternelle, celui-ci s'inscrit, en novembre 1890, à la faculté de droit et à l'École libre des sciences politiques, où il retrouve Robert de Billy, Paul Grünebaum et Gabriel Trarieux, ces deux derniers

étant des anciens de Condorcet. Pendant trois ans Proust
sera un étudiant fantaisiste, prenant peu de notes, égarant
ses bibliographies, plus préoccupé de littérature que des
assommants cours de droit.

Lecteur de France, mais aussi de Barrès, sensible à l'énergie vitale que dégage son œuvre, et de Loti qui mêle la psychologie à l'exotisme dans ses romans, Proust n'en éprouve
pas moins un sentiment de malaise vis-à-vis de la littérature
contemporaine. Le pessimisme des décadents, le retour à
l'antique de Moréas, l'esthétisme en vogue un peu irréel,
tout cela ne le séduit guère. Mais ce qui l'agace franchement,
c'est le scepticisme de la critique. Il va aussi se découvrir des
talents de polémiste, talents en gestation à l'époque où il dia-
loguait avec ses condisciples de Condorcet, sentant en lui un
esprit supérieur qui devait trouver à s'exprimer. L'un de ses
premiers textes publiés[12] dans une revue de quelque audience
prend à partie le respecté Jules Lemaitre. Avec une étonnante
liberté de ton qui manifeste toutes les audaces de la jeunesse,
il reproche au critique du *Journal des Débats* de manquer
singulièrement de discernement en faisant de la critique de
café-concert, au lieu de s'intéresser aux chefs-d'œuvre classiques ou romantiques. Cette impéritie de jugement, dans
laquelle dogmatisme et scepticisme se mêlent au gré des
modes changeantes, l'insupporte. Elle est le fait d'un homme
de lettres fin de siècle, salonnard et décadent, tel qu'il
s'expose dans les *Essais de psychologie contemporaine* de
Paul Bourget. Son idéal d'alors : le trouvère du Moyen Âge,
mais aussi Hamlet ; ce qui témoigne de la dualité de sa personnalité. Proust voudrait ne songer qu'au chevalier coura-
geux et épris de perfection, mais le prince qui livre un
combat sans espoir habite son âme. Les travaux de psycho-
pathologie de l'époque, en particulier *Les Maladies de la
volonté* de Ribot, qu'il a lus, ainsi que les recherches de son
père sur l'aphasie et le dédoublement de la personnalité, le
confirment dans sa neurasthénie. Pendant l'année passée à
Orléans, il avait réussi tant bien que mal à endosser l'habit
du chevalier, faisant preuve de courage et d'énergie. Ce fut
une sorte de prolongement de l'adolescence, comme des

vacances de la vie ; cette vie qu'il lui faut maintenant affronter. Puisque les études n'ont guère d'importance, il va se consacrer à un art tout particulier, l'art de parvenir.

Le monde des salons bourgeois tient encore une place non négligeable dans les mœurs des écrivains, même s'il n'exerce que peu d'influence sur leurs écrits. On y parle plus de politique que de littérature ; ils ont pour principale vertu de parer du prestige d'homme du monde tous leurs invités. Proust a fait ses véritables premières armes dans le salon de Mme de Caillavet ; il eut même, un jour de 1891, l'occasion de dîner avec le troublant Oscar Wilde. Il fréquente toujours Mme Straus, chez qui il rencontre Bourget, Louis Ganderax, alors critique à la *Revue des Deux Mondes*, Porto-Riche et le monde du théâtre, et Mme Lemaire dont le salon rassemble le Tout-Paris des arts : des acteurs, comme Coquelin aîné et Réjane, côtoient des peintres, Jean Béraud, Édouard Detaille, des musiciens, des hommes politiques et des aristocrates. Mme Lemaire, qui peint des tableaux floraux, reçoit souvent dans son atelier, où elle organise des spectacles impromptus de théâtre et des soirées musicales. Grande, un peu hommasse, parfois péremptoire, elle est surnommée « la patronne » ; sa valeur mondaine ne fera qu'augmenter avec les années, puisqu'on rencontrera chez elle tout le gratin du faubourg Saint-Germain. La rivalité qui s'instaure entre les salons fait que l'on se dispute les personnes les plus en vue et qu'ainsi, « en être » permet de pénétrer plus avant dans ce monde un peu factice par ses futilités, mais ô combien important pour un jeune homme ambitieux, rêvant d'aventures mondaines et d'une carrière littéraire vers laquelle sa nature le porte.

Autant Marcel Proust redouble d'assurance quand il écrit et jouit déjà d'un certain prestige intellectuel auprès de ses amis, maniant à l'envi la maïeutique apprise de Darlu, laquelle révèle une pensée originale, autant il se montre timide en société, craignant toujours de n'être point apprécié, multipliant alors les marques de déférence et d'admiration. C'est à cette époque qu'est née la légende d'un Proust timoré, s'exprimant à la dérobée, dandy appliqué et trop délicat, légende que certains, entre autres Barrès, ne se feront pas manque de colporter. Ce dernier affirmait que l'allure générale de Proust empêchait qu'on le prenne au sérieux. Le trait est forcé et témoigne du peu de sympathie que Barrès manifesta toujours à l'encontre de son cadet. Au physique, Proust est plutôt bel homme, son visage s'est affermi en un ovale régulier et a perdu la nonchalance de l'enfance, ses grands yeux noirs semblent jeter sur le monde un regard conquérant[13]. Avec ses amis il a la même attitude qu'en société : tout en gardant des distances apparentes, il leur demande beaucoup en leur faisant des compliments au-delà de la mesure, exigeant, en contrepartie, une attention de tous les instants. Il leur écrit des lettres charmantes et tourmentées qui disent combien il doute d'être aimable, et ont pour effet de le rendre importun. Il a conscience qu'une personnalité se constitue en partie dans la communauté, le salon mondain ou le cercle d'amis, et c'est pour lui une tension continuelle.

Étudier le monde est une manière habile d'échapper à son tempérament. Dans cette affaire, Robert de Billy est son guide. Il a lu, voyagé, et surtout il a été élevé en Languedoc, dans ce milieu particulier de l'austère bourgeoisie protestante avec ses castes et ses rites. Il donne à Marcel des « tuyaux » destinés à lui faire saisir les différences qui existent entre les uns et les autres, selon leurs origines sociales et leurs comportements. À l'hiver 1891, il lui présente un jeune Genevois du nom d'Edgar Aubert, issu de la bonne société de la cité calviniste et qui en connaît tous les arcanes. Celui-ci lui décrit ces hommes façonnés par le capitalisme et une morale rigoriste, tempérée pourtant par le goût des arts. Proust est plein d'admiration pour Aubert, si jeune et déjà si cultivé. Il commence donc à s'initier au monde de la grande bourgeoisie avec quelque clairvoyance, trouvant l'épithète juste pour distinguer chacun, en même temps que celui-ci s'ouvre un peu plus à lui. En septembre, après un court séjour nostalgique à Cabourg, qui lui rappelle sa grand-mère disparue, il se rend à Trouville, invité par les Arthur Baignères, descendants du banquier Jacques Laffitte.

Chez eux se retrouvent la marquise de Galliffet, la princesse de Sagan et le peintre Jacques-Émile Blanche, fils du célèbre aliéniste, très lancé dans le monde. Blanche fera une esquisse de son nouvel ami et, quelque temps après, un portrait en dandy, l'orchidée à la boutonnière, qui sera exposé en mai 1893 au Salon du Champ-de-Mars. Durant ces vacances, Proust écrit un court texte, rêverie sur le paysage marin et agreste, très inspiré, presque pastiché par endroits, du « Port » de Baudelaire. Sous le titre de « Choses normandes », il paraîtra le mois suivant dans *Le Mensuel*[14], revue politique et artistique qui a déjà accueilli sa prose critique.

L'annonce de la mort subite d'Edgar Aubert, qui a succombé à une crise d'appendicite, vient surprendre Marcel à Trouville. Retour à Paris, la vie reprend son cours, mais la disparition de son ami assombrit ses pensées. Il aurait tant souhaité le retrouver, pour que le jour tienne les promesses de l'aube. Il voit souvent Laure Hayman, la voluptueuse courtisane. Il aime à rejoindre Gaston de Caillavet et quelques amis au très chic tennis du boulevard Bineau, à Neuilly. Il ne joue pas, mais se charge des rafraîchissements et des collations. Il vient surtout faire la cour à la jeune Jeanne Pouquet, qui est en fait éprise de Gaston. Celui-ci demande à Marcel de l'accompagner quand il se rend dans la famille de Jeanne, rue de Miromesnil, manière de ne point laisser paraître l'objet de sa visite. Il est donc devenu le confident des jeunes gens et un habitué du domicile des Pouquet. Jeanne le juge bien niais, considérant qu'il est juste bon à détourner l'attention de son père. Quant à Gaston, il finit par le trouver encombrant, voire indécent par ses assiduités, et décide d'espacer leurs relations. Mais c'est à Mme Straus que Proust réserve l'essentiel de ses attentions. Il lui écrit des mots tendres, lui envoie des fleurs, prend des billets de théâtre dans l'espoir de l'apercevoir à l'entracte et tente de la rendre jalouse en lui parlant de Laure Hayman. L'épouse de M. Straus se flatte sans doute d'éprouver son charme mais se dérobe aux avances, quand elle ne manifeste pas quelque exaspération. Marcel promet alors de ne plus l'importuner, pour sauvegarder l'amitié,

non sans l'avoir accusée de jouer les coquettes. En mars
1892, c'est vers l'une des femmes les plus en vue du faubourg Saint-Germain que se porteront ses élans. La comtesse Adhéaume de Chevigné, née Laure de Sade,
fréquentait les salons bourgeois ; Proust l'a croisée chez
Mme Straus et chez Mme Lemaire. Chaque jour il la guette,
avenue de Marigny, dissimulé derrière les marronniers, ou
près de son domicile, rue de Miromesnil, depuis l'angle de la
rue du Faubourg-Saint-Honoré. Il vit dans l'attente anxieuse
de la rencontre, qui n'a pas toujours lieu, et c'est dans ce cas
un soulagement. Quand la comtesse passe, il s'efforce de la
saluer ostensiblement. Le jour où il se décide à l'aborder,
elle se montre contrariée par tant d'audace et presse le pas,
lui faisant clairement comprendre qu'il est importun.
  Alceste amoureux qui n'a pas assez grand empire sur ses
sentiments, Proust emprunte aussi à Philinte par ses poli-
tesses exagérées, la sagesse en moins. De l'amour exténué
par l'attitude un rien vénéneuse de Mme Straus et la morgue
de la comtesse de Chevigné, il reste le désir irrépressible
d'exprimer la vérité de son être.

CHAPITRE IV

La littérature et la vie

1891-1893

La sympathie que lui témoigne Anatole France est une marque de reconnaissance importante pour le jeune étudiant en droit et en sciences politiques qu'est alors Proust. Sa curiosité est infinie, comme l'est son goût de l'analyse, qu'il exprime parfois en de longues phrases pleines d'incidentes et de précautions oratoires qui agacent ses amis. Pourtant, même s'il n'a rien d'un étudiant modèle, il suit avec intérêt les cours de l'historien Albert Sorel et ceux d'Anatole Leroy-Beaulieu à l'École des sciences politiques. Son dilettantisme ne l'empêchera pas, en juin 1892, d'être reçu aux examens avec des notes fort honorables, obtenant même 5/6 à l'interrogation qui portait sur les « Affaires d'Orient ». Il sera moins heureux à la faculté de droit, puisqu'il échoue, en août, à la seconde partie des épreuves. Il décrochera son diplôme en juillet 1893, après s'être imposé des leçons particulières.

Entre le domicile familial où il rencontre des médecins, des magistrats, des universitaires, des hommes politiques — comme Louis Tirman, ancien gouverneur général de l'Algérie, aujourd'hui sénateur des Ardennes inscrit au groupe de la gauche républicaine, et le diplomate Camille Barrère —, ses amis étudiants avec lesquels il fréquente les conférences philosophiques ou politiques de l'Hôtel des sociétés savantes, débat du théâtre d'Ibsen et du mouvement

symboliste, et les soirées mondaines chez les Straus et chez
Mme Lemaire, il mène une vie insouciante, marquée cependant par des moments de mélancolie qui ont parfois pour
corollaire une certaine impulsivité. En août 1892,
Mme Straus le présentera à la princesse Mathilde, nièce de
Napoléon Ier, dont le salon prestigieux accueillait en son
temps les membres de la noblesse d'Empire et bon nombre
d'écrivains : Musset, Flaubert, Mérimée, Renan. Aujourd'hui, on y croise Edmond de Goncourt, Heredia, la comtesse Potocka et toute la famille bonapartiste. Le besoin
d'écrire, de se mesurer aux mots qu'il sent dévoyés dans la
conversation des salons, est sa préoccupation première.
Armé de sa culture scolaire et de quelques convictions, principalement que l'esthétique est distincte de la morale et
qu'elle doit résister à l'analyse, qu'elle est donc subjective,
inventive, voire relative, ainsi que le manifestent les romans
de France, alors préféré à Barrès — bien que de nombreux
textes à paraître portent l'influence de celui-ci —, Proust va
trouver sa voie.

En janvier 1892, il fait la connaissance d'un jeune homme
de dix-neuf ans qui a déjà commis quelques vers et proses et
brûle de les voir publiés, Fernand Gregh. Ce dernier est lié
avec les amis de Marcel, Jacques Bizet, Daniel Halévy,
Robert Dreyfus, Louis de La Salle, et Horace Finaly. Ils forment ensemble le projet de créer une revue littéraire et philosophique, qui ne devrait rien au symbolisme, à
l'hermétisme, non plus qu'aux grands accès de religiosité
d'un Tolstoï, alors très en vogue. De l'audace et de l'éclectisme, telle est la devise de ces jeunes débutants en quête de
notoriété. Un titre est choisi après quelques débats passionnés : ce sera *Le Banquet*, en référence à Platon, et en hommage à l'enseignement d'Alphonse Darlu, que tous avaient
suivi. Le comité de lecture, composé de Daniel Halévy,
Robert Dreyfus et Marcel Proust, se réunit chez le libraire
Rouquette, 71, passage Choiseul ; le frère de Jacques Bizet
s'occupant de l'impression. Dans les faits, c'est Gregh qui
assume toutes les décisions rédactionnelles et va donner à la
revue son orientation — en particulier l'intérêt marqué pour

Nietzsche, alors peu connu en France. Le premier numéro du *Banquet* paraît en mars 1892, il a été tiré à 400 exemplaires. Les numéros suivants auront un tirage plus modeste, la diffusion restera confidentielle. De mars 1892 à mars 1893, la revue connut huit livraisons qui contiennent les véritables débuts littéraires de Marcel Proust. En mai 1893, *Le Banquet* se fondit dans *La Revue blanche* des frères Natanson, laquelle professe le même éclectisme tout en se reconnaissant pour maîtres Barrès et Mallarmé. Avec un tirage de 3 000 exemplaires et la collaboration de peintres comme Bonnard et Toulouse-Lautrec, elle emprunte avec succès une voie originale entre le symbolisme et les tendances artistiques du présent.

Bien des articles du *Banquet* furent guidés par une volonté de se démarquer totalement du symbolisme. Mais les premiers textes publiés par Proust semblent pleins d'influences décadentes et symbolistes, ce qui le placera souvent dans une situation fausse vis-à-vis de ses coreligionnaires. Il est possible qu'il ait donné, au début, des textes datant de l'époque où il était lycéen, ceci expliquant alors cela. Il fait donc paraître quelques études, portraits et fragments, dans lesquels des personnages aux noms stendhaliens, Fabrice, Clélie, sont occupés de sentiments. À ces mignardises charmantes et souvent mélancoliques, manifestant les effets du monde sur une âme sensible, viennent s'ajouter d'autres portraits émaillés de réflexions sur la psychologie du snobisme, dans l'esprit de La Bruyère — certains inspirés de Mme Straus et de la comtesse de Chevigné —, et des poèmes en prose témoignant de l'influence de Baudelaire. Faire un récit est alors un défi ; les premiers qu'il rédige restent inachevés, leur incipit est brusque, leur développement inabouti.

En août 1892, Proust est à Trouville, invité par les parents d'Horace Finaly à passer des vacances dans la villa qu'ils louent sur les hauteurs de la station. Il tombe amoureux de la jeune sœur d'Horace, Mary, il rencontre Mme Straus qui l'incite à aller jouer aux courses à Deauville, retrouve Jacques Bizet et Fernand Gregh, en villégiature dans la

MAGDALEN COLLEGE LIBRARY

région, pour de longues promenades dans la campagne. Les plaisirs de l'été normand ne suffisent pas à effacer le désenchantement qui habite son cœur et que l'attirance contenue pour Mary ranime encore. Il crée alors une héroïne désespérée de n'avoir su répondre à l'amour d'un homme, et qui en aime un autre sans merci. Elle se réfugie dans la mondanité et ne pourra plus s'en échapper, vaincue par l'habitude. Écrit dans le style des contes philosophiques d'Anatole France, « Violante ou la mondanité » recèle aussi une atmosphère fin de siècle qui se complaît dans la mise en scène des repentirs et des détresses. Sur le chemin de la littérature, c'est-à-dire d'un sens à opposer au désespoir vers quoi son tempérament l'entraîne, il rédige, en 1893, un pastiche de Flaubert, « Mondanité de Bouvard et Pécuchet », délaissant les artifices pour revêtir les habits du réalisme. Puis, au cours du mois d'août passé à Saint-Moritz, il s'attelle à la rédaction d'un roman épistolaire à quatre mains, avec Daniel Halévy, Louis de La Salle et Fernand Gregh. Son personnage est celui de Pauline Gouvres-Dives, une jeune mondaine amoureuse en vain d'un sous-officier et qui s'est réfugiée loin de Paris. Après s'être habituée à l'endroit où elle séjourne, ces paysages alpins qu'elle a d'abord trouvés hostiles, elle se laisse aller à la nostalgie des amours enfantines, déjà contrariées. Puis elle écrit à Daniel Halévy, qui joue le rôle d'un abbé recueillant les confidences des protagonistes : « Vraiment la vie d'une jeune fille du monde amoureuse est un poème muet et d'autant plus touchant de mélancolie et de souffrance », se consolant dans la contemplation de « ce pays qui est superbe, étonnamment wagnérien, tout en lacs d'un vert de pierre précieuse avec, au-dessus des montagnes où les nuages promènent de grandes ombres bleues comme sur la mer (vous savez les grandes taches de la mer) et tout autour, des bois de sapins, très bien pour que les Walkyries en descendent ou que Lohengrin y accoste[1] ». Notons que Proust a assisté, en juillet, à une représentation de *La Walkyrie* qui l'a enthousiasmé. Les protagonistes n'échangeront que quelques lettres, le roman restera à l'état d'ébauche[2]. Proust traite du même sujet dans une nouvelle qu'il rédige parallèlement, « Mélancolique villégiature de Mme de Breyves », qui paraîtra le 15 septembre 1893 dans *La Revue blanche*.

Le thème de l'amour impossible nourrit les fictions qu'il arrive maintenant à mener à leur terme. La création vient se substituer aux échecs de l'existence. Restent les obsessions. Sa vie sentimentale n'est guère heureuse. Mme Straus et la comtesse de Chevigné l'ont repoussé, Jeanne Pouquet s'est jouée de lui, les attirances masculines qu'il éprouve ne vont pas au-delà de l'amitié sensible. Point d'épiphanies. En janvier 1893, il a rencontré Robert de Flers, un jeune homme charmant qu'il voit tous les jours ; au printemps, il se coiffe d'un Anglais plein d'innocence, Willie Heath, qui ressemble étrangement à Edgar Aubert, l'ami disparu. Certes ceux-ci ne se détournent pas de son affection, mais ils ne lui offrent ni les plaisirs attendus, ni la paix de l'âme. Proust a sa part de responsabilité car, méfiant à l'encontre de ses impulsions charnelles, il joue à la fois les prédateurs et les coquettes. Il se complaît dans les jeux de la délicatesse qui lui permettent de ne pas briser la tension du désir fantasmé : Willie Heath a l'élégance pensive des seigneurs peints par Van Dyck, ses attitudes rappellent le saint Jean-Baptiste de Léonard de Vinci[3]. Sur la scène du fantasme l'autre est inaccessible, noyé dans les rêveries de noblesse et de pureté, comme Pauline et Violante, « trop faibles pour vouloir le bien, trop nobles pour jouir pleinement dans le mal, ne connaissant que la souffrance[4]... ». Proust est son propre bourreau ; ainsi qu'il est décrit par Platon dans *Le Banquet*, l'amour est ce démon mi-homme mi-dieu qui cherche à posséder la beauté et élève l'âme, surtout dans le cas de l'Aphrodite céleste, la déesse de l'amour masculin[5]. Aimer s'incarne moins dans la chair que dans le discours sur la passion.

Pris au piège d'Alceste, Proust conçoit alors la création littéraire comme un moyen d'éprouver sa valeur et de tenter de comprendre son destin. C'est également ce qui ressort des textes de critique qu'il rédige en 1892 et en 1893. À propos d'un conte de Louis Ganderax, *Les Petits Souliers*, il relève que l'illusion créée par la littérature réalise une alchimie susceptible de donner le bonheur[6]. Faisant le compte rendu d'un ouvrage du comte Armand de Cholet[7], son lieutenant à Orléans, *Voyage en Turquie d'Asie,* il se montre attentif au pittoresque, à la peinture directe des êtres et des choses qui fait de cette chronique de voyage une expérience sensible dans laquelle le lecteur se plonge, se perd, comme dans les récits de Loti. Le recueil de poèmes d'Henri de Régnier, *Tel qu'en songe*, et un roman d'Henri de Saussine, *Le Nez de Cléopâtre*, lui fournissent l'occasion de souligner la relation qui unit l'œuvre à la sensibilité de l'auteur[8].

Il lui arrive aussi de donner au *Banquet* des textes à connotation politique, comme cela était parfois le cas de la part des collaborateurs attitrés. En mai 1892, il signe d'un pseudonyme un article qui prend à partie les idées anticléricales. C'est qu'il se sent en communion avec la tradition catholique et sensible au mystère du sentiment religieux et de ses rites, à la manière de Renan, sans pour cela être croyant. Même s'il fait preuve d'objectivité en remarquant qu'on « pourrait s'étonner seulement que la négation d'une religion ait le même cortège de fanatisme, d'intolérance et de persécution que la religion elle-même[9] », l'ensemble porte les traces d'un conformisme politique qui ne s'évanouira qu'au moment de l'affaire Dreyfus. Dans un autre article, mi-sérieux, mi-ironique, sur les conférences fictives que tenaient les élèves de l'École des sciences politiques, Proust note que la jeunesse semble beaucoup « plus tolérante, beaucoup plus pénétrée de l'idée religieuse que la génération précédente[10] ». Mais il tourne aussi en dérision les prétentions de ces étudiants qui se voient déjà dans la carrière. Cette attitude, mitigée par quelques éloges, déplut aux autres rédacteurs du *Banquet* qui ajoutèrent une petite note à la suite du texte, indiquant que « les opinions exprimées dans un article n'engagent que le signataire ». Proust se crut désavoué ; l'amitié avec Fernand Gregh s'en ressentit. Lui qui avait eu l'insigne honneur d'être prié à dîner boulevard Malesherbes en compagnie de Bergson[11] se montre bien peu reconnaissant. Les blessures d'amour-propre sont aussi douloureuses à Marcel que le mal d'aimer. À la même époque — le début de l'année 1893 —, Robert de Billy, qui jouait auprès de lui le rôle de l'aîné de bon conseil, voire de guide spirituel, quitte Paris pour embrasser la carrière diplomatique à Berlin. Marcel lui écrit ces vers d'adieu qui témoignent tout à fait de son état d'esprit du moment, entre apaisement et espérance :

> *Vous recelez un Dieu, Robert, entendez-vous ?*
> *Moi je chemine avec, en mon cœur, l'espoir doux*
> *Qu'un Dieu dans ce ciel est caché[12].*

Solitaire et désappointé, d'autant plus qu'il ne se sentira guère à l'aise dans le milieu de *La Revue blanche*, il va se tourner vers de nouvelles sphères.

À compter de 1893, il fréquente assidûment le salon musical du comte de Saussine, chez lequel il a pu rencontrer Vincent d'Indy et Gabriel Fauré. Le 13 avril, il est invité chez Mme Straus ; ce jour-là il fait une rencontre qui aura bien des effets sur sa vie mondaine, celle de Robert de Montesquiou. Gentilhomme issu d'une maison prestigieuse, ce qu'il ne manque jamais de rappeler, homme de lettres qui aime s'encanailler avec la bohème, arbitre des élégances, reconnaissable à son allure de précieux décadent, ne cachant en rien des inclinations pédérastiques, c'est un personnage en vue, suffisant et orgueilleux, qui fait du monde un théâtre. Il est plus célèbre pour ses gilets et ses cravates que pour sa poésie quintessenciée, mais son extravagance même a quelque chose d'extrêmement séduisant : à la fois « d'Orsay poète, Baudelaire de légende, ou Pétrone réincarné[13] ». Le jeune homme dut lui paraître digne d'attention puisqu'il lui envoie, après leur rencontre, un exemplaire de luxe de son recueil de poèmes *Les Chauves-Souris* ; et Proust de lui manifester en termes naïfs et dithyrambiques son admiration. Nouvel éloge à la lecture, en juin, du dernier livre du comte, *Le Chef des odeurs suaves*, qu'il a reçu avant même publication, accompagné d'une photographie, au dos de laquelle figurait ce vers : « Je suis le souverain des choses transitoires. » Il ne put s'empêcher de répondre que ces choses sont, bien sûr, éternelles.

Dans un premier temps, Proust a été quelque peu subjugué par le comte ; les louanges qu'il lui adresse sont l'expression d'une sorte d'emprise, ressortissant au masochisme moral qui l'habite depuis l'enfance. Le personnage de Montesquiou le trouble, avec son assurance, son orgueil et ses exigences, plus qu'il ne le séduit intellectuellement, sans qu'il en soit vraiment conscient. Puis il comprit le parti à tirer d'une telle idole, si seulement Montesquiou consentait à le parrainer dans le monde du faubourg Saint-Germain, qu'il rêve de conquérir, après s'être fait admettre dans les salons bourgeois et dans certains milieux intellectuels et artistes. Il voudrait être invité chez les Rohan, qui accueillent les membres de la vieille noblesse, et surtout chez la comtesse Élisabeth Greffulhe, née Caraman-Chimay, qui est l'étoile du Faubourg. Il l'a aperçue le 1er juillet, lors d'une soirée donnée par la comtesse de Wagram. Sitôt de retour, il a commencé la rédaction d'une nouvelle, « L'Indifférent », qui relate l'histoire d'un amour impossible. Aucun doute, la belle comtesse Greffulhe le renvoie à lui-même. Afin de lui être présenté, il tente de jouer de la vanité de Montesquiou, son cousin, prétextant que s'il ne s'exécute pas, d'autres s'en chargeront. Mais le comte commence à se méfier de ce jeune admirateur qui sait trop bien manier compliments et flatteries.

Après avoir satisfait aux épreuves du baccalauréat en droit, Proust est parti en vacances à Saint-Moritz, où il a retrouvé Louis de La Salle et Montesquiou. Ils font l'ascension du Righi, gravissent l'Alpgrün et visitent les alentours du lac Léman. Les paysages alpins évoquent dans l'esprit de Proust l'amour idéal, à la manière des « illuminations » rimbaldiennes. Puis Montesquiou entraîne ses compagnons à Amphion, chez la princesse de Brancovan, qui possède une villa aux allures de château byzantin, dessinée par Viollet-le-Duc, blanche et rose comme une demeure italienne. On sait que Proust est alors occupé par le projet épistolaire. Il entreprend aussi un article sur la poésie de Montesquiou, dans lequel il veut faire justice des accusations de décadentisme et de snobisme que nombre de gens de lettres portent à l'encontre de son œuvre. En septembre, il gagne Trouville pour y séjourner en compagnie de sa mère à l'hôtel des Roches-Noires, consacrant ainsi l'habitude des séjours estivaux en Normandie. Au retour se pose la question redoutable de son avenir professionnel. Le docteur Proust pense toujours pour son fils à une situation de magistrat ou de diplomate; dans l'immédiat, il pourrait entrer au service d'un avoué. Marcel n'a bien évidemment aucune envie d'embrasser une carrière; une seule chose le préoccupe : devenir écrivain. Dans l'espoir d'un conseil, il s'ouvre de ses difficultés à Robert de Billy : faut-il préparer le concours de la Cour des comptes ou celui des Affaires étrangères ? Mais il n'est pas question de vivre hors de Paris et une existence de fonctionnaire vérifiant des lignes budgétaires ne le séduit guère. En fait, il aimerait poursuivre des études littéraires et philosophiques, mais se heurte dans ce dessein à l'opposition paternelle. En octobre, il se résout donc à faire un stage comme clerc d'avoué chez Me Gustave Brunet. Au bout de quinze jours, il donne sa démission. La tactique fut la bonne. Il avait cédé pour mieux résister; son père ne pouvait plus que s'incliner devant ses aspirations, non sans avoir tenté une dernière manœuvre : grâce à ses relations, il lui a, en effet, trouvé une place d'attaché aux archives des Affaires étrangères.

À l'automne 1893, Proust s'inscrit donc à la Sorbonne pour préparer une licence de philosophie qu'il obtiendra le 30 mars 1895[14]. La vie insouciante d'étudiant continue, telle une prolongation de l'adolescence, à laquelle les passions illusoires viennent donner le contrepoint. Proust multiplie les sorties dans le monde et les soirées au Vaudeville, en compagnie de ses amis du moment : Léon Yeatman, qui poursuit les mêmes études, et Pierre Lavallée. Mais en 1895, il faudra bien donner des gages à sa famille inquiète d'un tel dilettantisme, alors que son frère, Robert, vient d'être reçu brillamment au concours de l'internat en médecine et que son cousin, Lionel Hauser, est fondé de pouvoirs au Crédit Lyonnais. Muni de ses deux diplômes, il se présente, le 29 mai, à un concours d'attaché non rétribué à la bibliothèque Mazarine. À l'époque, la profession de bibliothécaire seyait aux écrivains : Jules Sandeau avait occupé un poste à la Mazarine, précisément, et Anatole France avait été en fonction au Sénat. Le poste auquel Proust aspire, quai Conti, est certes moins important ; il ne requiert que quelques heures de travail par semaine et s'apparente à une occupation de jeune rentier. Il sera reçu troisième, rang peu glorieux puisqu'il y avait trois candidats pour trois postes. Ce résultat le conduit à être, en fait, détaché au dépôt légal du ministère de l'Instruction publique, avec prise de fonction le 1er août... l'époque des vacances. Après avoir fait jouer les relations politiques de son père pour éviter pareil placard, il obtiendra un congé du ministre en personne, congé qui sera périodiquement renouvelé, jusqu'à ce que l'administration le considère comme démissionnaire, en mars 1900.

CHAPITRE V

L'initiation mondaine
et le salut dans l'écriture
1893-1896

Depuis qu'il a été reçu chez les Brancovan et invité par la princesse Mathilde, Proust est tout occupé à consolider plus encore sa situation mondaine. Il commence à penser que ses origines bourgeoises ne sont pas un obstacle à une entrée dans le monde du faubourg Saint-Germain, à l'exemple de ce Charles Haas, aperçu chez Mme Straus, fils d'un agent de change, qui avait conquis la gloire pendant la guerre de 1870 en remplissant quelque mission secrète, et était ensuite devenu membre du Jockey-Club, familier de l'impératrice Eugénie, du comte de Paris et de bien des familles nobiliaires, comme les Polignac et les Greffulhe. Pour ce faire, Proust ne cesse de se montrer flagorneur envers Montesquiou, comme s'il voulait lui persuader d'occuper ce rôle de mentor qu'il affectionne. L'article qu'il est en train d'écrire sur la poésie du comte flatte bien sûr l'orgueil et la suffisance de celui-ci, qui compte, de plus, s'en prévaloir pour lancer son prochain recueil : *Le Chef des odeurs suaves.* Bien qu'il soit difficile de faire la part exacte des opinions sincères et des complaisances dans le texte achevé par Proust en décembre 1893, il convient de remarquer qu'il inaugure une manière de rédiger tout à fait propre, et dont il ne se départira guère dans l'avenir, en considérant le sujet annoncé comme un prétexte : si Montesquiou, qui se voit rattaché à la tradition classique, a la part belle, il est beaucoup question de Baudelaire pour le tirer du magasin aux accessoires sataniques et décadents dans lequel toute une critique le place encore, ne voulant voir en lui qu'un émule de Théophile Gautier. Refusé successivement par *La Revue blanche*, *L'Ermitage* et *La Revue de Paris*, en dépit de ses qualités alliant l'efficace d'une pensée originale à la maîtrise du style, l'article ne parut pas. Cet échec mit le comte en colère contre son protégé et provoqua bientôt une brouille qui plongea ce dernier dans l'affliction. Il voulut se racheter en se faisant le caudataire des fêtes données par Montesquiou : *Le Gaulois* du 31 mars 1894 publie, en effet, un compte rendu signé d'un pseudonyme, « Tout-Paris », mais bien dû à Proust, qui n'hésite pas à « proustifier », alignant complaisamment les noms qui le font rêver : comtesse Greffulhe, Geneviève de Caraman-Chimay, comtesse de Fitz-James..., décrivant les toilettes avec quelque mièvrerie et ne reculant devant aucune affectation pour conclure que les invités vécurent un moment digne du « siècle de Louis le Grand ». Par prévenance, il ne manque pas d'évoquer le talent du pianiste Léon Delafosse, jeune favori du comte, qu'il lui a présenté peu de temps auparavant après l'avoir entendu jouer chez Henri de Saussine. Delafosse offre l'immense avantage, outre son physique agréable, de composer des mélodies sur les poèmes de Montesquiou. Proust a donc enfin rencontré la comtesse Greffulhe. Il l'avait à nouveau croisée, le 17 janvier 1894, lors d'une conférence donnée par Montesquiou sur Marceline Desbordes-Valmore. Mais être présenté à cette femme qui tient le haut du pavé du faubourg Saint-Germain, fréquente les têtes couronnées d'Europe et est une familière du musicien le plus admiré de Proust, Gabriel Fauré, tient du prodige. De plus, il commence à être invité aux soirées musicales de la princesse de Polignac.

On s'égarerait en tenant les aspirations mondaines du jeune Proust pour de la simple vanité. Se mêlent le désir d'être admis dans le cercle restreint des familles nobiliaires, donc, d'une certaine manière, de trouver son individualité dans le regard des autres, mais aussi de vaincre une timidité qui le rend souvent si maladroit et ne lui permet guère d'être pris au sérieux, et surtout d'entrer dans un milieu choisi, hors du temps, dans lequel les valeurs bourgeoises de carrière n'ont pas cours, au profit des rêves de grandeur et de l'admiration pour les choses de l'esprit. Sarah Bernhardt, que Proust a admirée dans le rôle de Phèdre, en décembre 1893, au théâtre de la Renaissance, vient réciter des poèmes chez Montesquiou ; on adore Wagner dans le milieu Greffulhe et Saussine. Mais les écrits du jeune commensal s'inscrivent en faux contre toute attirance naïve ou feinte : « Mélomanie de Bouvard et Pécuchet » qui viendra compléter « Mondanité », paru dans *La Revue blanche*, en juillet 1893, montre combien le wagnérisme est une mode, avec son sectarisme et ses accès de spiritualité fumeuse. À l'été 1892, lorsqu'il écrivait « Violante ou la mondanité », il transposait dans le destin de l'héroïne sa propre incapacité à aimer et à être aimé ainsi que la nécessité de se réfugier dans la mondanité, en même temps qu'il avouait fascination et répugnance pour cette attitude factice[1], pastichant La Rochefoucauld : « Un milieu élégant est celui où l'opinion de chacun est faite de l'opinion des autres. Est-elle faite du contre-pied de l'opinion des autres ? c'est un milieu littéraire[2]. » Ce n'est ni l'orgueil ni la prétention qui le guident, mais le goût du beau et de l'harmonie de l'esprit et des corps qu'il concrétise dans ses personnages de fiction et qu'il retrouve dans la noblesse. Par contraste, le milieu des Daudet, qu'il fréquentera en 1895, lui semblera bien terne, incapable d'intelligence véritable : ils n'entendent rien à la poésie. Alphonse Daudet est parfois « vulgaire » et « prétentieux », sa femme est une indécrottable bourgeoise qui manque de délicatesse, confie-t-il à un ami, ajoutant que « l'aristocratie qui a bien ses défauts aussi reprend ici sa vraie supériorité, où la science de la politesse et l'aisance dans l'amabilité peuvent jouer cinq minutes le charme le plus exquis, feindre une heure la sympathie, la fraternité[3] ». Chez les Saussine, la bonne intelligence touchait presque à l'affection, quand, faisant fi des conventions, Proust jouait avec les enfants de la maison.

MAGDALEN COLLEGE LIBRARY

C'est chez Mme Lemaire qu'il rencontre, le 22 mai 1894, un jeune musicien de dix-neuf ans, venu chanter ses propres mélodies sur des pièces de Verlaine. Reynaldo Hahn est encore étudiant au Conservatoire et travaille sous la direction de Massenet. Proust succombe immédiatement au charme du jeune homme au visage sombre plein de sensualité, à la voix de ténor léger et à l'allure un brin dominatrice. Adolescent talentueux — à seize ans, il écrivit la musique de la pièce d'Alphonse Daudet, *L'Obstacle* — et déjà homme, Reynaldo représente ce que Proust voudrait être : un artiste sur qui veillent les muses. Ils se lieront d'amitié, en août, au château de Réveillon, en Champagne, propriété de Mme Lemaire qui les a invités tous les deux. Leur compagnonnage dura environ quatre semaines, puis Proust partit rejoindre sa mère, qui se trouvait en villégiature à l'hôtel des Roches-Noires, à Trouville. Les deux jeunes gens éprouvent l'un pour l'autre une inclination forte, mais encore chaste. Reynaldo surnomme son ami du terme affectueux de « poney », celui-ci aimerait l'entraîner à Trouville. Il semble qu'ils eurent des conversations passionnées, notamment à propos de leurs goûts musicaux. Marcel aime Fauré, et, en particulier, la sonate pour piano et violon, Reynaldo lui oppose Saint-Saëns et joue à l'envi la sonate en *ré* mineur ; le premier est enthousiaste à l'idée d'aller entendre une symphonie de Beethoven, l'autre craint de s'ennuyer. Les différences n'ont guère d'importance, elles nourrissent l'amitié. Une divergence apparaît pourtant au sujet de Wagner, que Reynaldo juge par trop éloigné de son idéal apollinien. Quant à Proust, il est de plus en plus au fait de la musique du maître de Bayreuth, bien qu'il n'ait jamais pu entendre un opéra dans son intégralité — les concerts Colonne n'en donnent en général que des parties[4] —, et y voit une manifestation de l'âme humaine au-delà de la finitude. Il exprime ses sentiments dans une lettre à Suzette Lemaire, la fille de « la patronne » : « Je cache d'autant moins mon wagnérisme à Reynaldo qu'il le partage. Le point sur lequel nous sommes en désaccord c'est que je crois que l'essence de la musique est de réveiller en nous ce fond mystérieux (et inexprimable à la littérature et en général à tous les modes d'expression finis, qui se servent ou de mots et par conséquent d'idées, choses déterminées, ou d'objets déterminés — peinture, sculpture) de notre âme, qui commence là où le fini et tous les arts qui ont pour objet le fini s'arrêtent [...]. Reynaldo au contraire, en considérant la musique comme dans une dépendance perpétuelle de la parole, la conçoit comme le mode d'expression de sentiments particuliers, au besoin de nuances de la conversation[5]. »

Proust vit sans doute dans le recours wagnérien au mythe la manifestation inconsciente de la vitalité de l'âme humaine, révélée aussi par la musique de Beethoven, en particulier l'andante de la cinquième symphonie en *ut* mineur dont il rapporte une audition dans *Le Gaulois* du 14 janvier 1895, décrivant le chef d'orchestre comme possédé par la musique, livrant « une bataille hors de la souffrance de l'espace et du temps », et le public abandonné à une tempête obsédante et belle[6]. Il éprouve les mêmes sentiments à la lecture d'*Anna Karénine* de Tolstoï. Tout cela atteste qu'il a pris connaissance des idées de Schopenhauer, lequel semble inspirer la lettre à Suzette Lemaire et le texte du *Gaulois*. La contemplation du monde de l'art, principalement la musique, paraît libérer la conscience du poids de la représentation et de l'existence, et l'introduire dans le mouvement de la vie[7]. Un jour qu'Anatole France félicitait Proust pour ses qualités intellectuelles, celui-ci lui répondit : « Je n'aime pas du tout les choses de l'intelligence et je n'aime que la vie et le mouvement[8]. »

Les textes qu'il rédige durant l'automne 1894 trahissent une inflexion de l'esprit qui cède devant la puissance de la nature[9] et procèdent d'un renoncement à l'individualité. Ainsi « La Mort de Baldassare Silvande », qu'il considère comme une réussite littéraire, entretient des affinités avec les récits de Tolstoï, *La Mort d'Ivan Illitch* en particulier. Baldassare comme Ivan acceptent le destin, ils meurent apaisés, délivrés de leurs angoisses : à l'approche du moment fatal, tous deux sont habités par le souvenir des sensations heureuses de l'enfance. Curieusement, Proust emploie, comme Tolstoï, une manière de prosopopée pour signifier la funeste maladie qui va emporter le héros ; il l'extériorise, la désignant par le pronom *elle*[10]. Malgré l'ambition du sujet, qui se veut méditation sur la mort, le texte ne tient pas toutes ses promesses, peut-être parce que la matière (la mort, mais aussi la tristesse, l'énergie, le souvenir) aurait demandé de plus amples développements. Surtout, Proust n'est pas lui-même dans le renoncement. Quelle que soit la fascination exercée par le romantisme et par ses avatars contemporains, il ne saurait, en fin de compte, concevoir l'être comme un produit de la nature devant laquelle il faudrait s'incliner. Quelque temps plus tard, il aborde à nouveau le même thème avec le personnage d'Honoré, dans la nouvelle intitulée « La Fin de la jalousie ». Habité par l'idée de l'exténuation des sentiments, de la dégradation et de la mort, Honoré, amoureux d'une jeune veuve qui l'aime aussi, se défausse sur la jalousie. Tel un poison subtil, celle-ci le poussera, malgré lui, à risquer de tout détruire. Victime d'un accident, il ne s'inclinera devant la mort qu'au tout dernier moment, acharné à vivre jusqu'au bout la folie et la violence de ses sentiments. L'unité thématique et la visée existentielle de cette nouvelle en font l'une des plus maîtrisées écrites alors par Proust.

Il n'est guère douteux que l'écrit porte en soi une transposition du vécu et que Proust éprouva des sentiments analogues pour Reynaldo. Après quelques contretemps, ce qui plongea Proust dans l'affliction à la Toussaint 1894, leur amour se déclare tout à fait. Ils échangent des correspondances tendres et attentionnées, trahissant de la part de Marcel « le poney » une régression toute infantile. Ils vont au théâtre, s'entraînent l'un l'autre dans les milieux qu'ils côtoient. En décembre 1894, Reynaldo emmène Marcel chez les Daudet, rue de Bellechasse ; l'année suivante, ils rendent visite à Méry Laurent, la maîtresse de Mallarmé, et rencontrent Whistler. En retour, Proust présente son ami à Mme Straus. À compter du mois d'avril 1895, ils ne se quittent plus et font le serment de n'avoir point de secret l'un

pour l'autre, mais déjà dans le cœur de Marcel pointe
l'angoisse : l'amour ne connaît pas de certitude, le désir
encore moins. Il voudrait tout savoir, tout posséder de
Reynaldo ; partant il craint de le perdre par exaspération du
désir. Reynaldo, pour sa part, fut sans doute jaloux de
l'admiration excessive que Marcel manifestait à
Montesquiou. Puisque le comte se tient à distance, Proust
redouble d'attentions envers lui : il propose de le suppléer
dans son courrier mondain, de faire pour lui des recherches
bibliographiques ; tout cela dans l'attente de l'invitation sal-
vatrice. Arrive le temps des vacances. Après un séjour à
Kreuznach, une ville d'eaux rhénane, avec sa mère qui y fait
une cure, Proust va à Dieppe, en compagnie de Reynaldo,
chez les dames Lemaire. Ils rencontrent Saint-Saëns, qu'il
se force à admirer pour complaire à son ami. Tous deux
décident ensuite de partir pour la Bretagne. Ils vont d'abord
à Belle-Île, chez Sarah Bernhardt, mais ne s'attardent pas et
arrivent le 6 septembre à Beg-Meil, un petit village marin
situé dans la baie de Concarneau. Installés à l'hôtel
Fermont, endroit peu confortable mais pittoresque qui abrite
leur liaison, ils vont vivre plusieurs semaines de bonheur,
bercés par la sensualité qui se dégage des lieux. Les jeux de
la lumière sur l'eau, les champs de pommiers qui semblent
dévaler le rivage pour se jeter dans l'océan, l'impression
grandiose de terreur ressentie à la pointe du Raz qui domine
la baie des Trépassés, comme une immense nef après la
tempête, tous ces aspects du paysage breton enchantent et
fascinent Proust. Il en parlera avec émotion des années
durant. Au cours du séjour qui se prolonge jusqu'au
25 octobre, il lit deux ouvrages qui vont le marquer : *Les
Héros et le culte des héros* de Carlyle et *Splendeurs et
misères des courtisanes* de Balzac. Il fait aussi la connaissance d'Alexandre Harrison, peintre de paysages et de
marines, logé au même hôtel Fermont. La manière de ce
dernier qui semble transfigurer le réel, mais traduit, en fait,
les sensations par le mouvement de la lumière, impressionne
beaucoup Proust et marque le début d'une communion profonde avec la peinture, que la rencontre d'Helleu, chez

Mme Lemaire, quelques semaines plus tard, viendra encourager. L'union avec Reynaldo était scellée. Puis vint le temps du soupçon : un soir de l'hiver 1896, Marcel heurte à la porte de son ami. Personne ne répond. Où est-il ? Alors s'installe le désamour qui est une mort en soi-même. C'est bien cela, la fin de la jalousie.

La mort et le désir forment l'essentiel des deux autres nouvelles : « Avant la nuit », publiée dans *La Revue blanche* en décembre 1893, mais écrite l'année précédente, et « La Confession d'une jeune fille » qui date de l'automne 1894 et semble une reprise de la première. Dans les deux cas, les héroïnes sont mourantes, à la suite d'un accident et d'une tentative de suicide, et elles vont confesser leurs penchants homosexuels. À la lecture de ces récits, on est frappé par le fait que le plaisir intime est lié à un profond sentiment de culpabilité et l'on ne peut manquer d'établir un parallèle avec l'amour pour Reynaldo, assombri de tant de fièvre, d'angoisse et de remords, qui détériorèrent les sentiments. Les personnages féminins permettent à Proust d'exprimer le tragique qui l'habite sans dévoiler ses propres penchants, mais ils ont aussi d'autres motifs. Proust admire, en effet, dans chaque sexe les caractéristiques de l'autre : le charme chez les hommes et « la franchise dans la camaraderie » chez les femmes[11]. La figure de l'homosexuelle apparaît ainsi comme un heureux compromis.

La fin du siècle a redécouvert le mythe de Sapho dans la littérature, comme une réponse à la figure obsédante de l'Ève nouvelle, Lilith ou Salomé, représentée à l'envi dans les tableaux symbolistes, entraînant l'homme dans les abysses terribles du désir féminin. Depuis 1880, nombreuses sont les œuvres qui célèbrent celle que Platon nommait la dixième Muse : en 1884 paraît le roman d'Alphonse Daudet *Sapho*, remanié l'année suivante pour la scène ; en 1890, ce fut le *Méphistophéla* de Catulle Mendès, surnommé le « Jules Verne du Lesbos » ; en 1894, *Les Chansons de Bilitis* de Pierre Louÿs, sans compter un nombre important d'ouvrages libertins ayant pour sujet de prédilection la femme travestie en homme. Il convient de noter, par ailleurs, que beaucoup de ces récits décrivent des passions mortifères. Lesbos est donc à la mode, alors que l'uranisme ne bénéficie pas d'une telle reconnaissance et est jugé sulfureux. Le procès fait à Oscar Wilde, que Proust avait eu l'occasion de rencontrer à nouveau, en 1894, chez Mme de Caillavet, le prouve. À rebours de l'auteur du *Portrait de Dorian Gray* qui a délibérément provoqué la bien-pensante société victorienne, Proust s'évertua toute sa vie à dissimuler ses goûts et se fâchait violemment contre ceux de ses amis qui les lui prêtaient publiquement. Il est, cependant, une raison plus profonde à la transposition litté-raire. Proust était attiré par le « noir mystère » de la féminité et des amours saphiques, attirance qu'il devait, au plan litté-raire, à Baudelaire, à qui il emprunte d'ailleurs deux vers, extraits des « Femmes damnées », pour les placer en épi-graphe à « La Confession d'une jeune fille ». La filiation libertine fin de siècle fit de la damnée une femme possédée par les sens et marquée par le péché. Les héroïnes des deux nouvelles de Proust sont les personnages d'un théâtre d'ombres et traduisent l'exaltation, les déchirements de la jalousie et les souffrances dues à une sexualité obsédante.

Comparés à ses premiers écrits qui reflétaient l'influence un peu précieuse du symbolisme, ces récits montrent une évolution de l'écriture du jeune Proust vers une plus grande appropriation du réel : la description a remplacé la sugges-tion, les réalités de l'âme humaine la rêverie. De plus, pen-dant son séjour à Beg-Meil, il a rédigé les premières pages d'un récit plus ambitieux, auquel les éditeurs donneront le titre de *Jean Santeuil*, d'après le nom du personnage princi-pal. Selon un artifice de convention, le manuscrit de l'écri-vain C., rencontré lors d'un séjour dans un petit village de la baie de Concarneau, aurait été remis à Jean, qui le publie à titre posthume. Le procédé ne masque pas la nature autobio-graphique de l'ensemble, dont Proust dira dans quelques lignes d'introduction : « Puis-je appeler ce livre un roman ? C'est moins peut-être et bien plus, l'essence même de ma vie, recueillie sans rien y mêler, dans ces heures de déchi-rure où elle découle. Ce livre n'a jamais été fait, il a été récolté[12]. » C'est bien le récit d'une vie, et plus précisément de sa signification, que Proust entreprend. Le projet a sans nul doute été nourri par les idées de l'étudiant en philosophie qu'il a été de 1893 à 1895. À la Sorbonne, il a suivi les cours d'Émile Boutroux, titulaire de la chaire d'histoire de la philosophie moderne, lequel développait, à partir de Kant et de Maine de Biran[13], un spiritualisme dynamique qui voyait dans l'esprit, y compris dans ses manifestations irrationnelles ou inconscientes, le moyen de la connaissance, tout en professant que tout système n'est qu'une hypothèse appliquée à la réalité. D'autre part, Proust continuait à prendre des leçons avec Darlu, lequel devait probablement s'opposer à Boutroux en rétablissant l'idéalisme kantien dans tous ses droits. L'élève avait de l'admiration pour l'un et l'autre de ses maîtres[14]. Tantôt il tend à ramener la phénoménalité à la raison, admettant ainsi une différence entre celle-ci et l'expérience, tantôt il se montre attiré par les idées contemporaines qui cherchent à comprendre le monde comme une totalité dans l'expérience suprasensible. À cela il faut ajouter la lecture des *Essais de philosophie américaine* d'Emerson, autre épigone de Kant. L'idéalisme d'Emerson a pour finalité une totalité universelle, « une surâme à l'intérieur de laquelle l'être individuel de chaque homme est contenu et fait un avec tous les autres[15] ». Ainsi tous les êtres ont un génie propre, même si celui-ci reste à l'état diffus. Il est cependant difficile de faire la part des divers éléments doctrinaux dans les écrits de Proust : il les utilise à son gré, soit pour étayer, soit pour développer sa pensée. La réflexion critique est un préalable à l'écriture, mais elle n'en est pas la chair.

Qu'est-ce que la littérature ? C'est la question qui obsède alors le jeune écrivain, luttant mot à mot contre les clichés et les épithètes rares dans la rédaction de la vie de son héros : l'enfance à Éteuilles (Auteuil) coulant au rythme des jours et des saisons, embryon de récit champêtre, les premières attirances littéraires qui le portent vers Leconte de Lisle et Verlaine, poètes de l'expérience sensible, l'initiation à la philosophie, embryon de roman d'éducation. La littérature est une quête de soi dans le temps, là est le tragique de la condition humaine qui fait que le passé s'offre comme une énigme, car nous y sommes indifférents : telle pourrait être la réponse de la romancière anglaise George Eliot, dont Proust a lu et relu *Le Moulin sur la Floss*. C'est donc le sentiment de l'existence qui se veut défi au temps et cherche à éclairer le mystère de la vie qui fait la littérature. Cette conception lui permet de rompre avec la vulgate symboliste, qu'il juge pernicieuse. À la fin de l'année 1895, il entreprend la rédaction d'un article qui attaque vivement l'esthétique symboliste en visant principalement Moréas et ses émules, dénonçant leur obscurité double, celle du langage et celle des idées. L'alchimie du verbe lui semble être simple préciosité, pur fatras, sinon véritable galimatias. « Contre l'obscurité » paraît dans *La Revue blanche*, en juillet 1896, après avoir été refusé par *La Revue hebdomadaire*, et déclenche immédiatement une polémique avec Mallarmé. Celui-ci s'est senti attaqué, alors qu'il n'en était rien, Proust l'ayant toujours admiré comme l'écrivain de la poésie pure. Le poète de « Brise marine », échaudé par un article de Léon Blum paru en janvier 1894 dans *La Revue blanche*, qui lui reprochait d'écrire des vers obscurs, réplique dans la livraison de septembre de la même revue, accusant Proust de s'être livré à une opération de promotion personnelle.

À la préciosité de la poésie fin de siècle, Proust oppose le classicisme d'Anatole France et son idéal de clarté, car « si le fond de tout est un et obscur, la forme de tout est individuelle et claire[16] ». Tel est le credo sur lequel se conclut « Contre l'obscurité ». Le romancier du *Lys rouge* a accepté, par bienveillance, et peut-être sur l'insistance de sa maîtresse, Mme Arman de Caillavet, d'écrire une préface pour le recueil d'études, de poésies et de nouvelles que Proust envisage de publier depuis quelque temps déjà. À l'automne 1893, il a, en effet, formé le projet de rassembler ses écrits en un livre qui comporterait des illustrations aquarellées de Madeleine Lemaire. Celle-ci a déjà illustré plusieurs ouvrages, dont un roman de Ludovic Halévy — le père de

Daniel —, *L'Abbé Constantin* (1888), en collaboration avec Camille Pissarro. En décembre, après avoir connu plusieurs échecs dans la recherche d'un éditeur, il a sollicité l'intervention d'Anatole France qui a bien voulu s'entremettre auprès de Calmann-Lévy. L'éditeur a accepté de publier le livre, mais s'est refusé à signer un quelconque traité, mettant comme condition de ne verser aucun droit à l'auteur avant que les frais engagés ne soient couverts par les ventes. En novembre 1895, Proust fait parvenir un manuscrit, résultat d'un montage scrupuleux, intitulé : *Le Château de Réveillon.* Le volume, dédié à Willie Heath, l'ami mort de la typhoïde en octobre 1893, s'ouvre sur « La Mort de Baldassare Silvande » et se clôt sur « La Fin de la jalousie ». De la mort acceptée à la mort à soi-même, l'intention tragique est manifeste, même si l'architecture de l'ensemble s'élabore sur l'initiation mondaine et la possibilité d'échapper au désespoir par l'art. Des vers de jeunesse, portant pour certains l'influence de Baudelaire, pour d'autres imités de Montesquiou, mais dans le goût de Sully Prudhomme, sont également insérés. Il s'agit des « Portraits de peintres », célébrant Van Dyck, Cuyp, Potter et Watteau, déjà parus dans *Le Gaulois* en juin 1895, et des « Portraits de musiciens », commis plus récemment et qui avaient été refusés par Juliette Adam à la *Nouvelle Revue*[17]. Ce que Proust ne sait pas, c'est que Jean Hubert, chargé de l'édition de son livre, envoie une lettre confidentielle à Anatole France, le 26 février 1896, pour lui demander de relire lui-même les premières épreuves dans le dessein de corriger certaines pièces qui lui semblent « un peu embrouillées et sans intérêt[18] ». Nonobstant, les textes ne furent pas modifiés, seul le titre changea. Fin mars, les secondes épreuves portent toujours *Le Château de Réveillon*, mais Proust, peu satisfait de ce titre, en débat beaucoup avec un autre de ses amis de cœur, Lucien Daudet. Il a, en effet, fait la connaissance du plus jeune fils d'Alphonse Daudet, âgé de dix-sept ans, lors de ses visites rue de Bellechasse. L'amitié est née à l'automne précédent et s'est peu à peu transformée en attirance affective. Le jeune homme, un peu maniéré, étudie la peinture à la célèbre Académie Julian, suit des cours avec un précepteur, au lieu de fréquenter un établissement d'enseignement, et vit dans l'ombre d'un père célèbre chez lequel on croise les gloires littéraires du moment : Edmond de Goncourt, Mallarmé, France, Heredia, Lemaitre. L'intérêt que Marcel Proust, à peine plus âgé et déjà écrivain, lui porte est flatteur, et nul doute que celui-ci ne joue de son aura comme d'un moyen de séduction. En avril, Proust choisit donc un autre titre, imité d'Hésiode, *Les Plaisirs et les Jours*, les plaisirs se substituant aux travaux — qui, seuls, permettaient chez le poète grec de s'opposer à la décadence du monde — comme l'affirmation que l'existence n'est pas pure perte, que le sujet s'éprouve dans les sensations même insouciantes de la vie mondaine et de l'amour, qu'il y a une profondeur derrière les apparences, malgré la fuite du temps et les exils du destin.

Le livre, tiré à 1 500 exemplaires[19], paraît le 12 juin 1896, sous la forme inhabituelle d'un luxueux in-quarto, avec une couverture d'un pâle vert d'eau représentant des fleurs sur fond de ciel couvert, et vendu au prix exorbitant de 13,50 francs, au lieu que le prix habituel d'un ouvrage s'élève à 3,50 francs. Outre les illustrations de Madeleine Lemaire, il contient quatre pièces pour piano de Reynaldo Hahn. La préface un peu complaisante de France avait paru en première page du *Gaulois*, le 9 juin, mais Édouard Rod ne fera qu'évoquer l'ouvrage dans le même journal, daté du 27 juin, s'attardant seulement à commenter les quelques lignes de France. Quant à Léon Blum, il parle d'un « livre trop coquet et trop joli » dans un article de *La Revue blanche* (1er juillet 1896) en réalité consacré à Marcel Schwob. Fernand Gregh fera un article bien équivoque dans *La Revue de Paris* du 15 juillet, relevant le fait que Proust se prévaut de noms célèbres pour entrer en littérature ; il reconnaîtra plus tard que le livre lui parut précieux et obscur, de par l'évocation des amours défendues. Dans leur ensemble les amis de Proust jugent avec quelque ironie *Les Plaisirs et les Jours*, peut-être parce qu'ils n'ont pas eu l'honneur d'en recevoir un exemplaire, mais aussi parce que, à leurs yeux, Proust gâche son talent naissant en menant une vie de mondain. Un soir de l'hiver 1897, ils monteront une saynète impertinente dans la garçonnière de Jacques Bizet, transformée pour l'occasion en théâtre d'ombres chinoises, dans laquelle le personnage de Proust s'exprime ainsi : « Une préface de Monsieur France : quatre francs... Des tableaux de Madame Lemaire : quatre francs... De la musique de Reynaldo Hahn : quatre francs... De la prose de moi : un franc... Quelques vers de moi : cinquante centimes... Total treize francs cinquante. » Et l'un de répliquer : « Mais Monsieur, il y a bien plus de choses que ça dans *L'Almanach Hachette*, et ça ne coûte que vingt-cinq sous[20]. » En dépit de deux comptes rendus élogieux, celui de Paul Perret, sensible à la psychologie, à l'art de la satire et à celui de la composition, qui prédit à Proust « un bel avenir d'écrivain » (*La Liberté*, 26 juin 1896), et celui d'un jeune débutant dans le monde des lettres, Charles Maurras, qui relève les grandes qualités de styliste de l'auteur dans un article de *La Revue encyclopédique* (22 août 1896), en dépit aussi des efforts de Madeleine Lemaire qui multiplie les soirées mondaines pour lancer le livre, celui-ci n'aura aucun succès. Il est vrai que les afféteries symbolistes et la théâtralité décadente commencent à lasser les lecteurs de cette fin de siècle, avides de renouveau.

Un écrivain sans grand talent, un amateur, c'est ainsi que Proust est considéré après la publication des *Plaisirs et les Jours*. Lui-même doute de ses capacités ; de plus, il ne se reconnaît pas entièrement dans ce qu'il a publié. La thématique existentielle de la *Recherche* est pourtant déjà là : la discontinuité du moi phénoménal, les intermittences de la mémoire, la rêverie sur les noms, la vanité du monde, la prolifération du désir... Mais tout cela reste à l'état d'ébauche. Proust a forcé la porte d'un éditeur, comme il l'avait fait des salons nobles ; il ne s'est pas pour autant agrégé au monde de l'édition, même si Arthur Meyer lui ouvre les colonnes du *Gaulois* et que *La Vie contemporaine* a publié la nouvelle « L'Indifférent », en mars 1896. Mais déjà sa quête le mène ailleurs ; l'intérêt qu'il manifeste à la peinture procède d'un regard nouveau sur l'être et le monde. Il a rédigé, en novembre 1895, après une visite au Louvre, ce qu'il nomme « une petite étude de philosophie de l'art » consacrée à Chardin. Selon lui, le peintre donne vie aux objets, une vie sensible qui, sous le primat du regard, favorise la fusion des sens. La nature morte s'anime quand pointe la jouissance gourmande. Le peintre nous fait goûter le monde des yeux, mais c'est un monde nostalgique, d'avant la chute, celui-là même que Proust tente de ressusciter dans *Jean Santeuil*, notamment lorsqu'il se rappelle la séparation d'avec la tendre intimité maternelle.

CHAPITRE VI

L'écriture de soi
et la quête de l'héroïsme
1896-1897

En août, Proust et sa mère font une cure au Mont-Dore, station du Puy-de-Dôme dont les eaux sont réputées soigner les affections respiratoires. Depuis deux ans, en effet, il connaît à nouveau des crises d'étouffement qui surviennent au printemps et pendant la période des foins : au début du mois d'avril 1895, un malaise l'a même contraint à interrompre un séjour qu'il faisait chez son ami Pierre Lavallée, à Segrez. Leur hôtel fait partie de l'établissement thermal, ce qui facilite la prise des eaux et les stations aux bains. Avant de quitter Paris, le 8 août, Proust a écrit à Reynaldo une lettre pleine de ressentiment, mais tempérée par les affres de son habituelle mauvaise conscience à propos de leur serment trahi. Leur passion qui, au début, s'était voulue platonique se défait peu à peu pour avoir versé dans les tourments de l'amour sensuel et donc de la jalousie : « Je crois seulement que de même que je vous aime beaucoup moins, vous ne m'aimez plus du tout, et de cela mon cher petit Reynaldo je ne peux pas vous en vouloir[1]. » Fort heureusement l'amitié amoureuse pour Lucien Daudet — en partie cause du désarroi de Reynaldo — contient encore toute la saveur des premiers émois, jouant sur l'aveu déguisé des sentiments partagés — Proust et lui désignent l'acte de chair par une métaphore qui sera attribuée plus tard à Swann et Odette : « faire catleya » — et suscitant une profonde complicité. Bientôt les deux compères se proposent même d'écrire des articles dans lesquels ils laisseraient libre cours à leur esprit sur le monde contemporain, comme ils le font parfois, en se moquant de la banalité de certains propos et de l'abus des clichés dans la conversation des uns ou des autres, clichés qui, selon Marcel, font « mal aux dents » ou font « loucher », ou en imitant les manières affectées de l'inénarrable Montesquiou, lequel, averti, battra froid son protégé. En fait, Proust est à la recherche d'une chronique régulière dans la presse qui satisferait ses ambitions de jeune homme en quête de notoriété ; plusieurs articles achevés et même quelques récits dorment dans ses tiroirs, en particulier le texte sur Chardin qui a été refusé en décembre 1895 par *La Revue hebdomadaire*. Son goût pour le théâtre le pousserait à se faire critique dramatique, si on lit attentivement ce qu'il écrit, en janvier suivant, dans *La Revue d'art dramatique*, pour dénoncer la vacuité des propos tenus d'ordinaire par les journalistes. Il n'est guère plus aimable pour Jules Lemaitre qui donne, chaque lundi, une chronique de dilettante aux *Débats* dans laquelle il se montre plus intéressé par le public que par les œuvres.

Quand il ne prend pas les eaux, en général dans la matinée, ce qui ne l'arrange guère car il se lève tard, Proust consacre une grande partie de son temps à la lecture. Il lit *La Cousine Bette* de Balzac et *Les Confessions* de Jean-Jacques Rousseau. Nul doute qu'il ne rêve sur le passage dans lequel ce dernier rapporte le bonheur connu aux Charmettes avec Mme de Warens qu'il appelait Maman : « Je me levais avec le soleil, et j'étais heureux ; je me promenais, et j'étais heureux ; je voyais Maman, et j'étais heureux ; je la quittais, et j'étais heureux ; je parcourais les bois, les coteaux, j'errais dans les vallons, je lisais, j'étais oisif [2]... » Cette félicité insouciante, comment ne pas l'envier à Jean-Jacques, quand on est sans cesse en quête de la moindre preuve d'attachement ou d'une simple approbation dans le regard maternel, et qu'on vit habité par une jalousie de tous les instants vis-à-vis de l'être aimé ?

Le séjour se révèle cependant moins agréable que prévu ; les fenaisons sont à l'origine de plusieurs crises allergiques. Proust est contraint de faire des fumigations de poudre à base de datura et il souffre, bientôt, de rhinopharyngite. C'est fiévreux qu'il rentre à Paris sur l'insistance de sa mère. Celle-ci repart pour Dieppe car les médecins lui ont recommandé le climat marin ; il se retrouve seul dans l'appartement familial, n'était la présence des domestiques, Félicie Fitau, la cuisinière, Marie la femme de chambre et Jean Blanc le valet, et il se remet à l'ouvrage malgré les crises d'oppression qui affectent son sommeil. Il semble qu'il termine alors le récit champêtre d'Éteuilles pour lequel il trouve des échos dans la lecture de *Par les champs et par les grèves* : Flaubert voit, en effet, dans les merveilles de la nature un remède à la mélancolie. Les pages écrites par Proust ressortissent aussi à ce panthéisme idéaliste qui célèbre, à la manière d'Henri de Régnier, « le tourbillonnement des forces de la vie » (*Les Jeux rustiques et divins*, 1897) et prend forme de doctrine opposée au symbolisme et à l'art pour l'art sous le nom de naturisme, mais aussi à l'esprit d'analyse qui s'inscrit en faux contre cette esthétique fin de siècle et l'oblige à débarrasser son style des artefacts mêlant les clichés et les épithètes rares. En réalité, Proust cherche à dégager de ses souvenirs de pures impressions pour tenter de s'arracher à la tentation de la chronique réaliste des récits de vie. À cet effet, le Rousseau des *Confessions* est un bon maître qui s'efforce de contenir les sentiments pour les mieux révéler dans l'écriture.

Bien que l'ensemble manque d'unité, Proust, qui a alors rédigé plus d'une centaine de pages, prend langue avec Calmann-Lévy et promet un manuscrit achevé au mois de février. Le 19 octobre, il quitte Paris pour Fontainebleau et s'installe à l'hôtel de France et d'Angleterre, bâtisse particulière du XVIIIe siècle où il dispose d'une chambre confortable et chaleureuse, comme une invitation à la méditation et au travail. Là, en dépit de ses intentions, il écrit peu mais se

MAGDALEN COLLEGE LIBRARY

lance dans la lecture de plusieurs romans de Balzac[3] pour y puiser l'inspiration nécessaire à la peinture romanesque d'une société, de pièces de Shakespeare, *Jules César*, *Antoine et Cléopâtre*, dans lesquelles les personnages sont des êtres livrés à eux-mêmes qui transcendent leur existence par l'action, d'un roman d'éducation, *Wilhelm Meister* de Goethe, et de *Middelmarch* de George Eliot, dont il admire « la peinture panoramique non seulement des lieux mais des événements[4] ». Il a incontestablement besoin du souffle de ces œuvres pour nourrir sa propre création, surtout qu'il n'a pas reçu en partage le don de la composition romanesque. Il possède l'art du portrait, celui du récit bref aussi, mais tout cela ne fait pas la pyramide, comme aurait dit Flaubert.

Il est en compagnie de Léon Daudet, ils sont d'ailleurs venus ensemble avec le même désir : celui de trouver une villégiature studieuse ; mais il ne goûte guère sa société. L'automne est pluvieux, l'atmosphère maussade, le prix de la chambre élevé ; cela fait que l'angoisse finit par l'emporter dans le cœur de Proust sur l'ennui et l'impuissance à écrire quand il se rend compte qu'il a malencontreusement perdu de l'argent. Il ne s'agit que d'une somme modique, mais les scrupules qu'il éprouve chaque fois qu'il faut demander des fonds à sa mère se réveillent, d'autant plus qu'il estime que celle-ci est souvent parcimonieuse. Chaque soir, il lui fait de longs téléphones, puis il lui écrit, en particulier sur l'état de sa santé. À vingt-cinq ans, il ne s'est pas libéré de son emprise et il a besoin de faire des confidences quotidiennes à cette mère aimante et nourricière qui ne demande pas mieux, quand elle ne les sollicite pas elle-même, exigeant de connaître moult détails intimes.

Dans ses lectures Proust cherche à s'éprouver, en d'autres termes à faire surgir la réalité de la sensation. Son article sur l'obscurité dans la littérature symboliste s'attachait à montrer que nous percevons le réel comme un ensemble d'impressions, parfois simplement esquissées. Cette quête de la subjectivité ne l'entraîne pas dans les chemins empruntés par les romanciers décadents de cette fin de siècle : Remy de Gourmont, Péladan ou Édouard Dujardin, dont les personnages tourmentés par l'aboulie, le sentiment de la vanité de la vie et la perte de l'estime de soi se montrent incapables de saisir la réalité. Au rebours, Proust écrivain considère que l'esprit domine la nature avec laquelle un rapport phénoménal doit s'établir. Il n'a pas pour autant perdu toutes ses habitudes symbolistes : il lui arrive d'user de prosopopées et d'une rhétorique un peu maniérée, comme s'il voulait dégager l'état d'âme des choses. Mais jamais il ne profère d'idées sur le mode d'un quelconque solipsisme. De l'automne 1896 à l'été suivant, il rédige les parties qui concernent les deux séjours à Réveillon — dans la réalité, il s'agit du château de Mme Lemaire — et la visite à Beg-Meil[5], prolongement du roman champêtre, où il prend plaisir à décrire le rythme des saisons et leur cortège de sensations : bruit de la pluie, charme de la grisaille, douceur des promenades au soleil déclinant, qui enveloppent sa vie d'un halo rassurant et font contrepoint à la dure réalité des souvenirs d'adolescence, quand il fallait que Jean, qui lui ressemble tant, s'oppose à ses parents et vive dans le malentendu, ou encore affronte les déceptions des premières amours, en partie causées par l'intervention maternelle. Par ailleurs, en faisant entrer son personnage dans le monde aristocratique des Réveillon, présentés comme l'une des plus vieilles familles de France à l'égal des La Rochefoucauld, Proust ne fait pas que satisfaire une fantaisie de reconnaissance sociale, il esquisse une sorte de roman familial. Les Réveillon, en effet, l'accueillent et le traitent comme un fils, et la vie chez ces « parents » prestigieux se révèle bien plus agréable que ne l'est celle que lui offrent ses géniteurs. La duchesse reconnaît les qualités littéraires de Jean et elle s'adresse à lui comme si elle était sa mère. Si Proust s'invente une mère imaginaire, c'est sans doute pour se libérer de l'amour de la sienne propre, à laquelle il se sait assujetti jusque dans ses propres goûts littéraires : les citations des classiques, et en particulier de Racine, l'un des auteurs de prédilection avec Mme de Sévigné de Jeanne Proust, abondent sous la plume du fils dans sa correspondance. D'autre part, il est indéniable qu'il sent en lui des réflexes trahissant des caractères féminins tels qu'ils sont une manière de devenir la mère pour s'affranchir d'elle. Mais il lui faut surtout se libérer de la tutelle écrasante d'un père brillant et reconnu.

À cette époque Adrien Proust est un homme important. Il est professeur à la faculté de médecine de Paris et inspecteur général des services sanitaires français lors des grandes conférences sanitaires internationales ; à ce titre, il lui arrive d'intervenir à la tribune de la Chambre des députés. C'est lui qui est à l'origine du contrôle épidémiologique du canal de Suez, décidé en 1892, après une longue opposition des Anglais qui y voyaient une entrave à leur activité maritime. Avec Camille Barrère, diplomate, bientôt ambassadeur à Rome, et qui fut, en 1892, président de la conférence sanitaire de Paris, il a créé l'Office international d'hygiène publique. Ses travaux portent sur l'hygiène, l'épidémiologie, la psychologie médicale et bénéficient d'une reconnaissance de la communauté scientifique. Il est membre de l'Académie de médecine et commandeur de la Légion d'honneur. En février 1897, il représente à nouveau la France à la conférence de Venise, réunie afin de trouver les moyens de lutter contre l'épidémie de peste qui se développe en Inde. Il fait paraître ensuite un ouvrage intitulé *La Défense de l'Europe contre la peste*, qui lui vaudra les félicitations du président de la République, Félix Faure. La même année, il publie dans la collection qu'il dirige chez Masson un essai écrit en collaboration avec son collègue Gilbert Ballet, *L'Hygiène du neurasthénique*. Les causes de la maladie se trouveraient dans l'hérédité neuro-arthritique, mais aussi dans le chagrin moral et la vie mondaine — les auteurs décrivent, par ailleurs, des troubles physiques qui seront ceux de Proust dans les années à venir. Les remèdes sont à chercher du côté de l'hydrothérapie, de la psychothérapie, de la suggestion hypnotique et de la vie saine associée à des exercices physiques et à un régime alimentaire. Adrien Proust recommandait la même hygiène de vie aux asthmatiques dans la préface qu'il écrivit, en 1896, à l'ouvrage de son ami Édouard Brissaud : *L'Hygiène des asthmatiques*[6].

Aucun doute, ce père célèbre et couvert d'honneurs, qui est parfois convié par Félix Faure à Rambouillet, est menaçant en raison de ce savoir scientifique qui réduit le fils à n'être qu'un esprit malade de la volonté ; qui plus est, il professe quelque mépris pour le monde du faubourg Saint-Germain qui ne s'est donné que la peine de naître et a quelque difficulté à admettre que le seul souhait de Marcel soit de devenir écrivain. La puissance paternelle effraie le fils, il arrive parfois qu'elle l'amène à douter de sa propre identité, car il n'a jamais su choisir entre la soumission et la révolte.

Comme Jean, son ego imaginaire, Proust mène en 1897 une vie mondaine très prenante. Le 24 mai, il donne un dîner en l'honneur d'Anatole France, il invite aussi Montesquiou en manière de réconciliation, puis fait paraître un compte rendu de la soirée dans *Le Gaulois*. Il fréquente bien sûr chez Mme Lemaire, en compagnie de laquelle il va à l'Opéra, chez Mme Straus, chez les Daudet, chez Mme de Caillavet, chez la comtesse de Beaulaincourt et chez Mme Aubernon, connue pour ses sympathies républicaines et surnommée « la précieuse radicale ». Il est parfois admis aux samedis de Mme de Heredia[7] ; il y retrouve Pierre Louÿs et Henri de Régnier. Le « gratin » du Faubourg, la comtesse de Kersaint, la marquise de Brou, l'invite à dîner. Le 28 mars, il est très fier d'être à nouveau convié chez la princesse Mathilde, là où l'esprit et la morgue d'Edmond de Goncourt font peur aux familiers : ne risquent-ils pas de se retrouver croqués dans quelque livre ? Cette faveur obtenue, il en perçoit la vanité, à mesure qu'il se rend compte de l'inanité de certaines conversations tenues entre gens distingués. Quel que soit son désir d'entrer dans le monde, il sait que la naissance est une chose, le talent ou parfois le simple discernement une autre, et il ne peut s'empêcher de faire montre d'un esprit critique dont il ne se départira jamais. Ses imitations plus vraies que nature, en particulier de Montesquiou, sont déjà connues, ses impertinences le deviennent : ainsi la comtesse Martine de Béarn est surnommée Martine... sauce Béarnaise, la Veuve désigne Mme Lemaire dont il moque, dans ses lettres à Reynaldo, les tentatives de séduction. Au rebours de Violante, l'héroïne imaginée pour *Le Banquet* qui ne put s'arracher à sa condition de mondaine durement conquise, Proust sait que le monde ne se confond pas avec l'être. En fait, il cherche moins à s'étourdir dans la frivolité qu'à rencontrer des modèles pour nourrir le roman qu'il écrit, de la même manière qu'il lit le *Gobseck* de Balzac, pendant les mois d'août et septembre 1897 passés à Kreuznach en compagnie de sa mère, pour ces portraits de vieux nobles dont il compte faire son miel. Son apparence physique constitue un autre trait particulier. S'il s'habille avec recherche et porte volontiers la redingote et le haut-de-forme, il n'a jamais vraiment eu le sens de l'élégance, peut-être par goût de la désinvolture qui lui fait aimer les cravates à peine nouées et les pantalons tirebouchonnés. Quoi qu'il en soit, un passage chez le tailleur est toujours pour lui une épreuve, quand il faut s'accorder sur les harmonies d'étoffes et de couleurs. Déjà la mécanique sociale compte plus pour lui que la distinction personnelle. La fréquentation des écrits du sociologue Tarde, très apprécié dans les années 1890, qui décrivent les lois de l'imitation en montrant comment l'individu s'adapte au groupe, lui permet de développer une description du snobisme, où la futilité s'habille des mots de la passion et le bavardage tient lieu de pensée.

Proust commence également à fréquenter avec assiduité les cafés et restaurants littéraires, lesquels tendent alors à remplacer les salons en devenant les lieux de rencontre des gens de lettres. Ses favoris sont Weber, rue Royale, où il côtoie Léon Daudet, Curnonsky, Debussy et un jeune poète écossais, traducteur de Barbey d'Aurevilly, Douglas Ainslie, et Larue, place de la Madeleine. Mais il est une coterie dans laquelle il n'entrera pas : la cour de l'impératrice Eugénie. Lucien Daudet faisait partie du cercle de ses intimes ; jamais il ne voulut lui présenter Proust, qui en rêvait et faisait tout pour forcer l'événement : il venait souvent chercher Lucien à la porte de l'hôtel Continental où l'impératrice résidait quand elle était à Paris. Ces préjugés mondains furent-ils cause du relâchement de leur affection au printemps 1897 ? La jalousie maladive de Proust dut aussi avoir sa part. Un soir de juin, celui-ci aperçoit une ombre dans la rue qu'il prend pour Lucien en route vers des lieux et des plaisirs inconnus. Le besoin impérieux de savoir ce qu'il fait, de lui poser mille questions, de fouiller les recoins de son âme et de se déclarer son mentor irrite le jeune homme qui se veut libre comme l'air et n'admet guère d'être ramené au personnage du « petit Lucien » attendant tout de l'aîné. La rupture se fera peu à peu, sans drame apparent, à l'inverse de celle intervenue avec Reynaldo. Marcel souffrira d'une souffrance douce-amère, presque légère, qui n'affectera pas la sympathie et permettra sporadiquement le retour des sentiments. Il rêvera alors d'un amour platonique et romantique, loin des tumultes et des morsures de la passion. Il va se consoler quelque temps, grâce à l'affection retrouvée de Robert de Flers et à l'amitié d'une jeune femme, Marie Nordlinger, cousine de Reynaldo, venue à Paris poursuivre des études de peinture et de sculpture. Au moment du décès d'Alphonse Daudet, le 16 décembre 1897, Proust, accompagné du même Reynaldo, devenu l'ami fidèle, se fera le plus fraternel des soutiens auprès de Lucien. Il écrira aussi une note pleine de tact et de compassion en mémoire du maître dans *La Presse*.

Cependant la personnalité de Proust et son succès tout relatif dans le monde du faubourg Saint-Germain comme dans celui des lettres agacent certains. Fors les articles de Charles Maurras et de Paul Perret, *Les Plaisirs et les Jours* reçurent un accueil discret, voire gêné. Il y eut aussi un compte rendu malveillant dans *Le Journal* du 1er juillet 1896, signé Jean Lorrain, qui évoquait « le jeune et charmant Marcel Proust. Prout et Brou ! » mais avait pour cibles principales Montesquiou puis Anatole France, vilipendé pour avoir donné le label de l'Académie à une œuvre mineure. Jean Lorrain, écrivain décadent, dandy et fanfaron, s'était fait une spécialité de ridiculiser ceux qui ne trouvaient pas grâce à ses yeux et se plaisait à susciter l'indignation. Dans cette attitude, il était un rival de Montesquiou, qui, lui aussi, aimait couvrir d'opprobre ses contemporains ; c'est pourquoi il le déteste tant. Il persiste et signe d'un pseudonyme, Raitif de la Bretonne, dans la chronique qu'il tient dans le même quotidien, le 3 février 1897. *Les Plaisirs et les Jours* se voient qualifiés « de suaves mélancolies, d'élégiaques veuleries, de petits riens d'élégance et de subtilité, de tendresses vaines, d'inanes flirts en style précieux et prétentieux ». Lorrain moque surtout Anatole France qui aurait donné une préface pour complaire à sa maîtresse, puis se laisse aller à prédire que « pour son prochain volume, M. Marcel Proust obtiendra sa préface de l'intransigeant M. Alphonse Daudet lui-même, qui ne pourra la refuser ni à Mme Lemaire, ni à son fils Lucien ». Ce n'est pas tant l'éreintement de son livre qui suscite l'ire de Proust que l'allusion perfide à ses relations intimes avec Lucien Daudet, alors qu'il s'exaspère à prendre toutes les précautions pour garder le secret sur ses attirances. Il envoie donc ses témoins à l'offenseur : le peintre Jean Béraud et un ami de ce dernier, Gustave de Borda, célèbre duelliste, surnommé « Borda coup d'épée ». Aucun accord n'ayant été trouvé avec les témoins adverses, l'écrivain Paul Adam et Octave Uzanne, un journaliste qui se voulait l'arbitre des élégances, il fut décidé qu'une rencontre au pistolet de tir à une distance de vingt-cinq pas aurait lieu le 6 février, au bois de Meudon. Dès qu'il sut qu'il lui faudrait se battre, Proust, qui avait eu le choix des armes, étant l'offensé, fit montre d'un immense sang-froid et de beaucoup de fermeté.

À cette époque, les duels étaient monnaie courante dans les milieux politiques et journalistiques ; les tribunaux n'avaient à en connaître que lorsqu'il y avait mort d'homme ou que les règles de la rencontre n'avaient pas été respectées. Proust se faisait une haute idée de son honneur ; sans doute voulut-il aussi laver celui de Lucien Daudet et d'Anatole France. Il eut ainsi le sentiment d'oublier sa propre personne et de se croire, de la sorte, le représentant de la vertu. Au jour et à l'heure du duel quelques amis sont là ; parmi eux Reynaldo. La présence de Gustave de Borda eut son importance ; plus tard Proust dira de lui qu'il apprenait « à ne pas craindre la mort, à goûter d'autant mieux la vie[8] ». Deux balles sont échangées au commandement ; sans résultat. Proust n'a pas tiré en l'air, comme cela se passait souvent en pareil cas. Il a visé ou, à tout le moins, a dirigé son arme vers l'adversaire et l'a manqué de peu ; un de ses projectiles est venu s'échouer près du pied droit de Lorrain. Magnanime, il voulut ensuite serrer la main de celui-ci ; ses témoins l'en dissuadèrent.

La rencontre sur le pré ne fut donc pas un simulacre. Pour vider une querelle, Proust avait joué sa vie ; celle-ci aurait maintenant une saveur nouvelle. Des amis accourent pour le féliciter qui ne se doutaient pas qu'il fût capable d'un tel courage. L'important pour lui est d'avoir mis ses actes en accord avec ses principes et de s'être un peu rapproché de ses modèles : Carlyle et Emerson, mais aussi Fabrice del Dongo, que Barrès vient d'introniser héros du siècle dans un livre récent. Avant le duel, Proust se demandait ce qu'il resterait de lui s'il venait à disparaître. La réponse était manifeste : quelques récits sans doute vite oubliés, peu de chose. La vie retrouvée, il est habité, un temps, par le sentiment du vide, mais il se reprend vite, s'attachant à comprendre ce qui fait le héros : ténacité, force d'âme, génie dans le monde qui l'entoure, avec l'intuition qu'il y trouvera peut-être sa patrie vécue.

Le Barrès député boulangiste avait fait l'admiration du jeune Proust[9]. *Le Culte du moi* semblait le versant littéraire de cette disposition à émouvoir et à provoquer l'adhésion de l'esprit. Les idées libertaires aux couleurs de l'égotisme qui régnaient à *La Revue blanche* lui devaient quelque chose ; certains des collaborateurs de la revue firent d'ailleurs preuve de sympathie à l'égard de la violence aveugle des attentats anarchistes qui ensanglantèrent Paris de 1892 à 1894. Proust y céda à sa manière, se refusant à condamner le jeune Émile Henry, qui avait lancé une bombe au café Terminus, le 12 février 1894, faisant un mort et une quinzaine de blessés. Il voyait dans ce geste de désespoir — qu'il désapprouvait, cela va sans dire — le résultat d'une confusion entre l'imaginaire et la réalité, confusion compréhensible chez un esprit peu cultivé, mais mû par une énergie qui ne pouvait trouver d'autre expression dans une période politique marquée par les scandales financiers. Au fond, Proust, comme nombre de jeunes idéalistes de l'époque, était sensible à ce que les actions anarchistes comportaient de romanesque, préoccupés qu'ils étaient d'établir des rapports entre la littérature et la vie, ou encore de manifester leur instinct de révolte ou leur simple désinvolture vis-à-vis de la société.

Grâce à son père, il est aussi introduit dans le monde politique, ce qui lui permet d'assister, parfois dans la tribune du président de la République, à plusieurs séances à la Chambre des députés. Le 15 mars 1897, Jaurès doit prononcer un discours de politique étrangère. Il a été l'un des seuls à déplorer les massacres perpétrés par les Turcs en Arménie, l'année passée. Aujourd'hui que le sultan veut annexer la Crète, il dénonce l'attitude laxiste du gouvernement français plus soucieux de ses intérêts financiers et diplomatiques dans la région que de la liberté des peuples. Proust, qu'une telle abdication révolte, applaudit. Sur les bancs du gouvernement, de vives protestations s'élèvent. Depuis quelque temps déjà les choix politiques de Proust commencent à changer. Le conservatisme des républicains opportunistes et leurs manœuvres politiciennes — en mars 1896, il est séduit par une autre intervention de Jaurès qui raille les intrigues de Hanotaux pour revenir au pouvoir — lui semblent s'éloigner des finalités morales. L'affaire Dreyfus va lui révéler ses véritables convictions politiques et balayer ses derniers accès de conformisme et d'idéalisme.

CHAPITRE VII

Le temps des convictions
1898-1899

Depuis quelques mois, une affaire politico-judiciaire commence à occuper les esprits et à susciter les passions, d'abord dans les sphères officielles puis dans le grand public. À la fin de l'année 1894, un officier appartenant à l'état-major général de l'armée, le capitaine Dreyfus, a été condamné à la déportation à vie en Guyane pour intelligence avec l'Allemagne, à la suite d'un procès hâtif qui a provoqué des réactions d'antisémitisme dans la presse et dans l'armée. Nul ne doute alors de la culpabilité de l'accusé; Jaurès félicite publiquement le général Mercier, ministre de la Guerre, pour avoir poursuivi le traître et Clemenceau regrette que la peine ne soit pas plus sévère. Quelque temps plus tard, le nouveau chef du service des renseignements de l'armée, le commandant Picquart, acquiert la conviction que Dreyfus est innocent, ayant été condamné sans preuves et, qui plus est, sur une forfaiture — un dossier secret —, et découvre que le véritable coupable, au sujet duquel il dispose d'éléments prouvant ses relations avec l'ambassade d'Allemagne, est un autre officier répondant au nom d'Esterhazy. Mais les autorités militaires refusent de rouvrir le dossier; en décembre 1896, l'état-major désavoue Picquart et décide de le muter en Tunisie. Son avocat persuade de la justesse de ses vues le vice-président du Sénat, Scheurer-Kestner, qui tente, en vain, des démarches auprès des plus hautes autorités de l'État. En novembre 1897, l'opinion est saisie de ce qui va devenir l'Affaire. Dans une série d'articles publiés par *Le Figaro*, Zola veut convaincre de la nécessité de réviser le procès. Mais le gouvernement tient à étouffer l'affaire au nom de la raison d'État ; le président du Conseil, Jules Méline, déclare le 7 décembre devant les députés : « Il n'y a pas d'affaire Dreyfus. » Le commandant Esterhazy est tout de même traduit à huis clos devant un conseil de guerre, qui prononce l'acquittement le 12 janvier 1898. Le lendemain, Picquart est arrêté et interné au mont Valérien, sous l'inculpation de divulgation de documents secrets.

Grâce aux Straus qui entretenaient des relations avec le sénateur Scheurer-Kestner, Proust devint vite un partisan de Dreyfus. Le 13 janvier, jour de la publication de la lettre ouverte de Zola au président de la République dans *L'Aurore*, sous le célèbre titre dû à la perspicacité de Clemenceau, « J'accuse », Proust se trouve en compagnie de Daniel Halévy, Jacques Bizet, Louis de La Salle, Robert de Flers et Fernand Gregh dans un salon du café des Variétés ; tous cherchent le moyen de s'opposer à l'acquittement d'Esterhazy. Ils décident de lancer un manifeste pour demander la révision du procès. L'article de Zola était une forme de réquisitoire, qui avait amené le président du Conseil en personne à annoncer, à la Chambre, que le gouvernement allait intenter un procès en diffamation à l'écrivain. La protestation de ces jeunes gens se devait de relever le gant. Pour cela, il leur fallait obtenir des signatures de personnalités. Ils allèrent trouver, entre autres, Paul Hervieu et Edmond Rostand, qui ne souhaitèrent pas s'engager. Ils obtinrent, en revanche, l'appui de membres de l'Institut comme Gabriel Monod, celui de certains professeurs de Sorbonne : Gabriel Séailles, Gustave Lanson, et d'écrivains : Octave Mirbeau, Jules Renard, André Gide, Félix Fénéon, Léon Blum. Fernand Gregh et Marcel Proust eurent pour mission de se rendre chez Anatole France. Ce dernier ne pouvait qu'être favorable à Dreyfus ; il avait tenu dans *L'Aurore*, le 23 novembre 1897, des propos mettant en doute la culpabilité du condamné et avait persisté dans ses feuilletons de *L'Écho de Paris*, organe de presse pourtant attaché à l'armée et au respect de l'ordre ; de plus, il n'avait pas craint de s'opposer au gouvernement en prenant publiquement position en faveur des Arméniens opprimés par les Turcs[1]. Sans l'ombre d'une hésitation il signa, malgré les retenues de Mme Arman qui ne voulait pas se brouiller avec le président de la République. France sera le seul académicien dreyfusard et il n'hésitera pas à manier la pointe assassine, créant à l'adresse des nationalistes le sobriquet de « trublions » ; tous ses confrères, Barrès, Lemaitre, Coppée, Heredia, sont dans le camp adverse. Certains adhéreront à la Ligue de la patrie française, créée en 1899 pour s'opposer à la Ligue des droits de l'homme. Le nom de France apparaît après celui de Zola au bas de ce qui restera comme le « Manifeste des intellectuels », dit des 104, publié dans *L'Aurore* du 14 janvier : « Les soussignés, protestant contre la violation des formes juridiques au procès de 1894 et contre les mystères qui ont entouré l'affaire Esterhazy, persistent à demander la révision... »

Proust, qui fréquente la bonne société, qui a fait paraître quelques textes et des notes mondaines dans *Le Gaulois*, non par conviction monarchiste ou réactionnaire mais parce que c'est un journal mondain — qui plus est, son directeur, Arthur Meyer, accepta de publier ses poèmes refusés par Louis Ganderax pour *La Revue de Paris* —, professe avant tout un patriotisme hérité de Michelet. Il a immédiatement choisi son camp : entre ce que d'aucuns présentent comme l'intérêt national et la justice, il a préféré la justice. Son dreyfusisme allait le brouiller quelque temps avec son père qui, très lié avec les responsables gouvernementaux et, en particulier, nous l'avons vu, avec le président Félix Faure, se veut respectueux de l'ordre établi, mais également avec des amis comme Robert de Billy, qui soutiendra, un temps, la cause de la raison d'État, et avec des aînés qui lui avaient manifesté quelque bienveillance, comme Heredia et Barrès. Celui-ci a failli prendre le parti des révisionnistes, mais ce qu'il pensait être l'intérêt de la nation l'a fait pencher de l'autre côté. Son attitude est toute d'idéal ; à cette époque, il n'y a pas chez lui d'antisémitisme, ce que Léon Daudet ne manquera pas de lui reprocher : « Il n'aimait pas à conclure et restait hésitant en religion comme en politique[2]. » Proust, lui, n'a rien d'un tiède, même s'il n'a pas l'âme d'un militant. Les événements vont lui permettre de se révéler comme un homme libre, épris de vérité, détaché des valeurs d'ordre de son milieu bourgeois — le côté du père — et indépendant de celles du « monde ». Ses amis de cœur, ce sont ces jeunes intellectuels, comme l'on dira désormais, qui n'ont pas encore de nom, avec lesquels il a préparé la pétition, bien que la petite revue que certains d'entre eux ont montée pour railler *Les Plaisirs et les Jours* lui ait causé une grande affliction, et aussi Louis de Robert, un jeune journaliste, ancien secrétaire de Loti, familier des cercles littéraires dreyfusards, Léon Brunschvicg, son condisciple de Condorcet, élève de Darlu, qui vient de publier *La Modalité de jugement* pour dire le primat de la pensée sur la nature. Ses admirations vont à Darlu qui, en mai 1898, prend parti pour la vérité, dans *La Revue de métaphysique et de morale*, à Zola, bien sûr, pour son courage, et à Jaurès qui s'engage pour Dreyfus, à l'inverse des autres chefs socialistes qui se veulent indifférents à cette « guerre civile bourgeoise ». Le 1er octobre 1898, Proust entraîne Constantin de Brancovan à une réunion publique tenue par Jaurès, salle Trianon, avec pour thème : « L'affaire Dreyfus et le socialisme ». L'orateur expose non seulement les preuves innocentant le condamné, mais dénonce aussi l'état-major, coupable de faire le jeu de l'Allemagne pour déclencher une guerre. Il conclut en disant que le pouvoir ne devrait pas rester entre les mains des cléricaux et des militaristes qui ruinent la République. Proust est séduit par le tribun généreux. Dans ce qui ressortit au « roman familial » de *Jean Santeuil*, il en fait un père fort et juste, capable de rivaliser avec le père réel qui n'a pas toutes ces qualités.

L'Affaire, comme les derniers développements de la politique étrangère française centrée sur l'alliance franco-russe, lui ont fait prendre en grippe les républicains de gouvernement amis de son père : Jules Méline et Gabriel Hanotaux. Il penche maintenant du côté de ceux — radicaux et socialistes — qui pensent que les institutions traditionnelles, l'Église et l'armée, ont trahi les valeurs de liberté et de justice. En 1899, il soutiendra le « Bloc des gauches », alliance composée des républicains modérés, des radicaux et du socialiste Millerand qui forment le cabinet Waldeck-Rousseau en se prévalant des idéaux de 1789. Foncièrement hostile aux doctrines nationalistes de Barrès et de Maurras qui font florès comme une conséquence de l'Affaire, Proust a trouvé sa morale en politique. Il ne participe pas pour autant à la scission idéologique qui s'opère dans la société française. Son dreyfusisme repose sur une profonde éthique en quête du bien, mais ne se préoccupe pas de doctrine. L'évolution politique de son ami Daniel Halévy qui opta pour l'anticléricalisme et le socialisme — il publie en 1901 *Essais sur le mouvement ouvrier en France* — le rebuta. Ainsi Proust ramène-t-il la question politique à soi, en dehors de toute détermination causale, avec pour seule fin la justice. Dans *Jean Santeuil*, il fait le récit d'une séance à la Chambre, celle du 3 novembre 1896, à laquelle il a assisté. Les Turcs viennent de se livrer à des massacres en Arménie, il est question d'une intervention du gouvernement français. Mais les députés se défaussent de cet engagement qui remettrait en cause l'équilibre diplomatique établi entre les puissances aux intérêts divergents : Angleterre, Russie et France. Alors Jaurès — Couzon dans le roman — se lève, monte à la tribune et prône l'intervention envers et contre tous. Et Jean, sans doute comme Proust lui-même, se sent envahi par un bonheur insoutenable en écoutant ces paroles. Le discours du tribun socialiste restera lettre morte, fors l'émotion suscitée.

Cette morale impérative, fortement marquée par la pensée kantienne, explique probablement pourquoi Proust ne fut pas un militant, d'autant plus que l'Affaire prit très vite une dimension politique qui dépassait la seule volonté de réparer l'injustice faite à Dreyfus. Du 7 au 23 février 1898, il assiste au procès Zola en compagnie de Louis de Robert. Le public marque de l'hostilité à l'écrivain, parfois malmené à la sortie des audiences ; ce qui ne laisse d'effrayer Proust confronté à la violence d'une foule unanime, composée d'individus ayant abdiqué leur conscience. Les témoins à charge se retranchent derrière le secret d'État, le général Mercier est même obligé d'admettre l'existence d'un dossier secret. Mais rien n'y fait : Zola est condamné à un an de prison et à 3 000 francs d'amende ; il choisira l'exil en Angleterre pour éviter l'incarcération. Proust est révolté par tant de haine et de mauvaise foi. Ce n'est pas une raison pour prendre une part plus active dans l'organisation du mouvement révision-niste, comme quelques-uns de ses amis le lui avaient demandé. Il mit en avant l'état de sa santé. Ce n'était là qu'un demi-prétexte, car il est vrai que le déséquilibre du système neurovégétatif dont il souffre depuis l'enfance connaît une nette aggravation. Il est maintenant pris de suf-focations répétées, même en dehors de la période des foins, et il a de plus en plus de mal à trouver le sommeil nocturne. Ces crises ont pour effet de le renfermer encore un peu plus sur lui-même.

Pourtant, dans le roman qu'il est en train de rédiger, il se décrit comme un collaborateur de Labori, l'avocat de Zola et de Dreyfus. La littérature permet de vivre par procuration. Il se rêve en serviteur zélé des héros du moment, comme pour réparer quelque impuissance due à sa nature. Certes il se démène beaucoup pour Picquart, le personnage de l'Affaire qui suscite en lui la plus grande admiration, ainsi qu'en témoignent les pages écrites sur le vif au moment du procès Zola : « C'était un homme dont toute la vie, bien qu'il portât un uniforme bleu ciel, s'était passée à chercher, tandis qu'en fait il tournait la bride de son cheval au tour-nant d'une route ou allait au quartier pour une inspection, à chercher à extraire la vérité, à l'aide de raisonnements, de toutes les choses qui se présentaient un peu vivement à l'examen de sa conscience[3]. » L'officier est un modèle de probité et de liberté, qui plus est, son esprit l'amène à cher-cher la vérité dans l'expérience immédiate ; Proust écrivain s'évertue à faire de même. Il semble qu'il l'ait rencontré pour la première fois, en 1897, lors d'une soirée donnée par l'éditeur de Zola, Charpentier. Ensuite il lui fit parvenir un volume des *Plaisirs et les Jours* dans sa cellule. À l'automne 1898, malgré la découverte du « faux Henry », ce document fabriqué de toutes pièces qui accablait Dreyfus, et la démission de Cavaignac, le ministre de la Guerre qui avait attesté la véracité dudit document, Picquart est maintenu en détention et menacé d'être mis au secret. Cette fois, c'est Anatole France qui demande à Proust de signer une protestation en faveur de celui-ci.

Proust rêve de devenir un écrivain qui ne serait pas séparé de la vie, alors que sa morale constitue une rupture avec la réalité, dans la mesure où le souci qu'il a d'autrui le ramène à lui-même et inhibe souvent toute velléité d'action. Robert de Flers semble incarner à ses yeux cet idéal, à l'instar du modèle que Carlyle prône dans *Les Héros et le culte des héros*. Dans un article de *La Revue d'art dramatique* du 20 janvier 1898[4], Proust le décrit comme un lettré érudit — il a publié deux ans auparavant un récit de voyage couronné par l'Académie : *Vers l'Orient*, puis des contes — pour qui le talent et l'esprit ne sont pas inconciliables avec la justice sociale.

L'Affaire attise bien sûr l'antisémitisme qui se développe en France depuis une vingtaine d'années dans toutes les classes de la société. Les juifs sont devenus des boucs émissaires dans cette période de stabilité politique secouée par des scandales financiers. Aux yeux des partisans de la monarchie et des valeurs catholiques traditionnelles, ils représentent la République et la laïcité, car ils sont très attachés à la Révolution française qui leur accorda la citoyenneté ; à ceux de tous les braves gens, ils sont cause de la dégradation apparente du régime républicain. Marcel Proust, qui ne se considère pas comme juif — ni son éducation ni ses idées ne l'y poussent —, souffre de ce climat qui est une insulte à sa famille maternelle : à sa mère, mais aussi à son grand-père aimé, Nathé Weil, et à l'oncle Louis, qui viennent tous deux de disparaître. Il va également en éprouver les inconvénients pour lui-même : les propos antisémites des Daudet le gênent, comme ceux de Montesquiou, à qui il écrit en mai 1896 : « Je n'ai pas répondu hier à ce que vous m'avez demandé des juifs. C'est pour cette raison très simple : si je suis catholique comme mon père et mon frère, par contre, ma mère est juive. Vous comprenez que c'est une raison assez forte pour que je m'abstienne de ce genre de discussions [...]. Car si nos idées diffèrent, ou plutôt si je n'ai pas indépendance pour avoir là-dessus celles que j'aurais peut-être, vous auriez pu me blesser involontairement dans une discussion[5]. » On lui renvoie donc une image qui ne coïncide pas avec ce qu'il est, mais dont il ne peut se déprendre au risque de paraître renier sa famille maternelle ou de faire preuve de mauvaise foi. Ses opinions peuvent sembler suspectes : ne seraient-elles pas dictées par l'atavisme ou l'intérêt ? le goût de la dissimulation ou la honte ? Proust, que sa morale amène à braver le sens commun, fait sans conteste l'expérience absurde que l'on n'est pas seulement ce que l'on croit être mais aussi une construction du regard des autres auquel il est difficile d'échapper. Quand *La Libre Parole* de Drumont écrit que plusieurs jeunes juifs, et parmi eux Marcel Proust, honnissent Barrès, il renonce à rétablir la vérité.

Il fut aussi choqué par l'attitude des uns et des autres. Son oncle paternel, Jules Amiot, se déclare antisémite et se vante de lire *La Libre Parole*. Dans le monde des salons se joue en mineur le drame de la division de la France entre partisans et adversaires de Dreyfus. Le peintre Degas, lié avec les Halévy depuis des années, rompt avec eux, de même qu'il cesse du jour au lendemain de fréquenter Mme Straus. Quelques nobles, les juifs nationalistes, comme Arthur Meyer, quittèrent aussi le salon de cette dernière, dans lequel trônait le député Joseph Reinach, un ardent dreyfusard de la première heure. Il convient d'ajouter que la digne veuve de Bizet ne pratiqua, quant à elle, aucun ostracisme. Le salon de Mme de Caillavet, autrefois fréquenté par Jules Lemaitre et Charles Maurras, devient un salon « progressiste » : il accueille Jaurès, Clemenceau, Poincaré et Barthou. Proust put donc faire la connaissance de certains de ces hommes politiques qui incarnent à ses yeux l'esprit de tolérance et de justice. En février 1899, il compte parmi les invités de Mme Arman au souper qui fait suite à la première du *Lys rouge*, adaptation du roman de France donnée au Vaudeville. Mais il s'éloigne peu à peu de l'écrivain et du salon de sa maîtresse, fatigué par toutes ces palinodies politico-mondaines dont celui-ci se fait le héraut. Par la suite, Proust se montrera très réservé sur les volumes de l'*Histoire contemporaine*, qui s'étaieront sur l'Affaire et présenteront une défense de la République au travers de personnages par trop réalistes, comme M. Bergeret. En définitive, il ne peut admettre que des opinions divergentes quant à la culpabilité d'un homme divisent ainsi la société et il prend conscience de ce que représente l'instinct grégaire et son cortège de réflexes conditionnés. Il donnera tout de même le 24 avril, boulevard Malesherbes, un dîner en l'honneur de France et de la jeune Anna de Noailles, qui publie ses premiers vers dans *La Revue des Deux Mondes* ; le dîner sera suivi d'un récital de poèmes du maître, mais aussi de cette dernière et de Montesquiou, par une jeune pensionnaire de l'Odéon, Cora Laparcerie. Au moment où il semble acquis que les Chambres vont décider la révision du procès Dreyfus, Proust a voulu réunir quelques-uns des partisans du condamné : les Straus, Mme Lemaire, la comtesse Potocka... et cette Anna de Brancovan qui vient d'épouser le comte Mathieu de Noailles. Le 3 juin 1899, la Cour de cassation annule la condamnation de Dreyfus.

La rédaction de *Jean Santeuil* est donc liée à des événements dramatiques. L'opération que Mme Proust subit en juillet 1898 n'est pas le moindre. Le chirurgien extrait une grave tumeur pelvienne et se garde de tout pronostic pendant plusieurs semaines. Heureusement, la malade se remet et peut sortir de la maison de santé à la fin du mois d'août. Marcel passe le mois de septembre avec sa mère, convalescente, à l'hôtel des Roches-Noires, à Trouville, tandis que le docteur Proust fait une cure à Vichy. Depuis sa villégiature, il continue à se démener pour Picquart, sollicitant Mme Straus et ses relations au sujet de la pétition en faveur de l'officier. Mais du roman qu'il écrit, il parle peu. Certains passages restent à l'état d'ébauches ; d'autres, plus élaborés,

s'articulent cependant mal les uns avec les autres, bien des
descriptions demeurent inachevées, l'ensemble n'a pas de
titre. Tantôt Proust cherche à saisir l'essence de sa vie en la
transposant, il rapporte ainsi des scènes vécues à l'époque
de son service militaire ou encore les séjours qu'il fit à
Réveillon, chez Mme Lemaire ; tantôt il fait des portraits à
la manière de La Bruyère, peignant la mondanité et ses catégories : l'origine sociale, la vanité, les opinions. Il hésite
souvent entre la poésie et le récit, comme si la vie se rédui-
sait à quelques fragments illustrant sa douloureuse éducation sentimentale et sociale.

CHAPITRE VIII

Le travail sur Ruskin

1899-1901

En 1899, les Proust choisissent Évian pour y faire leur cure annuelle. C'est une station à la mode, aux allures de Riviera, où l'on vient prendre les eaux de l'Europe entière. Marcel se décide à rejoindre ses parents dans le courant du mois d'août ; en fait, il est attiré par la présence des Brancovan qui ont une villa à Amphion. D'autre part, le lac a toujours exercé sur lui une fascination sans pareille. Après quelque contretemps dû au choix d'un hôtel calme et bien situé, il arrive à Évian au début de septembre.

Installé dans le plus bel établissement de la station, le Splendide et Grand Hôtel des Bains, qui domine la ville et offre une vue imprenable sur le lac, Proust, resté seul pendant ce mois, passe le plus clair de son temps dans la société de la villa Bassaraba, chez la princesse de Brancovan entourée de ses enfants : Constantin, Anna, Hélène, et de ses invités : le prince et la princesse de Polignac et Abel Hermant, le jeune écrivain à succès qui fut le protégé d'Alphonse Daudet. Il se rend aussi au château de Coudrée, propriété des Bartholoni, où il rencontre Henry Bordeaux, alors avocat à Thonon, puis à Coppet chez la comtesse d'Haussonville. Chaque jour, il s'absorbe dans la lecture des journaux, et, en particulier, de *La Petite République*, quotidien dreyfusard, afin de prendre connaissance des débats du conseil de guerre de Rennes, devant lequel comparaît en

MAGDALEN COLLEGE LIBRARY

révision le déporté de l'île du Diable, puis il écrit à sa mère pour lui faire part des menus faits de la vie quotidienne, de l'amélioration de son état de santé — après s'être habitué à sa nouvelle chambre, il dort enfin d'un sommeil plus paisible —, de ses comptes, qu'il tient dans le détail pour justifier de nouvelles demandes d'argent, et surtout de son désarroi à la suite de la nouvelle condamnation de Dreyfus puis, dix jours plus tard, de son soulagement lorsque le président de la République, Émile Loubet, aura accordé sa grâce. Son ami Clément de Maugny le convie parfois à venir passer la journée à Thonon où il possède un château. C'est au cours d'une des nombreuses promenades faites en sa compagnie, sur les hauteurs de la ville, qu'il ressent, face à la chaîne des Alpes, un sentiment proche de l'illumination. Il se souvient alors que cette conscience de la beauté dans toute sa plénitude est admirablement présente dans un ouvrage de Robert de La Sizeranne qu'il a parcouru avant de quitter Paris, *Ruskin et la religion de la beauté*[1].

Fort célèbre en Angleterre depuis la publication de son traité d'esthétique principalement consacré à Turner et aux préraphaélites, *Modern Painters* (1843-1860), Ruskin n'est pas seulement considéré comme un maître du goût, c'est aussi un penseur politique qui cherche à réconcilier l'art et le peuple dans la société industrielle. Proust avait eu connaissance des théories de Ruskin par les traductions de textes prônant l'humanisation de la société, que le *Bulletin de l'union pour l'action morale* de Paul Desjardins publiait depuis 1893. En mars 1897, il avait lu l'article que Robert de La Sizeranne venait de publier dans *La Revue des Deux Mondes* sous le titre « Ruskin et la religion de la beauté ». Il est possible, aussi, qu'un ami et confrère de son père, Henry Cazalis, poète parnassien qui écrivait sous le pseudonyme de Jean Lahor, ait été le premier à présenter à Proust les théories de l'esthète anglais. Cazalis avait, en effet, déserté les hauteurs du Parnasse pour suivre Ruskin dans sa quête d'un art proche de la morale sociale, et qui doit contribuer à donner forme à ladite morale. Cette conception, proche de la vulgate hégélienne, repose sur la notion de vérité que

Ruskin fait dériver de son étude de l'originalité de Turner et surtout des analyses que lui inspire l'architecture chrétienne des XIIe et XIIIe siècles. Les bâtisseurs de cathédrales, évêques et riches bourgeois qui finançaient les chantiers, les maîtres d'œuvre, les maçons, charpentiers, tailleurs de pierres, manœuvres, qui travaillaient à la construction moyennant salaire, formaient une société communiant dans un même élan mystique. Ils participaient à l'édification d'un lieu de culte qui était aussi un refuge et un centre de la vie sociale, une maison du peuple. Proust avait pu lire un jugement comparable dans l'ouvrage d'Émile Mâle : *L'Art religieux du XIIIe siècle en France*, prêté par Robert de Billy l'année précédente.

Certes, Proust ne saurait adhérer, comme à l'époque où il se nourrissait principalement d'Emerson, à une esthétique qui subordonne l'art à la vérité ; l'idée du beau lui paraît indépendante des déterminismes sociologiques. Ruskin réconcilie l'art et la vie, tentative qu'il jugera séduisante, car elle est recherche du bonheur dans la société moderne, mais, lui qui éprouve toujours le besoin de transfigurer la réalité pour échapper à l'instant présent, il ne peut y souscrire vraiment. Ainsi, c'est à contrecœur, entraîné par Anna de Noailles et sa sœur Hélène, qu'il visitera l'Exposition universelle de 1900, laquelle consacre les retrouvailles de l'art et de la technique et célèbre l'art industriel et décoratif en quête de l'harmonie sociale. Toutefois, force est de remarquer qu'à ce moment de sa vie il cherche à ordonner ses pensées sur l'art. Les notes qu'il a rédigées sur la peinture de Gustave Moreau, après avoir visité, en novembre 1898, la maison du peintre, trahissent une double postulation esthétique. Afin de mettre au jour le monde de l'artiste, Proust analyse différents motifs picturaux chargés de symboles et constate que leur dualité — les courtisanes ressemblent à des saintes, les héros respirent une douceur virginale — exprime ce goût du mystère qu'il juge consubstantiel à la vie. Après cette analyse réflexive, il dégage de la matière picturale une donnée intentionnelle puisqu'il écrit que « la pensée de Gustave Moreau peinte sur cette toile

[*Femme portant la tête d'Orphée*] nous regarde de ces beaux yeux d'aveugles que sont les couleurs pensées[2] ». À la même époque, en octobre, il est allé à Amsterdam visiter l'exposition consacrée à Rembrandt et en a ramené une conviction semblable : c'est la pensée singulière de l'artiste qui prend forme sur la toile.

Jusqu'à présent sa formation intellectuelle, la fréquentation d'Emerson qui prône la supériorité de la conscience indivi-duelle, la lecture récente des *Études helléniques* de Walter Pater, pour qui l'expérience esthétique est l'expérience humaine essentielle, l'ont conduit à rechercher un idéalisme du moi : au portrait de l'artiste ou de l'écrivain en génie, il ajoute immédiatement que l'art réalise quelque chose de supérieur qui échappe à la conscience. Les pages de *Jean Santeuil* rédigées lors de ce séjour à Évian, dans lesquelles le lac de Genève rappelle au héros la mer à Penmarch, témoi-gnent d'une quête de la permanence de l'être que Proust tente de situer au-delà de la conscience du vécu, tout en envisa-geant qu'il puisse s'agir d'une simple modification des états psychologiques. Ce premier épisode de mémoire involontaire suggère divers rapprochements. On pense à la quête augusti-nienne de l'éternité revisitée par les romantiques, ou encore au « lieu éternel » qui permet de connaître Dieu dans *La Divine Comédie*, ouvrage que Proust fréquentait. L'influence de Darlu, qui professait qu'« il n'y a pas de mémoire des émotions en soi mais seulement des états de conscience accompagnées d'émotions[3] », n'est sans doute pas à négli-ger, non plus que le climat philosophique de l'époque qui développait volontiers une métaphysique psychologique héritée, pour partie, de Schopenhauer. Ainsi, ce qui l'attire en premier lieu chez Ruskin, c'est que celui-ci fait du sen-sible une manière de connaissance. De plus, il croit discer-ner une parenté secrète qui le rapproche encore du maître anglais : des extraits de l'autobiographie de Ruskin publiés dans le livre de La Sizeranne montrent qu'il fut d'abord un amateur un peu oisif, avant de trouver sa vocation.

Début octobre, Proust manifeste l'intention de partir pour l'Italie. Mais sa mère, qu'il sollicite comme à son habitude lorsqu'il s'agit d'engager des dépenses exceptionnelles, ne lui envoie pas d'argent. N'importe, il rentre à Paris et se précipite à la Bibliothèque nationale dans l'espoir d'y trouver des œuvres de Ruskin en français. La seule traduction disponible est celle d'une partie des *Sept Lampes de l'architecture*, parue en 1895, dans une livraison de *La Revue générale*. Peu au fait des subtilités de la langue anglaise, il demande à sa mère de l'aider à lire Ruskin dans le texte. Il désire prendre connaissance de *La Bible d'Amiens*, ouvrage dont Marie Nordlinger lui avait lu quelques passages lors de leur dernière rencontre, en 1898, et de *Praeterita*, livre de souvenirs dans lequel l'auteur revit son passé. Peu à peu il abandonne la rédaction de *Jean Santeuil*, auquel il ne trouve aucun principe d'unité, ce qui lui fait craindre de ressembler à Casaubon, le personnage du roman de George Eliot, *Middlemarch*, qui a passé sa vie à construire une œuvre morte, pour se lancer dans un travail d'érudition. Louis Ganderax, directeur de *La Revue de Paris*, vient de lui commander un article portant sur Ruskin[4]. En novembre, il visite la cathédrale d'Amiens et, suivant les indications données par celui-ci, il s'arrête dans la contemplation du porche occidental — la Bible — et plus précisément des statues des prophètes à l'expression si inquiète et pensive qu'ils semblent se détacher de l'ensemble architectural. Les figures symboliques et les scènes sculptées, qu'elles soient religieuses ou profanes, matérialisent la pensée christique. L'idée que l'art donne accès à l'invisible, Proust la doit autant à Ruskin qu'à Émile Mâle. Mais c'est Ruskin qui s'est fait le théoricien d'un art médiateur entre l'homme et la vérité spirituelle. La connaissance qu'a Proust de l'œuvre de l'esthète anglais est encore limitée au livre de La Sizeranne, aux commentaires, plus anciens, contenus dans *L'Esthétique anglaise* (1864) de J. A. Milsand et à quelques extraits, mais elle exerce alors sur lui une telle fascination qu'il la place dans son panthéon devant celles de Flaubert et d'Emerson et qu'il décide d'entreprendre, avec la collaboration de sa mère, la traduction de *La Bible d'Amiens*. En décembre, le docteur Proust est en tournée d'inspection dans les ports méditerranéens afin d'envisager une prophylaxie de la peste et du choléra ; Marcel et sa mère, restés seuls, se mettent au travail. En la détournant ainsi de ses devoirs habituels, le fils voudra croire qu'ils vivent l'un pour l'autre, sans l'ombre d'un remords envers ce père lointain mais trop présent qui vient souvent s'interposer dans leur intimité.

La mort de Ruskin, survenue le 20 janvier 1900, suscite un regain d'intérêt pour son œuvre. Affecté par cette disparition, Proust veut garder du maître, qu'il savait affaibli et tourmenté depuis longtemps par une maladie mentale, l'image de celui qui a tenté de rapprocher la beauté de la grâce seyant à l'activité humaine quand elle est le fruit d'une volonté pure de tout intérêt. Il se rend à Rouen en compagnie de Léon Yeatman et de son épouse, simplement pour admirer une petite figure profane ornant le Portail des Libraires de la cathédrale Notre-Dame, à laquelle Ruskin fit un jour allusion. Dans ce personnage du Livre de pierre, promis au paradis à l'heure du jugement dernier, Proust admire la grandeur de l'homme que l'art inscrit dans l'éternité. Puis il entreprend deux articles nécrologiques pour présenter l'humaniste, mais aussi le maître en esthétique et son importance dans le domaine de la critique d'art[5]. Ces articles, Proust va les publier grâce à Charles Ephrussi, directeur de *La Gazette des beaux-arts* et de la *Chronique des arts et de la curiosité*, rencontré chez la princesse Mathilde, lequel aura l'obligeance de lui ouvrir la bibliothèque de la revue pour faciliter ses travaux de recherche, ainsi qu'à Gaston Calmette, le nouveau directeur du *Figaro*, qui lui a été présenté par Montesquiou. Ephrussi se propose aussi de faire paraître les études sur Ruskin, et Ollendorf, directeur de la maison d'édition du même nom, accepte l'idée de publier la traduction de *La Bible d'Amiens*. En ce début d'année, le destin semble sourire à Proust qui peut croire que sa notoriété est enfin assurée.

Dans les articles qu'il publie dans les livraisons du 1er avril et du 1er août 1900 de *La Gazette des beaux-arts*, sous le titre de « John Ruskin », Proust tente de dégager la singularité de l'esthétique ruskinienne à laquelle il adhère à quelques nuances près, tout en se détachant des commentaires de La Sizeranne. Selon Ruskin, « le poète est une sorte de scribe écrivant sous la dictée de la nature[6] », il est mû par l'enthousiasme, car il dépasse l'ordre du sensible pour accéder au monde de la Beauté, laquelle est un idéal situé au-delà de l'homme prisonnier de lui-même. Et d'ajouter que le guide de Ruskin fut la Bible, et qu'ainsi il se tourna tout naturellement vers l'art chrétien du Moyen Âge dans lequel il percevait l'expression originale du divin. Cette dimension, Proust tente de la mettre au jour en faisant le récit de son propre voyage à Amiens, dans un autre article qui paraît au *Mercure de France*[7] et dont les conclusions empruntent beaucoup à Émile Mâle. Il trouvera, par ailleurs, dans l'ouvrage de l'historien de nombreux éclaircissements sur le texte qu'il est en train de traduire, notamment sur les statues et les figures du porche de la cathédrale[8]. Il a alors le désir de mettre ses pas dans ceux de Ruskin. Celui-ci lui a permis de revisiter l'imaginaire médiéval religieux dont les premières pages de *Jean Santeuil* portaient la trace. Le voyage à Venise sera une seconde expérience qui lui permettra de s'intéresser aussi à l'architecture domestique.

Depuis l'automne passé, Proust veut se rendre en Italie. Il songe au lac de Côme qui sert de décor à la peinture de la nostalgie dans *La Chartreuse de Parme*, lorsque Fabrice et Gina font de longues promenades en barque, et surtout à la cité des Doges à laquelle Ruskin a consacré un ouvrage, *Les Pierres de Venise*, dans lequel il expose l'idée de continuité qui existe, selon lui, entre l'art grec et l'art chrétien, idée qu'il applique aussi au culte de Jupiter et à celui du Dieu monothéiste. Ce goût du paradoxe est un des aspects de la pensée de Ruskin qui séduit beaucoup Proust, car il témoigne d'une vision de la réalité qui échappe à toute rationalité. Au début de mai 1900, Marcel Proust et sa mère arrivent à Venise pour y retrouver Reynaldo Hahn et Marie Nordlinger. Ils découvrent la ville au gré de promenades en gondoles ou de flâneries le long des ruelles abritant de somptueux palais. Ils ont, bien sûr, Ruskin pour guide — rappelons que *Les Pierres de Venise* portent en sous-titre

« Simples études d'art chrétien à l'usage des voyageurs anglais ». Dans la basilique Saint-Marc, ils suivent les commentaires érudits du maître : l'édifice est construit sur le même modèle que les Saints-Apôtres de Constantinople — pour Ruskin, Saint-Marc est « grec comme Héraklès » — et bien des éléments décoratifs sont empruntés à la Grèce. Un jour, ils vont à Padoue visiter la chapelle de l'Arena ornée des célèbres fresques de Giotto représentant les vices et les vertus. Proust est frappé par la vérité sensible qui émane de ces allégories monumentales, donnant à chacune une figure démesurément humaine. Durant ce séjour, il connaît des moments de bonheur intense. L'amitié de Reynaldo, la douce compagnie de Marie qui l'aide dans son travail, mais aussi la présence affectueuse de sa mère qu'il retrouve chaque soir à l'hôtel, bonne et aimante — l'état de santé de celle-ci ne lui permet pas de participer à toutes les excursions des jeunes gens —, créent une atmosphère de quiétude sereine associée au charme mélancolique de Venise, témoin du temps enfui. Proust garda toute sa vie le souvenir de ce voyage.

De retour à Paris, il se remet à l'ouvrage. Mme Proust établit une première version sur laquelle Marcel travaille, souvent tard le soir, installé dans la salle à manger. Puis elle recopie le texte sur des cahiers d'écolier. Elle traduit aussi des passages extraits d'autres livres de Ruskin — en particulier *Lectures on Art, Saint Mark's Rest* et *Stones of Venise* — que son fils utilisera dans les gloses de *La Bible d'Amiens*. Au cours des mois suivants, Proust sollicitera aussi l'assistance de Robert d'Humières, le traducteur de Kipling, pour qu'il l'aide à saisir certaines allusions du texte, et celle de Robert de Billy, angliciste accompli. Ce dernier conserva le souvenir d'un Proust attentif à la moindre nuance qui « n'abandonnait un texte qu'une fois la pensée, souvent floue, de l'auteur enserrée, traquée, rendue[9] ». C'est que Proust s'imprégnait de la réflexion de Ruskin jusqu'à la faire sienne, mais sans jamais se départir d'un esprit critique qui l'amenait à rédiger de nombreux commentaires en bas de page. Ce travail constitua, à n'en point douter, une étape importante dans la formation littéraire de l'écrivain : il apprit peu à peu à débarrasser son expression des scories et des préciosités qui rendent la pensée obscure et le style artificiel.

Après un été studieux, il rejoint de nouveau, au début de septembre, ses parents en vacances à Évian. Mais il y restera seul : cette année les Noailles ont déserté la villa Bassaraba, les Polignac viennent de quitter la station, le docteur Proust qui souffre de calculs biliaires va à Vichy subir une seconde cure ; quant à Mme Proust, elle rentre à Paris afin de préparer le déménagement. Depuis plusieurs années, en effet, les Proust cherchent à louer un appartement plus spacieux et plus au goût du jour que celui qu'ils occupent boulevard Malesherbes. À la fin du mois, Marcel part brusquement pour Venise. De ce second séjour nous ne savons pratiquement rien, sinon qu'il désirait ardemment l'effectuer seul. Peut-être avait-il eu connaissance de lieux propices à l'assouvissement de ses passions et avait-il été empêché de les visiter la première fois. Peut-être n'avait-il guère envie d'être présent à Paris au moment du déménagement. À Venise, il s'intéresse à l'église San Giorgio degli Schiavoni ; elle abrite les peintures de Carpaccio consacrées à saint Jérôme dont Ruskin fait un commentaire iconoclaste dans *Saint Mark's Rest* : le saint présenté dans tout son courage face à un lion, au milieu d'une ribambelle de moines s'enfuyant, effrayés, lui arrache des propos amusés. À son retour, fin octobre, Proust s'installe dans le nouvel appartement familial, situé dans la plaine Monceau, 45, rue de Courcelles. L'endroit est vaste et possède toutes les commodités de la vie moderne, les domestiques y ont leurs aises : Félicie Fitau la cuisinière, Marie la jeune femme de chambre, Arthur le domestique. Le quartier est celui de la nouvelle bourgeoisie qui se passionne pour les automobiles, le métropolitain, la fée Électricité, l'Exposition universelle et les nouvelles technologies.

En dépit du travail qui l'absorbe sur ce monde de la cathédrale du Moyen Âge, Proust n'est pas satisfait de sa vie. À trente ans, il a le sentiment d'avoir échoué dans sa vocation d'écrivain et d'avoir gâché son existence. Beaucoup de ses amis de jeunesse se sont fait un nom dans le monde des lettres. Robert de Flers et Gaston de Caillavet sont des auteurs de vaudeville à succès, Fernand Gregh a déjà à son actif une œuvre de poète ; lui ne bénéficie d'aucune reconnaissance littéraire. Il est vrai que la maladie le contraint plus souvent qu'il ne le souhaite à vivre à l'écart du monde. L'année 1901 voit un retour de ses crises d'asthme qui l'obligent à de longues fumigations et l'incitent à modifier ses habitudes alimentaires — il aime dévorer des beefsteaks et des pommes de terre frites — qui pourraient être cause d'oppression et de désordres intestinaux. Ses amitiés électives ont toujours mal fini, la dernière en date avec Lucien Daudet s'épuise dans l'apathie. Si l'aventure intellectuelle dans laquelle Ruskin l'entraîne lui communique un peu d'énergie, elle laisse inassouvi son besoin de relations humaines. Il s'abandonne parfois à la sagesse qui émane de la pensée de Ruskin, et qui lui permet de vivre la passion du beau comme s'il en était détaché — il cite dans une note cette lettre du maître à Rossetti : « Je n'ai point d'amitiés et point d'amours, en effet ; mais avec cela je ne puis lire l'épitaphe des Spartiates aux Thermopyles, sans que mes yeux se mouillent de larmes[10] » —, mais il sait qu'il n'est pas un pur esprit et qu'il lui est impossible de se tenir éloigné des passions terrestres. L'idéal de renoncement qui finit par affecter les personnages stendhaliens, tel Fabrice del Dongo entrant dans les ordres, n'est pas le sien. Heureusement, une jeune femme se lève. Cette Anna de Noailles, qu'il considérait autrefois comme une détestable mondaine, exerce sur lui une force de fascination peu commune. Elle vient de publier un premier recueil de poèmes, Le Cœur innombrable, qui connaît un certain succès. Proust décide de donner en son honneur un grand dîner, le 16 juin 1901, auquel il convie Léon Daudet et Anatole France, tous deux fervents admirateurs de la poétesse mais ennemis jurés depuis l'Affaire.

Il y avait aussi Mathieu de Noailles, Hélène de Caraman-Chimay et son mari, antidreyfusard entêté, les Polignac, Robert Dreyfus, Lucien Daudet, Clément de Maugny et Gabriel de La Rochefoucauld, jeune écrivain en rupture avec son milieu, celui du salon de ses parents, le comte et la comtesse Aimery, cousins de Montesquiou et aussi snobs et remplis de préjugés que celui-ci est mondain. Asseoir autour d'une même table des gens qui éprouvent les uns envers les autres une haine ancrée eût relevé, de la part d'un autre, de la provocation ou de l'inconscience. Mais le sens du dialogue et la cordialité de Proust, qui au fond de lui veut croire à la bonté humaine, font des merveilles. Léon Daudet, placé à côté de la fille d'un banquier israélite, se souvint que chacun mastiquait son chaud-froid, mais qu'au total la plus grande convivialité régnait ce soir-là[11]. Pourtant, ni la fréquentation de la jeune comtesse, ni celle de Mme Straus, toujours si bienveillante, ne lui suffisent. Il faut à Proust des ententes viriles capables de satisfaire l'inclination de son cœur.

Précisément il éprouve envers un jeune prince roumain, cousin d'Anna de Noailles, Antoine Bibesco, une certaine attirance. Celui-ci habite avec sa mère et son frère, Emmanuel, non loin de chez les Proust, au 69 de la rue de Courcelles. Antoine est un jeune homme à l'allure virile, sûr de lui et rempli de cette nonchalance propre aux êtres qui savent prendre la vie comme elle vient. Il se destine à la diplomatie, mais écrit aussi des pièces de théâtre. À l'automne 1901, Proust lui dédicace un exemplaire des *Plaisirs et les Jours*, puis il lui écrit des vers, et en fait peu à peu, en l'absence de Reynaldo, un ami intime, allant jusqu'à décréter que la plus entière franchise se devait de régner entre eux. Dans le rôle du confident, Antoine se montre tour à tour délicat et indiscret. Proust, qui le tutoie, lui avoue — mais en était-il besoin ? — ses inclinations, qu'ils nomment le « salaïsme », par allusion au comte Antoine Sala, attaché près l'ambassade italienne à Paris et inverti notoire. Grâce à Antoine et Emmanuel Bibesco, Proust fréquente une petite société d'amis qui évoluent tous dans le milieu de la diplomatie et manifestent un goût pour le langage codé et les intrigues. Ainsi, « tombeau » signifie qu'il convient de garder le secret absolu sur une affaire, l'emploi des anagrammes sert à désigner les uns et les autres : Ocsebib pour Bibesco, Lecram pour Marcel[12]. Cette petite bande compte aussi en son sein deux jeunes intellectuels, Bertrand de Salignac-Fénelon, descendant de l'auteur du célèbre *Télémaque*, et Georges de Lauris. Proust fait également la connaissance de René Blum et de l'auteur dramatique René Peter, un ami de Reynaldo. Tous se retrouvent d'ordinaire au restaurant Larue ou chez Weber, et, quand il le peut, Proust fait montre de toute sa prodigalité en offrant les mets les plus fins arrosés du meilleur champagne, tout en s'excusant de ne pouvoir faire plus. Mais il se sent souvent exclu, prend en mauvaise part les commérages des uns et des autres sur son compte, bien qu'il ne déteste pas, tant s'en faut, le léger climat d'humiliation dans lequel ces indélicatesses le plongent, car il rappelle les délices de l'amour maternel. Il reproche à Antoine Bibesco de trahir à l'envi les secrets qui lui sont confiés. De plus, ce dernier, très au fait des théories médicales *fashionable*, ne prend guère au sérieux la maladie de Proust dont il attribue les symptômes à la sédentarité, alors que le pauvre Marcel multiplie les fumigations et tente de lutter contre l'insomnie en parcourant des nuits entières l'*Indicateur des chemins de fer*.

Au cours de l'été 1902, Proust tombe éperdument amoureux de Fénelon, surnommé Nonelef, selon le code en vigueur, ce qui n'est sans doute pas étranger aux nombreuses crises d'asthme et d'insomnie qui surviennent alors. Dès le début il sait cette affection vaine, mais se sent incapable d'y renoncer. Le jeune homme à la blondeur fragile et doté d'étonnants yeux bleus a quelque chose de l'idéal dont Proust rêve. Il répond avec distraction aux avances, la plupart du temps voilées, de ce dernier qui s'évertue, pour tout compliquer, à ne rien faire qui laissât deviner ses sentiments. Et puis Fénelon prétend n'aimer que les femmes — ce qui est faux, Proust n'apprendra la vérité sur ses goûts qu'en 1916, de la bouche de Paul Morand. Pour l'heure, les yeux si bleus de Fénelon sont un gouffre vers lequel se précipite la passion de

Marcel. Afin de ne point trop souffrir, il veut croire que celle-ci s'éteindra peu à peu, comme ce fut le cas avec Robert de Flers et Lucien Daudet. Mais l'amour est là, parfois rasséréné à la suite d'une parole, d'une attitude ou à la pensée de la possible médiation d'Antoine, le seul de ses amis à qui Proust a ouvert son cœur avec le secret espoir qu'il devienne son allié dans l'affaire et qu'il lui révèle les pans cachés de la vie de Fénelon. Ces faibles espoirs sont toujours déçus. Depuis longtemps Proust sait qu'aimer c'est souffrir, il n'y a pas de raison pour que cet amour-là déroge à la règle. Rien ne sert donc de tenter d'échapper à la fatalité, mieux vaut s'en remettre aux événements extérieurs. Fénelon vient de réussir le concours d'attaché d'ambassade, il est donc probable qu'il partira en poste à l'étranger. Ainsi tout sera terminé. Pourtant, l'espoir renaît. Le 2 octobre, Proust et Fénelon tombent d'accord sur le projet de se rendre à Anvers afin de visiter une exposition d'art flamand ancien. Là, ils se séparent et promettent de se retrouver à Amsterdam. En attendant, Proust va seul à Dordrecht, d'où il écrit quelques vers mélancoliques qu'il envoie à Reynaldo. Leur compagnonnage se passe mal, puisque Fénelon part à La Haye; Proust le poursuit, s'épuisant à mettre son comportement en harmonie avec celui de son ami, tout à la fois dans l'espoir d'aboutir et de se défaire de cet attachement passionnel qui le mine. Ni la visite du musée de Haarlem, où il contemple des Franz Hals, ni celle du Mauritshuis où il s'arrête longuement devant la *Vue de Delft* de Vermeer — l'un des cinq ou six plus beaux tableaux qu'il ait jamais vus, confiera-t-il plus tard — ne suffisent à faire de ce voyage une réussite, voyage qu'il aurait voulu sentimental, rêvant comme Baudelaire d'une harmonie entre les yeux clairs de l'amour et le paysage nordique à la lumière humide. De retour le 20 octobre, Proust est déprimé. Il s'ouvre à sa mère de ses nombreux déboires et cherche auprès d'elle une manière de réconfort, elle à qui il reste si violemment attaché. Lorsque Fénelon quitte enfin Paris pour Constantinople, le 8 décembre, Proust est au désespoir. Pendant plusieurs mois il se raccrochera au projet, toujours différé, d'aller le rejoindre.

Il faut bien admettre que la conduite amoureuse de Proust ne peut que mener à l'échec, sans doute parce que l'objet de ses attentions est mal déterminé. Il est indéniable que certaines femmes le troublent, mais le plus souvent leurs attraits s'éteignent bien vite. S'il lui arrive de jouir de leur intimité, c'est par procuration : il n'est pas insensible aux gravures de mode, en particulier à celles représentant des femmes en pantalon fendu. En revanche, la beauté masculine l'émeut plus durablement, mais il veut rester discret sur ses goûts, ou, plus précisément, sauver les apparences. Lorsque, à vingt et un ans, il se disait amoureux de la comtesse Adhéaume de Chevigné, le désir le conduisait à porter les yeux sur un jeune neveu de celle-ci, qui présentait avec elle quelque ressemblance. Selon lui, l'inversion — il préfère ce terme employé par Charcot à « uranisme », mot mis à la mode il y a quelques décennies et dérivé du nom de la déesse Aphrodite Urania — est une attitude nerveuse qu'il rattache, bien sûr, à son tempérament ; par là il se réfère implicitement au discours médical de la fin du XIXe siècle. Mais cela n'est qu'une explication superficielle qui cache des sentiments plus secrets. En fait, il y a chez lui une relative indétermination entre les composantes masculines et les composantes féminines de sa personnalité, ce qui explique la labilité de son désir trouvant appui beaucoup plus dans l'imagination que dans la réalité. Quand il lut, à l'époque des vacances à Beg-Meil, en 1895, *Splendeurs et misères des courtisanes*, Proust reconnut en Vautrin l'homme-femme qu'il décrira, plus tard, sous les traits de Charlus. La douceur qu'il relève dans la peinture des guerriers chez Gustave Moreau relève du même fantasme ayant partie liée avec l'ambiguïté sexuelle. Cette situation est évidemment source d'angoisse : après avoir sauvé Lucien de Rubempré, Vautrin n'est-il pas la cause de son suicide ? Et surtout, Proust s'identifie à la fois au jeune écrivain ambitieux et au forçat tout-puissant. Ainsi, l'inverti ne désigne pas l'objet du désir mais bien l'homosexuel actif.

Ce que Proust veut dissimuler, ce n'est pas seulement l'inversion mais surtout le caractère labile de celle-ci qui le classe, selon le mot de Balzac, dans la race des « tantes », de la même manière qu'il lui faut souvent cacher son tempérament émotif derrière une affectation de froideur, ou encore se défendre d'aimer trop Musset ou Sully Prudhomme pour leur peinture de l'amour inassouvi ou de la fuite nostalgique du temps. La relation amoureuse est donc difficile, elle se ramène au plaisir de la préméditation et de l'attente. La fuite devant le réel a pour corollaire un comportement proche du masochisme ; sans cesse Proust abdique ses volontés devant ce qu'il suppose être celles de la personne aimée, espérant ainsi d'improbables faveurs. Il sait pourtant qu'il n'en sera rien, mais c'est une façon de ne pas céder au désespoir. En rédigeant *Jean Santeuil*, il avait conçu une scène éloquente qui montrait le héros assujetti au désir d'une certaine Mme S. sans être assuré de ce qu'elle pouvait attendre de lui. De fait, elle se dérobait et n'acceptait de se livrer qu'à ses regards lointains. Tout se passe, en définitive, comme s'il rêvait plus de relations familiales que de relations sexuelles, comme au temps de l'amour platonique pour Mme Straus.

CHAPITRE IX

Proust pseudonyme
ou le masque de l'authenticité
1901-1905

En septembre 1901, la traduction de *La Bible d'Amiens* est presque achevée quand Proust décide d'aller à nouveau visiter la cathédrale. Puis il s'attelle à la rédaction des nombreuses notes destinées à préciser ou à commenter la pensée de Ruskin. En décembre, il envoie le manuscrit à l'éditeur Charles Ollendorf, qui avait manifesté de l'intérêt pour l'ouvrage, mais celui-ci abandonne bientôt le métier pour prendre la direction du *Gil Blas*. Durant l'année 1902, Proust tente de réagir contre les sentiments de dépression qui l'affectent et le tiennent éloigné de sa table de travail, en se mettant en quête d'un autre éditeur. Il s'adresse au directeur du Mercure de France, Alfred Vallette. Celui-ci hésite. Il préférerait publier des pages choisies qui prendraient place dans sa collection intitulée « Les plus belles pages de... ». Proust se montre convaincant : *La Bible d'Amiens* est sans doute l'ouvrage le plus important de Ruskin — ce qui semble excessif — et il s'engage à établir des morceaux choisis dans l'avenir. Cette contrepartie ne verra jamais le jour ; la compilation de textes à laquelle Proust travaillera sera détruite par lui-même, en 1908, à la demande de Robert de La Sizeranne qui s'était livré au même travail. Pour l'heure, Vallette accepte le marché et accuse réception d'un premier état du manuscrit en décembre. Dans le même temps Proust se met d'accord avec Constantin de Brancovan, le frère d'Anna de Noailles, pour qu'une partie de sa traduction paraisse dans *La Renaissance latine*. Ce sera chose faite le 15 février 1903, et André Beaunier évoquera en termes flatteurs l'extrait dans *Le Figaro*. Proust est heureux comme un enfant qui reçoit un présent longtemps désiré, d'autant plus qu'il sort d'une mauvaise passe : le souvenir de Bertrand de Fénelon est encore présent, et surtout, Robert, son frère, jeune diplômé de la faculté de médecine, vient de se marier, le 31 janvier, avec Marthe Dubois-Amiot. Marcel est si jaloux qu'il refuse un cadeau que Robert voulait lui offrir. Lors de la cérémonie en l'église Saint-Augustin, le 2 février, il est pris de fièvre. C'est un pantin emmitouflé dans un grand manteau qui joue, bien malgré soi, le rôle de garçon d'honneur qui lui a été dévolu. Pour tout achever, les crises d'asthme reprennent à un rythme rapproché, même en dehors de la période de la fièvre des foins. Comme la félicité n'est pas promise à la durée, voilà que celle-ci est altérée par une vive altercation avec sa mère au sujet des dîners qu'il offre à la table familiale. Il a, en effet, l'intention d'inviter Calmette, pour le remercier d'accepter la publication dans *Le Figaro* des salons et échos mondains qu'il se propose d'écrire, et Vallette, son futur éditeur. Mme Proust refuse, faisant la sourde oreille aux protestations de son fils qui s'offusque que le docteur Proust ou Robert puissent, eux, donner des réceptions utiles à leur carrière. Elle lui reproche aussi ses dépenses excessives et se met en tête de le contraindre à changer de rythme de vie. Elle voudrait qu'il se décide à s'alimenter à des heures normales et à vivre le jour, au lieu de se lever en début d'après-midi — ce qui constitue déjà un progrès, car, quelques mois auparavant, il se levait en fin de journée — et de passer le reste du temps en tenue d'intérieur, la barbe non faite, comme il est d'usage lorsqu'on ne sort pas. Et dans ce dessein, elle interdit aux domestiques de répondre à ses appels à des heures indues. Marcel l'accuse de le préférer malade plutôt que bien portant ; de la sorte, il est à la merci de son amour étouffant, qu'il ne fait d'ailleurs qu'entretenir par d'incessantes effusions.

Bien que sa réputation soit celle d'un écrivain mondain, Proust est alors considéré comme un bon connaisseur de Ruskin ainsi que du romantisme anglais et de l'école préraphaélite. À ce titre, Charles Ephrussi lui demande de rendre compte des ouvrages qui paraissent sur le maître anglais. Le 7 mars 1903, il signe un article un peu sévère sur le livre de Marie de Bunsen : *John Ruskin, sa vie et son œuvre*. En janvier suivant, il commente l'ouvrage de Charlotte Broicher, *John Ruskin und sein Werk*, qui évoque le destin de l'auteur en Allemagne et le rattache fort judicieusement, selon Proust, à la tradition germanique d'une téléologie de la nature[1]. Entre-temps, il aura présenté une monographie consacrée à Dante Gabriel Rossetti, le fondateur de l'Association des frères préraphaélites, et à son épouse et muse, Élisabeth Siddal, tous deux amis de Ruskin[2]. Proust voit dans le couple un modèle de vitalité dans l'art et de renoncement à la vie, confrontés qu'ils furent à la maladie et au malheur. Ces deux sentiments lui sont familiers ; ils illustrent le conflit qui anime son existence jusque dans les plus petits détails de la vie quotidienne, à tel point que sa mère le considère toujours comme un enfant, car il n'a pas à ses yeux le cœur et l'esprit assez endurcis pour faire face aux aléas de la vie. Ses goûts artistiques le portent encore vers un certain naturisme littéraire — il s'enthousiasme pour Maeterlinck, sous l'influence d'Antoine Bibesco — et vers l'esthétique décadente représentée par Gustave Moreau. Il aime aussi Whistler et les peintres nabis, en particulier Vuillard — il voudrait lui acheter une esquisse — et Maurice Denis. Pourtant, leur volonté de représenter le réel en le transformant, laquelle repose sur la croyance en un monde situé au-delà du sensible, ne le convainc plus tout à fait, bien que le culte du mystère ait toujours des attraits. Mais il admire leurs œuvres, comme il admire les verreries et céramiques d'Émile Gallé, l'un des créateurs de l'Art nouveau. Il a d'abord en lui la passion de comprendre. À l'époque où il adorait Wagner, il n'a jamais donné dans

l'allégeance béate au maître de Bayreuth, comme le firent
Péladan ou Montesquiou. Cela l'amène à s'interroger sur
ses critères esthétiques. Il est redevable à Ruskin de tout un
pan de sa culture touchant à l'art religieux, à la peinture
anglaise, principalement à Turner, et à la peinture italienne,
mais aussi, paradoxalement, de lui avoir fait prendre
conscience que l'art ne repose pas sur une morale ou une
religion qui transcenderait le sensible. C'est pourquoi, après
avoir revu sa traduction de *La Bible d'Amiens* avec Robert
d'Humières puis avec Marie Nordlinger, il ajoute à la préface, composée des deux articles écrits en 1900, quelques
lignes où il condamne l'idolâtrie du maître anglais. Il admet
cependant qu'« il n'y a pas à proprement parler de beauté
tout à fait mensongère[3] ». On le voit donc en quête d'une
conception réflexive de l'art qui se heurte à l'objet esthétique, mais toujours influencé par une conception spirituelle,
issue de la tradition platonicienne, selon laquelle le beau
illustre le vrai.

La Bible d'Amiens n'a pas encore paru que Proust travaille déjà à une nouvelle traduction de Ruskin. Il s'agit de
« Trésors des rois », texte d'une conférence ayant pour objet
la lecture et formant la première partie de *Sésame et les lys*,
l'ouvrage de l'auteur qui eut le plus de succès en
Angleterre. Les ennuis de santé qui l'affectent — en janvier
1904 il souffre d'un tour de reins, en février il est fortement
grippé — ne l'empêchent pas de travailler avec ardeur, non
seulement à la traduction, mais aussi à la rédaction de nombreux commentaires dont il l'émaille et qui visent à identi-
fier les diverses allusions que Ruskin fait, en particulier aux
Écritures, et surtout à réfuter les propos du maître, trop
assujettis à la tradition biblique, qui prête à l'objet livre un
caractère divin et fait de la lecture une forme de conversation avec un être supérieur. Cette manie quasi idolâtre suppose que le livre renferme une vérité révélée, alors que Proust
considère la lecture comme une invitation à la vie de l'esprit
en quête de sa propre vérité ; ce qui n'empêche en rien de
s'abandonner à l'imaginaire de l'écrivain, voire aux flâneries de la pensée. De plus, une telle attitude fétichiste

conduit à n'admirer que les seuls écrivains du passé et à négliger les auteurs contemporains. Proust a, pour sa part, une bonne connaissance de la mythologie grecque et latine et des classiques, mais aussi des romantiques français, des romanciers du XIXe anglais — Dickens, George Eliot, Stevenson — ainsi que des œuvres de Renan, Michelet, France, Leconte de Lisle et Barrès ; mais il les cite souvent de façon imprécise, s'intéressant beaucoup plus à l'esprit qu'à la lettre. La culture n'est pas un univers clos, elle représente au contraire une ouverture sur l'être et sur le monde. À cette époque, Proust admire le Maeterlinck des œuvres récentes ; de son style émergent des instants de poésie comme « une certaine couleur " azurée " des belles heures de l'été[4] » qui caractérise la *Vie des abeilles*. Peu à peu, il ressent la nécessité de préciser encore sa pensée. Il rédige donc, à compter du printemps 1904, une préface à sa traduction dans laquelle il s'interroge à nouveau sur le sentiment du beau. Et de prendre l'exemple de la peinture impressionniste qui cherche, grâce au mélange optique, à mettre le spectateur vis-à-vis le chaos coloré et, donc, à faire advenir le réel en fixant la sensation, pour reprendre des mots de Monet, que Proust admire depuis qu'il a visité, en janvier 1896, l'exposition des *Cathédrales* à la galerie Durand-Ruel. La beauté ne dépend plus d'une idée, elle est liée aux phénomènes sensibles et renvoie à la subjectivité du créateur. En 1904, la rupture avec Ruskin est presque consommée : au rebours de ce dernier qui considère la beauté comme un absolu, presque une loi morale, Proust a acquis la conviction qu'elle est le fruit d'une vision intérieure. Il conserve toutefois à Ruskin de l'admiration pour sa manière de penser selon un ordre qui échappe au rationnel. Au début de l'année suivante, il lit le *Ten o'clock* de Whistler, manifeste artistique antiruskinien, prononcé sous forme de conférence par le peintre, le 20 février 1885, au Prince's Hall de Londres et traduit par Mallarmé, en mai 1888, dans *La Revue indépendante*. Contre Ruskin — lequel lui manifestait un souverain mépris —, William Morris et les peintres préraphaélites qui ramènent l'art à une expression

MAGDALEN COLLEGE LIBRARY

sensible de la vérité et lui prêtent une vertu sociale, faisant
de l'artiste le produit d'une époque, Whistler défend l'idée
d'un art intemporel, préoccupé de lui-même, qui est avant
tout invention et harmonie. Et si le beau était l'expression
de l'être et non de la vérité !

Depuis le printemps 1903, Proust a repris une vie mondaine. Il fréquente beaucoup René Peter et d'autres auteurs
dramatiques qu'Antoine Bibesco lui a présentés, comme
Henry Bernstein, Francis de Croisset et André Picard. Il
affectionne le répertoire éclectique du théâtre contemporain : les fantaisies d'Aline Clairval, les comédies satiriques
de Flers et Caillavet, les œuvres plus graves de Bernstein,
de Bataille et de Porto-Riche, mais, comme la plupart des
gens cultivés, il dédaigne le cinématographe, divertissement
de baraque foraine. Lorsque sa mauvaise santé l'empêche
d'aller au spectacle, ses amis se retrouvent chez lui, le soir,
dans la salle à manger familiale autour d'une bouteille de
cidre. Il y a là Georges de Lauris, Robert de Billy et de nouvelles recrues issues de l'aristocratie : le prince Léon
Radziwill, surnommé Loche, jeune homme au physique disgracieux et de peu de culture mais dont la personne met
Proust sous le charme, le duc Armand de Guiche — lui, en
revanche, possède beauté et intelligence —, rencontré par
l'entregent de Montesquiou, et le marquis Louis d'Albufera,
qui a pour maîtresse une jeune actrice à la beauté éclatante,
Louisa de Mornand. Celle-ci trouble Proust; ils auront une
liaison chaste faite de tendresse et d'admiration. Au printemps 1904, il lui écrira quelques vers légers, dont ce dis-
tique, équivoque malgré tout :

> *À qui ne peut avoir Louisa de Mornand*
> *Il ne peut plus rester que le péché d'Onan.*

Ces réunions impromptues, souvent pleines de rires et de
mots d'esprit, durant lesquelles Proust exerce parfois tout le
talent de son commerce intellectuel, sont l'occasion pour lui
d'accaparer l'attention d'autrui, non point dans le dessein de
s'imposer — il reste souvent sur son quant-à-soi — mais

pour se donner l'impression de vivre dans une société dont les membres seraient comme les personnages d'un roman. Elles prendront fin au moment où certains participants préféreront les joies du mariage à la liberté du célibat ; ce qui ne manquera pas de rendre leur hôte mélancolique. Antoine Bibesco demeure l'ami le plus proche, en dépit d'un léger refroidissement dans leurs rapports. C'est que Proust supporte mal qu'Antoine courtise les femmes et qu'il ne lui réserve pas l'exclusivité de ses confidences. Il lui reproche aussi son absence de délicatesse lorsqu'il faisait de lui son messager auprès de Fénelon. C'est pendant l'hiver 1904 que la brouille interviendra, mais cela n'empêchera pas Proust d'insérer dans ses articles mondains un portrait flatteur d'Antoine, puis d'écrire quelques lignes élogieuses sur une comédie que celui-ci fit jouer au théâtre Marigny : *Le Jaloux*.

L'année 1903 marque aussi le début des salons parisiens du *Figaro* signés Dominique ou Horatio. Ces pseudonymes, empruntés à l'histoire littéraire, témoignent, à leur manière, de la dualité de la psychologie de Proust. Si le héros de Fromentin est un personnage velléitaire qui n'a pas la force d'affronter la réalité et se réfugie dans l'idéal du renoncement, l'ami et le confident d'Hamlet est, en revanche, un être habité par une volonté farouche. À n'en pas douter le pseudonyme est un masque, qui permet à Proust d'écrire ce qu'il veut sans crainte de froisser ses relations. On imagine mal, en effet, que cette « Fête chez Montesquiou à Neuilly » (18 janvier 1904), pastiche des *Mémoires* de Saint-Simon, où le comte apparaît comme un honnête homme quelque peu imbu de lui-même cherchant sa cote à la bourse des valeurs mondaines, paraisse sous son propre nom, non plus que le « Salon de la comtesse Potocka » (13 mai 1904) dans lequel l'ironie perce sous les compliments. Mais le pseudonyme est aussi une manière d'affirmer l'identité profonde. Le mondain et le ruskinien, l'amoureux toujours déçu et le romancier incertain, l'homme attaché à son univers familial et l'hypocondriaque, tous ces personnages qui ont pour nom Proust — patronyme qu'il déteste pour des raisons d'euphonie — sont tantôt Dominique, tantôt Horatio. Je n'est pas un autre, il est soi, attentif à laisser deviner l'authenticité derrière le masque, comme dans ce « Salon de Mme Madeleine Lemaire » (11 mai 1903) débutant sur un magistral pastiche de Balzac, dont Proust ne manque pas cependant d'égratigner le style. Pour l'heure, s'il se réfugie dans la futilité, cédant au plaisir infini d'égrener les noms de l'*Almanach de Gotha* : Chevigné, Luynes, Uzès, Borghèse... qui lui permettent de rêver aux mystères du passé et de croire, un instant, qu'il vit dans un roman de Balzac précisément, il ne manque pas de garder à Horatio sa vertu principale, celle de dire « toute la vérité », comme l'écrit Shakespeare. La vérité de Proust, c'est qu'il admire en Jaurès le tribun et l'inlassable défenseur de Dreyfus tout en lisant *L'Action française*, non par idéologie mais en raison de la qualité intellectuelle des articles publiés — nul doute que le côté iconoclaste du journal, qui trouve plus de vertu à un Jaurès qu'à un Poincaré, doit lui plaire —, et cela tout en rêvant à la douceur de vivre au château de Coppet, au temps de Mme de Staël. C'est aussi qu'il est animé d'un esprit de tolérance et épris de justice. Il le montre en rendant hommage à la princesse Mathilde chez qui il a fréquenté autrefois. Deux autres personnages prennent place dans son panthéon : le prince Edmond de Polignac et le comte Othenin d'Haussonville. Le premier, fils de Jules de Polignac, le très réactionnaire ministre de Charles X, sut se distinguer des mœurs et des habitudes de son milieu, se faisant, en particulier, l'avocat acharné de Dreyfus. Musicien, lettré, bon connaisseur de Monet à une époque où la bonne société jugeait le peintre décadent, il tenait, selon Proust, « la noblesse de l'esprit pour la plus haute de toutes ». Le second, arrière-petit-fils de Mme de Staël, fut lui aussi dreyfusard, de manière un peu lointaine, il est vrai, mais avec la droiture du prince éclairé — à la mort du comte de Chambord, en 1883, il était devenu le chef de file des royalistes favorables à un ralliement à la République. Dans ces articles, Proust se dévoile sous un jour autre que celui sous lequel ses relations le connaissent, si l'on excepte, bien sûr, le cercle de ses intimes. Il tenait à l'incognito ; mais Gaston Calmette et

Antoine Bibesco finirent par vendre la mèche, ce qui l'amènera à changer de pseudonyme. Il signera Marc Antoine une note portant sur une étude que Fernand Gregh consacre à Victor Hugo (*Gil Blas*, décembre 1904), puis Écho un article sur la comtesse de Guerne (*Le Figaro* du 7 mai 1905), laquelle était venue, quelques semaines auparavant, chanter chez Proust des mélodies de Fauré et de Hahn devant un parterre prestigieux : les Guiche, les Albufera, la comtesse de Chevigné et Maurice Barrès, entre autres.

Bien que ces articles soient une piètre réponse à ses ambitions d'écrivain, Proust établit grâce à eux une distance avec son propre snobisme. Il continue, certes, à se laisser aller parfois au culte des apparences, mais il refuse de recevoir sa vie des autres. « Se plaire dans la société de quelqu'un parce qu'il a eu un ancêtre aux croisades, c'est de la vanité[5] », écrit-il dans la préface à *Sésame et les lys*. Il ne manque guère une occasion de moquer les travers de l'aristocratie, jusqu'à se faire un peu rosse. Ainsi parle-t-il de « l'Élisabeth » quand il évoque la comtesse Greffulhe[6], jadis si idéalisée, qui se piquait, avec quelque succès, de mécénat artistique. Elle fit, en effet, connaître Isadora Duncan en France et permit, lors d'un festival lyrique, en 1902, la première représentation de *Tristan et Isolde* à Paris. Ces articles sont aussi une source de revenu qui lui donnent l'illusion d'une existence sociale à un moment où ses parents, mécontents qu'il ait démissionné de son poste d'attaché à la Mazarine en mars 1900, lui reprochent son oisiveté et décident de lui allouer chaque mois une somme fixe pour lui apprendre, comme à un enfant, à mieux gérer son argent.

Les événements politiques lui donnent une autre occasion de marquer son indépendance d'esprit. En 1903, le président du Conseil, Émile Combes, décide de revoir dans un sens plus rigoureux la loi du 2 juillet 1901 sur les congrégations ; il les prive bientôt du droit d'enseigner et fait procéder à l'expulsion de dix-huit mille religieux. Bien qu'il désapprouve le sectarisme qui règne dans les écoles confessionnelles et qu'il ne partage pas les valeurs cléricales, Proust juge cette politique néfaste et stupide. Selon lui, le christianisme

est une religion de tolérance et certains cléricaux, ces nouveaux Tartuffe, ne sont pas tous bons chrétiens. De plus, les
congrégations décapitées, le champ est libre pour les catholiques nationalistes et réactionnaires, comme Barrès avec
qui Proust est en délicatesse au sujet de la réhabilitation de
Dreyfus. Il se réconciliera avec lui le 10 juin 1905, lors d'un
dîner chez les Noailles, sans pour autant céder quoi que ce
soit de ses principes de probité morale et de justice. Il
s'élève ainsi contre le nationalisme étroit de l'écrivain doctri-
naire qui voit dans le déracinement de l'individu un critérium
de médiocrité. La plupart des amis de Proust sont anti-
cléricaux et antimilitaristes — à l'exception d'Albufera —,
et donc partisans des lois Combes ; ce qui ne laisse de l'agacer. Un soir de juillet 1903, un débat éclate, rue de
Courcelles, qui faillit tourner au pugilat entre Albufera
d'une part, Lauris et Fénelon — retour de Constantinople le
temps des vacances — de l'autre. Proust, toujours épris de
Fénelon, se désole de tant de haine et essaie, en vain, de
faire prévaloir l'opinion du sceptique qui cherche, comme
Montaigne, la vérité dans « le passage ». Cet anticonformisme n'est sans doute pas étranger au refus que le Cercle
de l'Union oppose à sa candidature le 1er mars 1905 ; Proust
n'obtiendra pas la reconnaissance du faubourg Saint-
Germain dont il avait rêvé dans sa jeunesse. Il tient avant
tout à la permanence propre à l'esprit humain. C'est ainsi
que la nostalgie de l'enfance fait revivre en lui les proces-
sions de la Fête-Dieu et ces vacances à Illiers au cours des-
quelles il contemplait, à l'heure du couchant, « l'élan vers le
ciel du joli clocher de l'église[7] ». Une part de lui-même,
influencé en cela par Ruskin, aime à savoir « qu'il y [a] des
ouvriers dans les usines, des matelots sur les navires et des
moines dans les couvents[8] ». Lorsque le gouvernement envisagea la séparation de l'Église et de l'État, Proust rédigea un
article[9] très ruskinien qui ne défend en rien l'idéologie
catholique, mais prend fait et cause pour l'art et l'architecture
religieux menacés par l'intolérance, car ceux-ci sont
l'expression d'une esthétique liée à l'idéal humain de vertu et
de bonheur que recèle le christianisme. L'article lui attirera

l'ironie réprobatrice d'un rédacteur de la revue *L'Occident*, qui se demande comment l'on peut comparer une église à un théâtre et séparer, ainsi, le culte du sanctuaire. Au fond, Proust souhaite seulement que l'État continue de subventionner l'entretien des œuvres et des édifices religieux, au même titre qu'il le fait pour d'autres monuments, afin d'éviter qu'ils ne deviennent des musées sans vie.

Proust le sceptique est souvent en désaccord moral avec ceux de sa tribu. Il n'éprouve que rejet envers les hommes politiques issus du dreyfusisme, les radicaux, en particulier, qui exploitent l'Affaire et veulent une revanche sur l'Église et l'armée, au mépris des idéaux qu'ils professaient jadis. Ainsi, il est indigné par le scandale des fiches qui éclate à la suite des enquêtes secrètes décrétées par le ministre de la Guerre, le général André, pour connaître les opinions politiques des officiers. En 1905, alors que l'Allemagne manifeste des intentions impérialistes, il juge stupide d'essayer de lui complaire et d'affaiblir l'armée en ramenant le service militaire à deux ans. En revanche, malgré l'inquiétude qu'il éprouve au sujet du devenir des lieux de culte, il abonde, au nom de la tolérance, dans le sens de la loi de séparation votée en décembre 1905, car elle respecte la liberté de conscience. Il considère, par ailleurs, qu'Aristide Briand, le rapporteur de la loi, a eu au long des négociations une attitude conciliante et juge les pressions du Vatican inadmissibles. C'est au nom du même idéal de tolérance qu'il désapprouve l'idéologie anticléricale de ses amis dreyfusards.

En septembre 1903, il a une nouvelle fois rejoint ses parents en cure à Évian. Il aime cette région qu'il connaît bien ; le lac Léman exerce sur lui une fascination telle qu'il passe de longues nuits abîmé dans sa contemplation, comme si l'eau étale était une invitation à aller au-delà du miroir. Il fréquente Maurice Duplay, avec qui il débat des questions d'actualité mais aussi de philosophie. Duplay est frotté de nietzschéisme et conçoit l'homme en proie au déterminisme des passions. Proust n'est pas loin d'aller dans le même sens, mais il ne peut accréditer l'idée que le sujet comme conscience et volonté n'existe pas. Il oppose à son ami le transcendantalisme d'Emerson dans lequel il trouve un antidote à son pessimisme naturel — encore renforcé par ses récentes déceptions sentimentales — et la nécessité du dépassement de soi. De la même manière, il retient de la lecture de Baudelaire une attitude stoïque face aux démons de l'âme. À Évian, il rencontre aussi Louis d'Albufera et Louisa de Mornand, la jeune actrice dont il s'est quelque peu entiché et pour laquelle il a remué ciel et terre, au printemps, afin de favoriser ses débuts au théâtre. Ensemble, ils feront quelques excursions dans la vallée de Chamonix. Auparavant Proust avait visité, en chemin, la basilique de Vézelay aux hautes voûtes romanes, comme attirées par la clarté du chœur gothique, dont il avait lu la description dans une étude de Walter Pater, et les hospices de Beaune, bel exemple d'architecture bourguignonne et flamande du XVᵉ siècle. Cette vie insouciante et gaie, qui se déroule dans le temps suspendu de l'intimité parentale, va bientôt prendre fin. Le 24 novembre 1903, Adrien Proust est pris de malaise alors qu'il se trouve à la faculté de médecine. Il succombe deux jours plus tard, victime d'une congestion cérébrale. Son épouse s'installe alors dans le culte du souvenir : elle laisse tel quel le cabinet du défunt et, chaque mois, la date du 24 sera journée de deuil. Marcel pleure son pauvre père et se retire quelque temps hors de la vie, oubliant les épreuves de *La Bible d'Amiens* qu'il corrige depuis juillet. Mais sa mère le pousse à reprendre son travail, affirmant que tel aurait été le vœu du défunt.

La Bible d'Amiens paraît le 24 février 1904 avec cette dédicace : « À la mémoire de mon père, frappé en travaillant, le 24 novembre 1903, mort le 26 novembre, cette traduction est tendrement dédiée. » Proust s'attend à ce que ses amis fassent des comptes rendus dans la presse, mais ni Daniel Halévy, ni Lucien Daudet, ni Anna de Noailles ne se manifestent. Seul Robert de Flers évoquera l'ouvrage dans un article consacré à Alphonse Karr (*La Liberté*, 15 mars 1904). Cela fâcha Proust et contribua à le rendre un peu plus sceptique encore quant à l'amitié. D'autant qu'il est blessé par l'attitude d'un autre de ses amis, Constantin de Brancovan, qui lui avait offert de tenir la rubrique de critique théâtrale dans *La Renaissance latine*, revue qu'il vient de fonder, avant de se raviser et de la confier à Gaston Rageot, l'un des fondateurs de l'Action française. Grâce à quelques articles, l'ouvrage ne passe cependant pas inaperçu. André Chaumeix en fait un compte rendu élogieux dans *Le Journal des débats* du 20 mars, *Le Figaro* annonce la parution le 25 et publie un commentaire le 3 avril. Georges Goyau, que Proust avait sollicité, fait un premier article plutôt terne dans *La Revue des Deux Mondes* du 15 septembre, puis un second, louangeur, dans *Le Gaulois* du 18 décembre 1904. Malgré la défection de ses amis, Proust n'est pas mécontent de l'accueil qui lui est réservé. Bergson lui-même a présenté *La Bible d'Amiens* devant l'Académie des sciences morales et politiques, le 28 mai, relevant que le traducteur fait de Ruskin un idéaliste dont la pensée trouve son origine dans le sentiment religieux. Quant à l'historien Albert Sorel, dont Proust fut l'élève à l'École libre des sciences politiques, il fait paraître dans *Le Temps* du 11 juillet un article louant le talent du préfacier.

À compter de mai 1904, Proust revoit la version que Marie Nordlinger a établie de la première partie de *Sésame et les lys* et il s'attelle à la traduction de la seconde, intitulée « Jardin des reines », portant sur l'éducation des filles ; l'ensemble occupant plusieurs cahiers. Comme on le sait, son admiration pour Ruskin est ternie ; ce travail n'est pourtant pas sans intérêt, il lui permet d'approfondir encore sa réflexion sur l'œuvre du maître anglais. En octobre, il corrige les épreuves de « Trésors des rois », qui connaîtra une première publication dans *Les Arts et la Vie* en mars, avril et mai 1905. En décembre, Constantin de Brancovan avec qui il est réconcilié accepte de publier la préface qui a pour titre « Sur la lecture ». Le texte paraît dans *La Renaissance latine* du 15 juin, après avoir été relu sur épreuves par Reynaldo Hahn — l'ami véritable qui a retrouvé sa place de confident après les années Bibesco, comme en témoigne l'emploi du langage fantaisiste et intimiste dont ils usent dans leur

MAGDALEN COLLEGE LIBRARY

correspondance[10] — et précédé d'un avertissement de la rédaction soulignant qu'il s'agit d'un essai bien plus que d'une introduction à l'œuvre de Ruskin. Immédiatement André Beaunier en fait un compte rendu dans *Le Figaro*, mais présente Proust comme un auteur délicieux et mondain. Ce papier de circonstance, peut-être écrit à la demande d'Anna de Noailles, laquelle voulait complaire à Proust, à la suite du dîner du 10 juin qui permit de mettre fin à la brouille avec Barrès, et racheter la désinvolture passée de son frère Constantin, montre bien le peu de considération dont il jouit dans les milieux littéraires. Placer un article n'est jamais pour lui chose aisée. Certes, Charles Ephrussi publie ses chroniques ruskiniennes et ses notes sur l'art[11], Calmette accepte ses collaborations mondaines mais ne lui ouvre pas ses colonnes s'agissant de critique littéraire. C'est sans succès qu'il promet, en janvier 1905, à Gabriel de La Rochefoucauld un article sur son roman *L'Amant et le Médecin*. L'obligeant Gabriel Mourey accueillera dans *Les Arts et la Vie* du 15 août l'étude que Proust consacre à la dernière œuvre de Montesquiou, *Professionnelles Beautés*. Le comte, rendu furieux pour ne pas avoir été invité à une après-midi musicale donnée par Proust le 6 mars, exigea réparation mondaine et contraignit ce dernier à organiser, rue de Courcelles, une conférence au cours de laquelle il lut des extraits de son livre. Après moult tractations, la réunion se tint le 2 juin 1905 devant un parterre choisi : Mme de Chevigné, les La Rochefoucauld, Madeleine Lemaire et sa fille, Charles Ephrussi... Montesquiou avait délibérément écarté André Beaunier et Robert de Billy ; quant à Proust, il avait prié son ami Maurice Duplay de s'abstenir, de crainte qu'il ne puisse ou ne sache garder son sérieux devant les pédanteries et les airs pâmés du comte. Mais ce ne fut pas tout. Il fallut aussi que l'hôte écrivît un article sur l'ouvrage, panégyrique non dénué de malice qui prédit au poète un destin d'Immortel. Bien qu'il plaçât ici et là des réflexions sur Ruskin et sur l'esthétique, nul doute que ce genre de publication ne contribuait guère à modifier la réputation de chroniqueur mondain qui était alors celle de Proust.

CHAPITRE X

La solitude absolue

1905-1906

Depuis qu'elle vit seule avec son fils aîné, Mme Proust s'est résignée au genre de vie de celui-ci. Elle s'efforce de respecter son sommeil diurne et fait tout ce qu'elle peut pour lui être agréable, allant jusqu'à repousser tard dans la soirée l'heure du dîner afin d'avoir l'occasion de partager un repas avec lui. Elle est devenue la servante au grand cœur, qui se déplace dans l'appartement à pas feutrés et n'hésite pas à courir Paris pour rendre service à Marcel. L'intimité entre la mère et le fils sera plus proche encore lorsque celle-ci se séparera de Marie, la jeune femme de chambre un peu trop accorte. Quant à Marcel, il respectera scrupuleusement le deuil de sa mère, demandant son avis chaque fois qu'il projettera une sortie ou une soirée mondaine. Leurs points communs sont nombreux : ils touchent à la culture, mais aussi à la politique. Comme Marcel, Mme Proust est hostile au nationalisme et aux doctrines réactionnaires et elle est favorable aux idéaux républicains. Elle tient en haute estime Waldeck-Rousseau, grand bourgeois libéral, qui fut ministre de Gambetta en 1881-1882 puis, à compter de 1899, président du Conseil du bloc des gauches et, en cette qualité, à l'origine de la révision du procès de Dreyfus. Il représente un modèle d'intégrité politique — sa disparition, en 1904, la peine beaucoup. Au plan affectif, elle a renoncé à ses principes et à ses accès d'autorité, mais continue à veiller sur

Marcel comme s'il était encore et toujours un enfant. Elle est la mère aimante, trop aimante, qui relègue le fils dans la soumission. Celui-ci a envers elle une attitude ambivalente. À certains moments, il voudrait être le sauveur de cette mère sujette à des crises de mélancolie qu'elle s'efforce de dissimuler, et qui ne semble vivre que dans le souvenir ; à d'autres, son regard trop bienveillant dans lequel il devine nombre de renoncements lui est insupportable. Elle connaît ses goûts et en a toujours souffert ; il fut même une époque où elle recommandait à Maurice Duplay d'entraîner Marcel à la rencontre de jolies femmes. De cela le fils se sent coupable ; en réaction il ne peut s'empêcher d'éprouver parfois des sentiments de haine envers elle — suprême preuve d'attachement, s'il en est. À l'opposé, l'indifférence serait chose intolérable. Quelques années plus tard, en 1908, la lecture d'un roman de Léautaud intitulé *Amours* révoltera Proust. L'auteur relate avec une rare légèreté l'histoire d'un fils qui abandonne sans remords sa mère, celle-ci ayant auparavant été délaissée par un mari qui ne la trouvait plus à son goût. Selon Marcel, l'amour filial comporte une part de tourment dont chacun est à son tour le bourreau et la victime ; ce qui n'exclut ni la tendresse ni la compassion. La raison de tout cela se trouve dans la trop grande ressemblance de Jeanne Proust et de son fils, tant il est vrai que l'hostilité se nourrit souvent de ce qui dévore les êtres, fût-ce d'amour.

Début septembre 1905, la mère et le fils arrivent à Évian. Celui-ci a décidé qu'ils passeraient les vacances ensemble. En 1904, il s'était montré incapable de prendre une décision en temps voulu, si bien que Mme Proust s'en était allée seule à Dieppe ce même mois, tandis qu'il avait fait une courte croisière le long des côtes bretonnes sur le yacht à vapeur du beau-père de Robert de Billy. À peine installée au Splendide Hôtel, elle ressent divers malaises qui alarment Marcel. Appelé d'urgence, Robert diagnostique une crise d'urémie et décide de ramener la malade à Paris. Marcel ne rentre que quelques jours plus tard rue de Courcelles pour trouver sa mère très affaiblie, incapable de s'alimenter et à demi paralysée. Elle fera tout pour donner le change, mais elle est bientôt atteinte de troubles de la parole, et meurt le 26 septembre. Il n'y eut pas de cérémonie religieuse lors de l'enterrement au Père-Lachaise, car, en se mariant, Jeanne Proust n'avait pas pris la religion de son époux ; elle avait voulu conserver, par égard pour ses propres parents, sa confession juive.

Marcel Proust fait pour la première fois l'expérience de la solitude absolue. Il s'enferme pendant de longs jours dans sa chambre, ne prend que peu de nourriture et sombre dans la mélancolie. Il écrit à Montesquiou : « Ma vie a désormais perdu son seul but, sa seule douceur, son seul amour, sa seule consolation. J'ai perdu celle dont la vigilance incessante m'apportait en paix, en tendresse le seul miel de ma vie [...] j'ai le sentiment que par ma mauvaise santé j'ai été le chagrin et le souci de sa vie[1]. » Il ressent maintenant comme un remords l'état de dépendance dans lequel il vivait, se rend compte que sa maladie comportait une part d'hostilité envers cette mère en apparence froide et austère, et que c'était là une manière de sceller leur union. Quand, quelques mois plus tard, il la prendra comme interlocutrice imaginaire dans l'élaboration de *Contre Sainte-Beuve*, il aura l'impression de la retrouver bien réelle, comme s'il continuait à lui écrire chaque soir ; mais en discutant ses opinions, il prétendra en même temps à l'idéal de détachement de l'amour filial qui sourd en lui et trouve des échos dans l'œuvre de Baudelaire, ce chrétien hystérique qui se complaît dans le péché et le blasphème et que Jeanne Proust n'aimait guère. Ainsi ce vers des « Petites Vieilles », qui peint la détresse humaine avec une cruauté non exempte, certes, de *sympathia*, cité par le fils à la mère retrouvée[2] :

Débris d'humanité pour l'éternité mûrs !

où le sublime le dispute au sadisme, car Proust ne peut s'empêcher de céder au désir d'humilier sa mère dont le corps était devenu disgracieux dans les dernières années marquées par une santé déclinante.

Après quelques semaines, Proust a conscience qu'il va devoir changer de vie. L'appartement familial lui est devenu insupportable. De plus, son état de santé a connu une aggravation depuis l'automne 1904 ; il demandait même à sa mère de tenir en réserve des doses d'héroïne. Les crises d'asthme provoquent maintenant des états dyspnéiques très difficiles à supporter. En juillet 1904, il a consulté le docteur Merklen, un spécialiste des bronches, qui lui a conseillé une cure de désensibilisation neurovégétative. Mais pour cela, il faudrait qu'il se décide à entrer dans une maison de santé. Puis il s'est informé sur les vertus d'un traitement psychothérapique qu'il espérait adapté à son cas. Il pense, en effet, que l'origine de ses maux se trouve dans une disposition à l'hystérie, telle qu'elle est décrite par Charcot et son disciple Janet — une maladie de la volonté et une soumission à l'emprise des instincts et des émotions en corrélation avec un passé traumatisant. Fernand Gregh, qui souffrait de neurasthénie, lui a dit le plus grand bien de la cure qu'il a faite, à Berne, dans la clinique du docteur Dubois — Proust connaît les travaux de celui-ci sur les psychonévroses. Malheureusement le traitement repose sur la suralimentation. Impossible de l'appliquer à Proust qui se plaint souvent de troubles digestifs et intestinaux et ne fait, pour cette raison, qu'un repas par jour, d'autant plus qu'il souffre d'un excès d'urée. En avril 1905, sa mère l'encouragea vivement à aller se faire soigner au sanatorium du docteur Widmer, près de Montreux, mais il ne trouva pas la volonté nécessaire à la décision. Aujourd'hui, il y voit le moyen d'échapper au cycle de la souffrance et une manière de souscrire à la volonté de la défunte.

Le 4 décembre est la date prévue de son entrée dans la clinique du docteur Déjerine, médecin à la Salpêtrière et spécialiste des psychonévroses, afin de se soumettre à une cure d'isolement de trois mois. Au dernier moment, une telle perspective l'effraie. Il se rappelle que le docteur Brissaud, l'ami de son père qu'il avait souvent consulté, lui avait parlé de son confrère Sollier comme d'un excellent psychothérapeute. Proust supplie celui-ci de le soigner à domicile. Le praticien s'y refuse et convainc le malade récalcitrant d'entrer dans sa clinique de Boulogne-sur-Seine pour s'astreindre à un repos forcé de six semaines. Après quelques jours, Proust ressent l'impérieuse nécessité de renouer avec ses amis. Il commence par leur écrire — il envoie notamment à Barrès une lettre très émouvante dans laquelle il dit la détresse qu'il éprouve à l'idée d'avoir gâché la vie de sa mère —, puis obtient du bon docteur l'autorisation de les recevoir. Lorsqu'il retrouve la rue de Courcelles, à la fin de janvier 1906, il ne se sent guère plus vaillant, même si le sommeil nocturne a été un peu amélioré pendant la cure. Toujours aussi dépressif, il songe au suicide et va à nouveau s'enfermer dans le chagrin. Il passe le plus clair de son temps au lit et ne survit que grâce à la présence de la vieille Félicie. Heureusement, l'oncle Georges Weil lui rend de fréquentes visites. En mars, il a retrouvé un peu de goût à la vie et émerge de la longue nuit du deuil. Il rédige même un compte rendu de la traduction des *Pierres de Venise* de Ruskin, due à la plume de sa cousine, Mathilde Peigné-Crémieux[3]. En avril, une forte grippe ne l'empêche pas de corriger les épreuves de *Sésame et les lys* dont la publication a été différée. Il est bien décidé à prendre garde à sa santé et, dans ce dessein, il choisit un nouveau médecin traitant, le docteur Bize. Celui-ci n'est pas tout à fait un inconnu, il l'a déjà soigné en 1902. Il lui fera désormais des visites hebdomadaires. Bientôt Proust renoue avec ses proches amis, comme Lucien Daudet et Mme Catusse, et prend la décision de se lever chaque jour, d'essayer de sortir. Il se querelle avec Reynaldo à propos de politique. Celui-ci est un partisan enthousiaste du tout récent Parti socialiste unifié, né en avril 1905, à l'initiative de la tendance guesdiste du mouvement ouvrier ; Proust, lui, voit dans son programme une forme d'intransigeance néfaste au bien commun. Il choisit Clemenceau, qui sera chef du gouvernement de 1906 à 1909, contre Jaurès ; les ardeurs réformistes du premier lui paraissent préférables au lyrisme révolutionnaire du second.

Sésame et les lys paraît, en mai, au Mercure de France avec une dédicace à la princesse Hélène de Chimay. Mais l'ouvrage ne suscite guère l'intérêt de la critique. Proust va tenter d'y remédier. Il écrit à Calmette pour s'étonner que *Le Figaro*, dont il est un collaborateur, garde ainsi le silence, tout en l'assurant qu'il ne sollicite rien. André Beaunier fera une notice non signée, mais élogieuse, en première page, le 5 juin, puis un article plus élaboré, le 14, dans lequel il commente la préface sur la lecture, attentif à établir ce qui sépare Proust de Ruskin ; l'ensemble est cependant un peu condescendant. Le compte rendu que publie Jacques Bainville, dans sa chronique de *La Gazette de France* du 2 juillet, est moins bienveillant : il reproche au traducteur de s'être approprié Ruskin. Il y eut également un article de Léon Daudet dans *Le Gaulois* du 4 juillet et un autre signé par la femme de Fernand Gregh dans *Les Lettres*, daté du 6 juillet. Ce fut tout. L'œuvre de Ruskin faisait peu recette, bien que plusieurs études lui aient été consacrées depuis la publication, en 1897, de l'ouvrage de Robert de La Sizeranne.

Après cette période d'activité, Proust est à nouveau désœuvré et désemparé. Il voudrait retrouver la Normandie de son enfance — il aime tout particulièrement la région située entre Trouville et Honfleur —, ou la Bretagne de sa jeunesse. Il envisage d'abord de louer une villa près de Trouville en compagnie du couple Albufera, puis de s'installer à l'hôtel des Roches-Noires avec Félicie. Évian lui conviendrait mieux, n'était le souvenir douloureux qui s'y rattache. Il s'en remet à Mme Catusse, la vieille amie de sa mère, et à Mme Straus pour qu'elles l'aident à lever ses indécisions. Toutes deux lui tiennent alors lieu de mère de substitution. Mais, début août, la santé déclinante de son oncle Georges, le seul parent proche qui lui reste, hormis son oncle paternel, Jules Amiot, met un terme à ses tergiversations. Il décide de ne pas s'éloigner de Paris et va s'installer, le 8, à l'hôtel des Réservoirs, belle bâtisse du XVIIIe qui donne sur le parc du château de Versailles. Il loue un appartement sombre et lugubre, « de ces endroits où le guide vous dit que c'est là que Charles IX est mort, où on jette un regard furtif, en se dépêchant d'en sortir et de retrouver dehors la lumière, la chaleur et le bon présent[4] », comme il l'écrit à Mme Straus. Dans cette atmosphère confinée ses crises reprennent. Il dort durant la journée et, le soir, écrit de longues lettres, parfois émaillées de pastiches et de quelques vers, à Reynaldo qui est l'invité du Festival Mozart de Salzbourg, où il doit diriger deux représentations de *Don Giovanni*, lettres dans lesquelles il est question d'un certain maître d'hôtel nommé Hector que Reynaldo a dû connaître bibliquement dans le passé. Georges Weil meurt le 23 août. Proust est trop mal pour aller à l'enterrement ; c'est son frère qui conduira le deuil. En septembre, il n'arrive pas à prendre la décision de revenir à Paris, non que sa retraite soit agréable, mais elle le tient hors de la vie et donc de la souffrance. Toutefois, il reçoit à nouveau ses amis. Parmi eux, il y a l'auteur dramatique René Peter qui ne lui ménagera pas son soutien moral pendant cette période difficile. Ils ont ensemble le projet d'écrire un mélodrame, dont Reynaldo ferait la musique de scène, dans lequel un homme ne peut résister à ses instincts : il ne trouve le plaisir qu'en compagnie de prostituées dans la profanation de l'amour conjugal. La pièce ne sera jamais écrite ; son argument rappelle la nouvelle « L'Indifférent », dans laquelle Lepré n'aime que les femmes ignobles, ainsi que d'autres pièces des *Plaisirs et les Jours* qui recèlent une peinture de la déchéance. S'il est clair que le scénario évoque le sentiment proustien du sadisme inhérent à l'amour, il n'en demeure pas moins inspiré par toute une littérature populaire, parfois clandestine mais florissante, issue du naturalisme, qui se complaît dans les descriptions de la turpitude.

Le séjour prolongé à l'hôtel des Réservoirs s'explique aussi par le fait que le bail de la rue de Courcelles arrive à échéance le 30 septembre 1906. Le loyer étant très élevé, Proust sait depuis longtemps qu'il lui faudra trouver un autre toit. Il s'adresse à des agences de location, mais les démarches à effectuer semblent au-delà de ses forces. Il charge alors ses amis, René Peter, Robert de Billy et Georges de Lauris, de les entreprendre. Ceux-ci partent à la recherche d'un appartement à louer dans le VIIIᵉ arrondissement ou alentour ; Proust, en effet, n'imagine pas un instant de quitter son Paris familier, qui se situe entre l'avenue des Champs-Élysées et le boulevard Malesherbes de son enfance. Rien de ce qui lui est proposé ne convient, si bien que, le 8 octobre, il prend la décision de sous-louer, pour un an, l'ancien appartement de son grand-oncle Louis, sis au premier étage du 102, boulevard Haussmann, dans un immeuble dont il a hérité pour partie à égalité avec son frère, mais dont la moitié revient à sa tante, Mme Georges Weil. L'endroit n'est pas gai, on entend les bruits venus du boulevard, les marronniers plantés sous les fenêtres risquent de lui causer mille désagréments, mais c'est un lieu qu'il connaît et qui porte des traces familières. Les premiers ennuis se présentent immédiatement : Proust voudrait s'établir fin octobre, mais le locataire du dessous entreprend des travaux ; cela le conduit, par crainte du bruit et de la poussière, à prolonger encore son séjour dans le triste logis versaillais. Quant au déménagement, il en charge Robert et Mme Catusse. Les deux frères doivent se partager le mobilier parental. Bien que Robert affirme s'en remettre entièrement aux décisions de Marcel, celui-ci est plein de suspicion : il craint que sa belle-sœur ne pousse son mari à choisir certaines choses que lui, Marcel, voudrait garder — il tient par-dessus tout au petit meuble indochinois qui se trouvait dans la chambre de leur mère. Il récupérera la plus grande partie du mobilier, ce qui le rendra encore plus soupçonneux : Robert et sa femme voulaient sans doute s'en débarrasser. La bonne Mme Catusse, que Marcel charge de négocier tel ou tel meuble ou objet de décoration, et auprès de qui il prend conseil au sujet de la disposition du futur appartement, est souvent décontenancée par tant de désirs contradictoires, ajoutés à une absence totale de goût comme de sens pratique. Comment faire entrer le mobilier de la rue de Courcelles dans les cinq pièces du boulevard Haussmann ? D'ailleurs Proust n'a jamais accordé beaucoup d'importance aux meubles et aux bibelots qui font son univers familier. Ce ne sont que des objets inertes qui ne mobilisent pas l'imagination, d'autant plus que ses parents possédaient beaucoup de meubles Maple, plus fonctionnels

qu'esthétiques. Seuls les tableaux l'intéressent. S'il abandonne à son frère le portrait de leur père en toge de l'Institut
par Lecomte du Noüy et un tableau de Govaert Flinck d'un
bon rapport marchand, il se réserve une œuvre du XVIIᵉ flamand due à Frantz Franken, *Esther et Assuérus*, tableau
qu'il a toujours connu et qui vient du côté Weil. Il garde
aussi le portrait de sa mère à l'âge de trente ans. Pour compléter l'ensemble, il aimerait faire l'acquisition de toiles de
peintres italiens du XVᵉ siècle, comme Vivarini. Les nombreuses tapisseries sont laissées dans un garde-meubles ;
Proust les vendra douze ans plus tard, à la fin de la guerre. Il
installera tout de même dans le salon le très beau tapis per-
san que son père ramena d'une mission, en 1869.

Proust dirige ce déménagement de Versailles. Il fait
connaître ses volontés par lettres et par téléphone ou lors
des visites que Mme Catusse lui rend. Le 27 décembre, il se
décide enfin à quitter sa retraite et à prendre possession des
lieux grâce à l'aide du concierge de l'immeuble et de Jean
Blanc, l'ancien valet de son père. Il s'installe dans un appartement encore en désordre ; de plus, les travaux entrepris par
les voisins ne sont pas terminés. Mme Catusse a fait preuve
d'un grand sens de l'arrangement en meublant les différentes
pièces avec les souvenirs, les œuvres d'art et les nombreux
meubles que Proust a obtenus de son frère, comme s'il s'était
agi d'un dû. Dans le salon trônent son portrait par Jacques-
Émile Blanche⁵ et celui de sa mère par Mme Beauvais. Il y a
également un bronze de Carrier-Belleuse représentant un
couple de danseurs et quelques tapisseries. Il ne semble pas
qu'il trouve l'espace adéquat pour suspendre le tableau de
Franken. La salle à manger est constituée des meubles qui
figuraient déjà rue de Courcelles. La chambre est la pièce la
plus vaste. Proust fait installer son lit de cuivre recouvert
d'un dessus de satin bleu, à côté duquel se trouve une petite
table de chevet en bambou, dans le coin opposé à l'une des
portes donnant sur le salon, de manière à voir entrer les visiteurs. Ce qui indique bien que c'est l'endroit où il compte se
tenir le plus souvent. Entre les deux hautes fenêtres habillées
de rideaux bleus qui donnent sur le boulevard, s'inscrit une

grande armoire à glace un peu tarabiscotée avec ses filets de bronze et son applique lumineuse, dont l'accès est empêché par le piano à queue de Mme Proust[6]. À côté se trouve un bureau en palissandre, précédé d'un fauteuil Empire recouvert de velours, tous deux venant du cabinet d'Adrien Proust. Près de la porte, il a placé le petit meuble indochinois, une commode en bois sombre un peu lourde et deux bibliothèques tournantes qui condamnent la seconde porte. Les murs restent nus comme l'étaient ceux de sa chambre, rue de Courcelles. L'appartement se compose également d'une antichambre, d'une chambre pour le personnel et d'une salle de bains, à laquelle Proust a directement accès.

Il inaugure sa nouvelle vie en ébauchant le compte rendu d'un livre de Gabriel Mourey sur Gainsborough, comme pour s'assurer qu'il est bien chez lui par la grâce d'une activité intellectuelle. Mais son esprit est occupé par un autre livre : *Jude l'Obscur*, de Thomas Hardy. Jude a la passion de la connaissance, il veut aller étudier à l'université malgré ses origines sociales modestes, mais il échouera dans sa quête du savoir. Les auteurs anglo-saxons que Proust fréquente depuis sa jeunesse — Charles Dickens, George Eliot, Thomas Hardy, mais aussi Rudyard Kipling que Robert d'Humières lui a fait lire[7] — ont toujours conçu le roman comme une manière de connaissance étayée sur le sentiment du tragique. Nul doute que le livre de Hardy ne vienne à point nommé le lui rappeler.

CHAPITRE XI

La *Recherche* :
une méditation sur l'origine
1907-1912

Depuis la traduction de *Sésame et les lys* et surtout la préface intitulée « Sur la lecture », qui débute par un récit évoquant la nostalgie de l'enfance et ses rêveries, fait à nouveau reproche à Ruskin de présenter une vision idolâtre de l'art et se termine sur des considérations relatives à la perception du temps dans la Bible et *La Divine Comédie*, Proust a pratiquement cessé toute activité littéraire ; la mort de sa mère l'a privé du courage nécessaire au travail. La revue *Les Lettres* lui a bien demandé, en 1906, de donner son opinion au sujet du *Shakespeare* de Tolstoï, critique virulente de l'esthétique et de la morale du dramaturge ; mais la courte note qu'il écrivit pour rappeler que de grands esprits se sont souvent trompés dans leurs jugements littéraires ne parut pas. Durant les années consacrées à l'esthète anglais, il lui est arrivé de rédiger des portraits — en particulier celui de Bertrand de Réveillon, alias Fénelon, mais aussi celui de cet ami attirant, mais sans grâce, Léon Radziwill — et de connaître à nouveau des velléités romanesques. L'abandon de *Jean Santeuil* lui a longtemps laissé des regrets, d'autant plus qu'il a le sentiment de s'être heurté à une réalité qui se dérobait sous une plume encore trop encline à la méditation, plutôt qu'à la recherche formelle d'une unité dans la fiction. Il a toujours voulu croire que l'échec et les désespoirs de sa vie allaient donner naissance à une grande œuvre. À deux reprises, il a failli passer le pas : tout d'abord à la fin de 1902, lorsque le départ de Fénelon le sort d'une longue torpeur, puis à l'été 1904. Mais le travail sur Ruskin lui impose alors une discipline rassurante dont il ne veut pas s'écarter, car il lui faudrait admettre que ses passions inavouables et son goût persistant de la frivolité comportent leur part d'ombre capable d'éveiller l'imagination. L'heure semble donc venue de se mettre à cette traduction de soi-même, si souvent annoncée dans sa correspondance intime mais toujours repoussée, et de faire pièce aux théories de Ruskin, qu'il juge maintenant empêtré dans des contradictions insolubles.

Un fait divers tragique va lui fournir l'occasion de renouer avec l'activité littéraire. Henri Van Blarenberghe, un jeune homme qu'il connaissait à peine mais avec qui il avait échangé quelques lettres de condoléances — Van Blarenberghe avait perdu son père quelques mois auparavant et celui-ci était lié avec le docteur Proust — dans lesquelles l'un et l'autre se découvraient des affinités, vient, dans un accès de folie, d'assassiner sa mère avant de se suicider. Informé de leurs relations, Gaston Calmette, qui savait faire preuve d'audace, demande à Proust d'écrire un article sur l'affaire. Celui-ci, troublé, se met au travail ; le drame ravive les remords et les sentiments ambivalents qu'il a toujours éprouvés à l'endroit de sa propre mère. N'a-t-il pas été pour elle une cause de soucis permanents ? Aujourd'hui qu'elle est morte, n'est-il pas, lui aussi, un parricide ? Écrit en une seule journée, le 31 janvier 1907, l'article reprend le thème, déjà évoqué dans « La Confession d'une jeune fille », de la mère profanée. On y relève cette phrase : « Au fond nous vieillissons, nous tuons tout ce qui nous aime par les soucis que nous lui donnons, par l'inquiète tendresse elle-même que nous inspirons[1]... » Mais Proust veut élever la mauvaise conscience et la culpabilité au rang du mythe et, le soir même, sur les épreuves que Jules Cardane, secrétaire de rédaction au *Figaro*, lui a fait parvenir, il ajoute un paragraphe dans lequel il relève le caractère sacré de la victime

expiatoire chez les Grecs en citant Oreste et Œdipe ; Henri
Van Blarenberghe s'était énucléé comme le héros antique.
Ce passage fut censuré par le bien-pensant Cardane qui y vit
un éloge détourné du parricide ; il est vrai que le titre même
de l'article — « Sentiments filiaux d'un parricide » —, qui
sera publié en première page, choquera les lecteurs. En réalité, Proust tente de conjurer le caractère terrible du crime
qui lui est insupportable. L'irascible secrétaire procède de
nouveau à des coupures malheureuses dans un texte que
Proust rédige, en mars, sur les *Mémoires de la comtesse de
Boigne*. L'article était beaucoup trop long pour une publication dans un quotidien, mais le passage caviardé avait le
plus grand intérêt. Proust, qui au fond de lui-même se
moque bien des titres de noblesse et des positions sociales,
n'accorde que peu d'importance à ces Mémoires en tant que
tels, qui sont l'œuvre d'une mondaine narcissique du début
du XIXe siècle, mais il en dégage une réflexion, que les lecteurs du *Figaro* ne liront pas, sur l'attrait que peuvent revêtir pour l'écrivain ces détails du passé, même futiles, quand
ils sont les traces d'une existence. Ce même mois de mars, il
rédige un article, plus laborieux que le précédent, sur le
recueil d'Anna de Noailles, *Les Éblouissements*. Au-delà des
éloges convenus et bien dans sa manière, il est sensible au
moi profond, dégagé des contingences, qui pointe sous les
mots : le poète est un être inspiré, possédé par une force
supérieure. Peu à peu le livre devient prétexte. Proust rapporte des expériences personnelles et tente de dégager une
théorie de la connaissance reposant sur les sensations pour
conclure à une manière d'idéalisme qui restreint le monde
au moi. Il sera amené à réduire les dimensions de son
article, qui paraîtra dans le *Supplément littéraire* du *Figaro*,
le 15 juin 1907, mais en reprendra certaines parties aban-
données dans *À l'ombre des jeunes filles en fleurs*. Un autre
article, écrit quelques mois plus tard, après le premier séjour
à Cabourg, sera lui aussi repris dans l'œuvre à venir. Il
s'agit d'« Impressions de route en automobile », qui décrit
la façon dont les objets adviennent à la conscience. Proust
évoque les changements de direction d'une voiture qui

l'emporte vers Caen et les différentes visions mises en perspective par les clochers d'églises qui apparaissent à l'horizon. Le dessein idéaliste est ici révisé par le fait que le sujet se confronte à la réalité qu'il perçoit. « Combray » verra le récit de la promenade scindé en deux moments, afin de mieux établir la relation qui unit intuition et intention. Dans un premier temps, le héros se laissera impressionner par la vision confuse due aux changements de direction du véhicule, tout en ayant le sentiment que ce trouble recèle un sens caché ; dans un second, l'impression sera recomposée par le narrateur. Dès ce moment Proust considère, d'une part, que l'intuition sensible est à l'origine de la connaissance, sans pour cela dénier tout rôle à l'entendement, et, d'autre part, que le moi est le matériau de la création littéraire. Au platonisme de Ruskin qui fait de la beauté un absolu spirituel, Proust a substitué une vision individuelle en tentant de dégager la signification profonde des phénomènes.

C'est durant l'année 1908 que l'œuvre de Proust va véritablement s'ébaucher. En janvier, il rédige un court récit intitulé : « Robert et le chevreau, Maman part en voyage », dans lequel il rapporte, avec un peu de ressentiment et un rien de sadisme, le désespoir de son petit frère quand il fallut le séparer de son animal préféré — en effet, Robert était parti seul avec leur mère. Ce souvenir sera plus tard transposé, et deviendra « l'adieu aux aubépines » dans *Swann*. Mais, le 10 janvier, éclate un scandale financier aux retentissements quasi romanesques. Un ingénieur du nom de Lemoine aurait réussi à faire croire au président de la société diamantaire De Beers qu'il avait trouvé le moyen de fabriquer des diamants. Le trop crédule président, abusé par tous les stratagèmes scientifiques du faussaire qui prétendait reprendre les travaux d'Henri Moissan, prix Nobel de chimie en 1906 et lui-même auteur d'une tentative de fabrication des fameuses gemmes, avait engagé environ un million de francs-or dans l'affaire. Une aussi belle escroquerie a tout pour séduire Proust, lui qui ne déteste pas, loin de là, les canulars et cultive ses dons d'imitateur, voire de mystificateur. Ses amis raffolent du Proust railleur qui imite les poses et les gestes maniérés de Montesquiou ou encore les discours d'Anatole France et qui sait, au détour d'une phrase, pasticher les bons auteurs. Il abandonne alors le récit qu'il a en train pour se consacrer à la rédaction de pastiches illustrant l'affaire Lemoine. Il travaille vite : le 22 février, le *Supplément littéraire* du *Figaro* publie des pastiches de Balzac, Faguet, Michelet et Goncourt ; le 14 mars, de Flaubert et Sainte-Beuve, celui-ci étant la critique du précédent (un article sur *Salammbô* paru dans *Le Constitutionnel*), et la semaine suivante de Renan. Proust avait une grande connaissance de l'œuvre de ce dernier, qu'il admire ; cependant, ironisant sur son érudition embarrassée comme sur ses rapprochements hasardeux entre œuvres d'époques différentes, on devine quelque réserve ; et d'associer les chansons comiques de Polin à des textes de la Bible. C'est ce qu'il appelle faire de la critique littéraire en action, mais l'exercice finit par lui peser. Ses amis, en revanche, l'encouragent à poursuivre dans cette voie ; Robert Dreyfus et Gaston de Caillavet le convainquent même d'en faire un volume. Il s'adresse alors à Calmann-Lévy, puis au Mercure et à Fasquelle. Sans succès.

Cette activité littéraire se double d'une vie mondaine : Proust dîne chez Weber, rend visite à Helleu dans son atelier — lequel lui offre à cette occasion un petit tableau : *Automne versaillais* —, assiste, le 4 mars 1908, à un concert donné par Reynaldo au Théâtre des Arts. Puis, brusquement, il interrompt ses sorties et essaie de décourager ses visiteurs. Il a besoin de solitude et de paix pour se remettre au travail, d'autant qu'il s'est habitué à passer le plus clair de son temps au lit d'où il gouverne, comme Montaigne en sa « librairie », toute sa maisonnée. Les pastiches lui ont permis de se départir de l'emprise d'écrivains qu'il admire, comme Balzac ou Flaubert, de moquer l'impéritie de la critique journalistique : Faguet dans ses feuilletons dramatiques du *Journal des Débats*, ou biographique : Sainte-Beuve, et surtout d'entrer en écriture : au-delà de l'imitation — en fait, une forme de sympathie avec le texte et son rythme propre qu'il recherche en tant que lecteur et dont il fait une vertu critique —, la narration et le style des pastiches réfléchissent une vision originale et une unité esthétique, le récit de l'affaire elle-même apparaissant comme un simple prétexte. Il prend, en effet, bien des libertés avec le sujet, utilisant à son gré des bribes de l'affaire, quand il ne ramène pas tout à une simple prétérition, comme dans le pastiche de Michelet où l'escroquerie est envisagée mais jamais évoquée. C'est pourquoi, même si l'activité lui semble mineure, il ne l'abandonne pas pour autant et continue, au long de l'année 1908, à pasticher Chateaubriand — avec beaucoup d'ironie —, Maeterlinck et Régnier. Seul le pastiche de ce dernier paraîtra dans *Le Figaro* du 6 mars suivant. Dans les essais de Maeterlinck, Proust est sensible à la réflexion métaphysique qui confine au religieux sans souscrire ni emprunter à aucune religion ; en 1904, il avait d'ailleurs ébauché une étude sur l'écrivain. Il vient de lire *L'Intelligence des fleurs*, traité poétique d'histoire naturelle, paru l'année précédente, dans lequel l'auteur suppose un génie à la nature. Mais le pastiche restera inachevé, comme un écho lointain de la philosophie naturiste qui avait séduit Proust dans sa jeunesse. Il envisage aussi, au début de 1909, de situer l'affaire Lemoine dans les *Mémoires* de Saint-Simon. C'est qu'il vient de se lancer dans la lecture approfondie de l'œuvre du mémorialiste dont il goûte l'aspect romanesque et la force d'évocation. Sainte-Beuve fait toujours partie de ses préoccupations : un second pastiche du critique est prêt à la même époque qui prolonge celui de Chateaubriand ; de même qu'un pastiche de *La Bible d'Amiens* et des *Pierres de Venise* de Ruskin, ce maître que Proust considère aujourd'hui comme un vieux bavard, mais dont il aime toujours — même s'il les moque — le sens de l'humour et le goût des longues digressions. Pourtant, ce qui n'a cessé de l'occuper, c'est le projet et l'ébauche d'un récit. En février 1908, Mme Straus lui a offert cinq petits carnets recouverts de toile grise. De l'un d'eux, il fait une sorte de laboratoire de l'œuvre à venir. Il y note ses expériences concrètes : l'odeur de l'herbe à Louveciennes, où il est allé en juillet rendre visite à son frère, des odeurs domestiques dont la

puissance le transporte dans le temps, ses rêves, ses idées,
ainsi une esquisse de la mémoire involontaire et l'idée
d'intermittence des sentiments qu'il doit au Nerval de
Sylvie, des souvenirs, des réflexions sur la littérature ; il
relève, entre autres, la puissance poétique que recèlent les
contes de Barbey d'Aurevilly, en remarquant combien ils
doivent tout au travail de l'écriture qui laisse deviner une
réalité cachée. Ainsi un premier état du roman composé de
soixante-quinze feuillets volants[2], suite de morceaux en
grande partie autobiographiques, et qui emprunte beaucoup
à *Jean Santeuil*, aurait été rédigé dans les premiers mois de
1908. Proust s'est inspiré de la situation géographique
d'Illiers, aux confins du Perche et de la Beauce, pour diviser
l'espace en deux côtés symétriques. Au côté de Villebon,
château de la fin du XVIᵉ siècle, qui deviendra Guermantes,
s'oppose le côté de Méséglise — dans la réalité Méréglise,
petit village proche d'Illiers. Mais la littérature ne se réduit
pas à un simple récit, elle est aussi le fruit d'une conscience
réflexive. Proust se lamente de ne point avoir d'imagination
— à l'inverse de Balzac, dont il admire la prodigalité ainsi
que le talent dans la peinture des destinées, à défaut d'admirer le style qu'il juge trop peu poétique, abondant en détails
et en arguments non élaborés, et inapte à appréhender la réalité en profondeur ; en revanche, il cherche à exprimer un
rapport au monde. Cette dimension existentielle l'amène à
entreprendre la rédaction d'un essai qui, pour un temps, va
se substituer au récit dont la source s'est peu à peu tarie,
sans doute par impuissance à comprendre l'essence des phénomènes, ou plutôt à admettre que l'écrivain ne saurait prétendre à autre chose qu'à la transposition d'un réel
énigmatique.
   Depuis qu'il est installé 102, boulevard Haussmann,
Proust songe à quitter Paris. Les nombreux travaux effec-
tués dans l'immeuble, au cours des hivers 1907 et 1908,
dérangent sa tranquillité — ce n'est qu'en 1910 qu'il fera
poser des panneaux de liège dans sa chambre pour se proté-
ger du bruit. D'autre part, son médecin l'a convaincu que
l'air de la capitale ne lui valait rien ; ses crises d'asthme

MAGDALEN COLLEGE LIBRARY

connaissent, en effet, une nouvelle aggravation. Il envisage
parfois d'aller habiter à Versailles ; le climat y est moins
humide. Ce ne sont là que velléités. À l'instar de son grand-
père, Nathé Weil, qui ne pouvait supporter de passer la nuit
à Auteuil et regagnait chaque soir son domicile du
IXe arrondissement, Proust est attaché à Paris. Il va cependant céder aux prières du docteur Bize et prendre, en août
1907, ses premières vacances depuis deux ans. La Bretagne
l'attire. Mais il choisit Cabourg, petite station balnéaire de
la côte normande dont il a goûté autrefois l'atmosphère
familiale et qui est restée chère à son cœur. Une vie mondaine mais point trop tapageuse y prend forme ; et puis les
Straus, les Guiche, Louisa de Mornand et bien d'autres de
ses relations ont une résidence dans la région. Désormais
Proust séjournera à Cabourg tous les étés, jusqu'en 1914.

C'est un autre homme, plein d'entrain et de santé, à
l'aspect physique modifié — il porte la barbe —, qui, début
août, s'installe au Grand Hôtel, bel établissement récemment restauré dans un style néo-baroque, et situé sur le front
de mer. Il a la curiosité vorace du voyageur qui veut tout
connaître de la région où il se trouve. Il compulse guides,
cartes et monographies, sollicite l'avis d'Emmanuel
Bibesco, bon connaisseur du gothique — ensemble ils avaient
visité, en avril 1903, les cathédrales de Senlis et de Laon —,
et surtout d'Émile Mâle à propos des lieux qui peuvent présenter un intérêt architectural et historique, ou simplement
dignes de frapper l'imagination, de susciter des émotions. Il
n'a pas encore pu rencontrer l'historien dont l'ouvrage, *L'Art
religieux du XIIIe siècle en France*, a été pour lui une nourriture essentielle[3] ; ce sera chose faite à la fin de l'année. Quand
il découvre que la société de taxis Unic, dirigée par Jacques
Bizet, a une succursale à Cabourg, il loue immédiatement
une automobile. Son chauffeur habituel est un charmant
jeune homme de dix-huit ans, Alfred Agostinelli, dont l'attitude au volant, le visage casqué, lui évoque la grâce de sainte
Cécile peinte par Raphaël — toujours ce fantasme d'ambiguïté sexuelle. Ils iront voir ces lieux aux noms si souvent
rêvés : Caen dont les églises Saint-Étienne et Saint-Pierre

possèdent des flèches atteignant 80 mètres de hauteur, Bayeux où ils visitent la cathédrale très représentative du gothique normand mais qui recèle un aspect déconcertant, en raison de la présence des figures orientales qui ornent la partie romane de la nef — Proust en demandera l'explication à Émile Mâle. Il convient d'ajouter que les cathédrales de Bayeux et d'Amiens seront à l'origine de la plus grande partie des développements touchant à l'art du Moyen Âge dans la *Recherche*. Ils visitent aussi le château de Balleroy, célèbre pour ses tapisseries réalisées par Boucher. Tout cela en compagnie du peintre Helleu. Proust rendra visite aux Straus, à Trouville, et à Louisa de Mornand qui prend des vacances à Bénerville chez Robert Gangnat, le président de la Société des auteurs dramatiques, son nouvel amant. Après deux semaines d'une vie quelque peu mouvementée, la fatigue le rattrape ; il est alors contraint d'user et d'abuser de caféine. S'il renonce aux longues excursions, il n'en continue pas moins à sortir et se rendra, entre autres, à Falaise chez la marquise d'Eyragues, cousine de Montesquiou. Il lance des invitations à dîner au restaurant de l'hôtel, joue au baccara et se mêle un peu plus à la vie du lieu. Il fréquente Tristan Bernard, Vuillard, Sem, le caricaturiste, et Misia Godebska, ex-Natanson, qui autrefois posa en femme légère pour Vuillard, précisément, Toulouse-Lautrec et Renoir. Aujourd'hui, mariée au docteur Edwards, qui la délaisse, elle ne cache pas son goût pour les femmes et se plaît à faire du Grand Hôtel le théâtre d'intrigues amoureuses dignes du vaudeville. Pourtant cette vie de divertissements ne satisfait guère Proust, elle tendrait même à le rendre mélancolique. Fin septembre, le taxi du bel Agostinelli le ramène à Paris. Ils font une étape à Évreux, visitent la cathédrale Notre-Dame et l'église Sainte-Foy de Conches ; toutes deux possèdent des vitraux remarquables : Proust s'abîme dans la contemplation des effets de lumière sur la pierre et de l'équilibre architectural sans cesse retrouvé. Il a le projet d'aller ensuite à Rouen pour y retrouver Helleu qui doit l'accompagner à Giverny, chez son ami Claude Monet. Depuis longtemps il rêve, en effet, de découvrir le jardin du peintre qu'il sait ordonné comme un immense tableau, avec son étang aux nymphéas noyé de saules et ses nombreuses variétés de fleurs : sauge bleue, dahlias, pivoines, iris, pavots, aux couleurs de sa palette. Mais une crise d'asthme le contraint à rentrer directement à Paris. Il reste alité pendant plusieurs jours, habité par le regret d'une visite manquée et qui n'aura jamais lieu. De toutes ses pérégrinations, il ramène une impression forte éprouvée devant l'église Saint-Étienne. La symétrie parfaite de son plan associée à la grande complexité de la distribution intérieure et du décor témoigne d'une lente élaboration, dominée mais aussi instinctive — les bâtisseurs du Moyen Âge ne maîtrisaient pas entièrement les questions de résistance et de poussée de la pierre —, sans doute comparable à celle du livre dont il se veut le maître d'œuvre.

L'année suivante, Proust arrive à Cabourg le 18 juillet, accompagné de son valet de chambre. En effet, depuis février 1907, il a pris à son service Nicolas Cottin qui fut autrefois employé chez ses parents. Il engagera aussi sa femme, Céline, comme cuisinière. Il a des projets de travail et prend force notes dans son petit carnet. La chambre qu'il occupe lui rappelle une chambre analogue habitée à Évian à l'époque des vacances passées avec sa mère. Une nuit, il rêve que celle-ci revient, mais elle est devenue indifférente, incapable de comprendre le livre qu'il porte en lui. Il se sent comme libéré et se met à écrire. Mais Nicolas, appelé à faire une période militaire, est bientôt obligé d'interrompre son séjour, et Proust, contrarié par cette solitude forcée, se tourne vers la vie estivale. En fin de matinée, il va sur la digue — où il fait figure d'original, toujours vêtu d'un pardessus de vigogne malgré la chaleur ; l'après-midi, il hante les salons du casino, lequel communique avec l'hôtel ; le soir, il descend dîner vers neuf heures et remonte dans sa chambre autour de minuit. Souvent il a de longs entretiens avec des amis jusqu'à une heure avancée de la nuit. Il fréquente les Straus et les Finaly qui habitent Trouville, se rend à l'auberge de Guillaume le Conquérant, à Dives, pour y déjeuner ou simplement déguster d'excellents crus de cidre.

Le dramaturge Henry Bernstein, Robert Dreyfus et Robert de Billy viennent le visiter. Il se lie avec le vicomte d'Alton, membre du Jockey, président du Golf de Cabourg, et avec sa femme, descendante d'une vieille famille et férue d'historiographie. Ensemble ils évoquent pendant de longues heures les mœurs de la noblesse française. Il fait la connaissance de jeunes gens allègres et peu farouches, qu'il appelle les « Veaux », image à la fois ironique et licencieuse, et sur lesquels il imagine exercer quelque ascendant par ses accès de virilité. Parmi eux, Marcel Plantevignes, jeune bourgeois un peu naïf dont il apprécie pourtant la grande serviabilité. Celui-ci est toujours prêt à l'aider dans la recherche d'une table au restaurant, loin des courants d'air, ou à lever les scrupules qu'il se fait au sujet des pourboires à distribuer aux uns et aux autres, ce qui réveille cette mauvaise conscience maladive de n'avoir pas su rendre à autrui ce qu'il vous a donné. Proust l'appelle « Chevalier Fantaisie », par analogie avec le Fantasio de Musset. Il rencontre aussi le fils d'un chroniqueur du *Gaulois*, Albert Nahmias, qui deviendra plus tard son conseiller financier puis son secrétaire et confident. Cette année-là, Proust mène une vie agréable. L'air marin lui fait du bien ; il se lève assez régulièrement durant la journée, mais a renoncé aux longues excursions en automobile. L'année suivante, il restera longtemps alité et, en 1910, il ne quittera sa chambre que deux ou trois fois par semaine ; ce qui contribuera, bien sûr, à établir sa réputation d'original aux habitudes, voire aux mœurs, particulières.

Fin septembre, Proust part pour Versailles dans le taxi d'Agostinelli. Il s'installe à l'hôtel des Réservoirs jusqu'au début de novembre. L'automne particulièrement humide est cause de plusieurs crises d'asthme. Malgré son mauvais état de santé, Proust travaille à l'essai qu'il a entrepris depuis le printemps et qui porte sur Sainte-Beuve. À l'époque, le célèbre critique, dont la méthode biographique a été parachevée par celle plus scientifique de Taine, jouit encore d'une certaine influence. Proust considère qu'il a méconnu les grands écrivains de son temps et fait montre d'anticonformisme en s'attaquant à lui, bien que les articles récents de Séché et de Gourmont aient ouvert la voie[4]. La littérature ne procède pas du moi social ou d'une quelconque détermination extérieure, au rebours de ce qu'affirmait Sainte-Beuve qui ne voulait pas distinguer entre l'œuvre et ce qu'il croyait connaître de l'auteur et de son milieu, mais du moi profond, avatar de l'enthousiasme platonicien, de l'être singulier selon Spinoza et du génie romantique, en d'autres termes de la subjectivité du sujet. Sainte-Beuve, pour qui Stendhal est un « homme d'esprit », auteur de « romans détestables », Flaubert et Baudelaire de « bons et gentils garçons », est un critique médiocre parce qu'il est doté d'un moi médiocre qui l'empêche d'entrer en sympathie avec les œuvres. Retour à Paris, au début de novembre, Proust inaugure une vie nouvelle. Le commerce des individus, qui a jusqu'à présent occupé une grande part de sa vie, va céder la place au travail solitaire. À Georges de Lauris il écrit : « Vous ai-je parlé d'une pensée de saint Jean : " Travaillez pendant que vous avez encore la lumière [sic]. " Comme je ne l'ai plus, je me mets au travail. » Tout à son empoignade avec Sainte-Beuve, Proust s'exaspère, le traite de vieille canaille et va jusqu'à accréditer des rumeurs, datant de 1848, qui l'accusent injustement de vol, au temps où il occupait le poste de conservateur à la bibliothèque Mazarine. L'essentiel est qu'il va peu à peu dégager une esthétique propre et trouver la forme littéraire qui lui fait encore défaut, bien qu'elle reste problématique ; longtemps Proust présentera son livre comme une « sorte de roman ». En décembre, il a conçu deux projets concordants qu'il mène de front, même s'il semble se laisser guider par la fantaisie plutôt que par un dessein précis : l'un est un essai, l'autre le récit d'une nuit et d'une matinée formant un cercle du souvenir et s'achevant sur une conversation du narrateur et de sa mère à propos de la méthode beuvienne. Le fil narratif est retrouvé ; il relie la réflexion littéraire, où il n'est pas seulement question du critique mais aussi de Balzac, Stendhal, Nerval — la lecture de *Sylvie* l'inspire, car le poète creuse l'ombre du rêve et du souvenir à travers le sommeil et l'état d'insomnie —,

Baudelaire, Flaubert — dont le style exprime une vision du monde phénoménal mais aussi une ontologie dans son obsession du mot juste et unique —, et le roman familial. Une œuvre de longue haleine est ébauchée. À preuve, Proust cesse d'écrire sur des feuilles volantes. Comme au temps où il travaillait sur Ruskin, il utilise maintenant des cahiers d'écolier recouverts de moleskine dont il remplit seulement les rectos, réservant les versos aux ajouts et corrections. Certains cahiers prendront des noms originaux : le « cahier Babouche », le « cahier rugueux » ou encore le « cahier du grand bonhomme » qui désigne, en fait, un de ses petits carnets de notes orné d'une silhouette oblongue.

Durant l'année 1909, il va privilégier l'aspect romanesque de son ouvrage qui a déjà la mémoire pour objet. Le travail ne progresse guère au cours des premiers mois en raison d'une nette dégradation de sa santé : les crises d'asthme succèdent aux céphalées et aux périodes d'insomnies ; il a tout de même ébauché le récit d'un séjour au bord de la mer, en un lieu nommé Querqueville et situé entre la Normandie et la Bretagne. En juin, il se remet sérieusement au travail, poussé par le désir d'aboutir à une cohérence formelle qui toujours lui échappe. Il commence donc à assembler les divers fragments rédigés pour en faire un texte suivi qui va constituer un premier état de « Combray », du début jusqu'aux promenades autour de la ville, confié, à l'automne, à des copistes. Il invente le personnage de Swann, amoureux d'une jeune veuve du nom de Sonia, qui deviendra ensuite Carmen, puis Odette, et rédige les premiers développements relatifs à l'architecture gothique de l'église toute de lumière et de hauteur. En août, il propose à Alfred Vallette, directeur du Mercure de France, de publier à compte d'auteur un ouvrage intitulé *Contre Sainte-Beuve, Souvenir d'une matinée*, en précisant qu'il s'agit d'un roman qui se termine « par une longue conversation sur Sainte-Beuve et sur l'esthétique ». Le Mercure est alors un bon éditeur littéraire qui ne se préoccupe guère des tirages mais bien plutôt de la qualité de son fonds. On y trouve H. G. Wells et Thomas Hardy, deux auteurs appréciés de Proust, ainsi que Francis Jammes qu'il admire pour « la sensation exacte », « la nuance précise » de ses vers et la rigueur dénuée de toute rhétorique de sa prose. D'une certaine façon, Jammes est alors un modèle, car tout l'effort de Proust tient dans la volonté de trouver le terme juste, au rebours des qualificatifs rares ou impressionnistes de la littérature fin de siècle, et d'user d'un style débarrassé des artifices qui noient la pensée. De plus, Proust n'est pas un inconnu au Mercure puisque ses traductions de Ruskin font partie du catalogue. Et puis, il sait que son livre comporte des aspects impudiques, ou que l'on jugera tels, ce qui ne devrait pas faire problème dans une maison qui a publié l'*Aphrodite* de Pierre Louÿs et de nombreux récits licencieux, signés Rachilde ou Willy. Les trois lieux importants du roman ont déjà une réalité : Combray (le jardin de l'enfance), le bord de mer (les vacances), Paris (le monde), ainsi que Venise, mais le thème du voyage ne prendra corps qu'en 1911 ; les Guermantes existent — fin mai, Proust a demandé à son ami Lauris si le nom de Guermantes pouvait être utilisé librement —, de même que le sujet insomniaque au statut narratif ambigu, mais ni Bergotte ni Vinteuil n'ont été inventés. D'autre part, la conversation avec la mère qui devait clore le récit n'a jamais été écrite. Très rapidement ce premier état sera enrichi de nouveaux développements, en particulier d'une esquisse de « Sodome et Gomorrhe » traitant de l'homosexualité, et plus précisément des « tantes », selon le mot employé par Balzac dans *Splendeurs et misères des courtisanes* — sujet qui l'obsède depuis le début de 1908, comme le montrent les notes prises dans son carnet —, et d'une première version du « Bal de têtes », passage du futur *Temps retrouvé* dans lequel le narrateur, lors d'une réception chez la princesse de Guermantes, prend conscience de l'action du temps. À la même époque, Proust insère l'épisode de la petite madeleine trempée dans le thé, qui sera ensuite déplacé puis remanié. De plus en plus il s'éloigne de la pensée néo-platonicienne qui fait de la connaissance un au-delà du sensible. La petite madeleine ne renvoie pas au monde des apparences, mais au moi ; le temps s'étaie sur l'expérience sensible et atteint l'être dans son essence. Les modifications apportées à la rédaction de l'épisode, de 1908 à 1909, témoignent que l'essence n'est pas un en-soi, même si le temps constitue l'être. En d'autres termes, il est possible d'appréhender l'essence dans le phénomène. L'évolution de l'essai vers le roman repose donc sur la découverte de la dialectique temporelle qui actualise le passé[5], associée à une dialectique narrative par laquelle le narrateur renvoie à un personnage qu'il n'est plus mais demeure pourtant dans la singularité du moi. On ne peut s'empêcher, comme Proust y invite, de songer au Chateaubriand des *Mémoires d'outre-tombe* qui se confronte à lui-même et retrouve les souvenirs de Combourg après avoir entendu, au château de Montboissier, le gazouillement d'une grive ; de plus, Chateaubriand avait commencé, lui aussi, par être un contemplateur de l'art du Moyen Âge. Le récit du « souvenir d'une matinée » a d'ores et déjà fait place à un vaste projet romanesque que Proust continue à nommer improprement « Contre Sainte-Beuve », double contresens, car Sainte-Beuve, l'anti-modèle, n'a déjà plus guère d'importance. Proust dialogue maintenant avec lui-même ; il sait que l'écriture est un retour sur soi, une longue méditation sur l'origine.

L'écrivain a alors besoin de parler de son travail. À ses amis il fait part des progrès de sa rédaction, surtout à Georges de Lauris, qui écrit lui aussi un roman, et à Reynaldo Hahn, ses confidents, tout en leur demandant de faire preuve de discrétion. L'un et l'autre prendront connaissance, fin novembre, d'une partie des cahiers et se montreront enthousiastes. Entre-temps, Alfred Vallette a refusé de publier *Contre Sainte-Beuve*, sans même le lire, comme il avait refusé, l'année précédente, de publier un recueil rassemblant des pastiches et un choix d'articles. L'idée de présenter sur un même auteur à la fois un pastiche et un article critique dut lui paraître saugrenue, comme dut lui sembler singulier qu'un roman s'intitulât « Contre Sainte-Beuve ». Proust, qui avait sollicité en vain l'appui de Paul Hervieu, est déçu. Ces refus successifs sont là pour lui rappeler qu'il ne fait pas partie du milieu littéraire. Ses efforts infructueux pour obtenir une chronique régulière dans *Le Figaro* en sont une autre preuve. Dorénavant il fera faire ses démarches par d'autres, mieux introduits dans le monde des lettres. Georges de Lauris et l'écrivain Jean-Louis Vaudoyer, rencontré l'année suivante aux Ballets russes, lui prodigueront des conseils ; Antoine Bibesco, Louis de Robert, René Blum et, dans une moindre mesure, Gaston Calmette seront ses intermédiaires.

À la mi-août 1909, Proust arrive à Cabourg en compagnie de Nicolas. Afin de se préserver du bruit, il loue plusieurs chambres contiguës au Grand Hôtel et occupe celle du milieu ; ce n'est pas la plus confortable, mais elle dispose d'une cheminée. Malgré un état de fièvre chronique, un peu amélioré par l'air marin, il travaille beaucoup. Il a fait venir Robert Ulrich, le neveu de Félicie, pour lui tenir lieu de secrétaire. Il connaît déjà le refus du Mercure et espère rencontrer Gaston Calmette, qu'il imagine être un bon intermédiaire auprès d'éventuels éditeurs. La rencontre a bien lieu ; son résultat est inespéré. Calmette se propose de publier la partie romanesque de l'ouvrage — hormis les « inconvenances » — en feuilleton dans Le Figaro. De ce moment date la décision de Proust de lui dédier son livre. En décembre le futur « Combray » est dactylographié ; Proust fait parvenir le manuscrit à André Beaunier, lequel dirige le service littéraire du Figaro, et non directement à Calmette. En agissant de la sorte, il veut prévenir une réaction d'humeur de Beaunier qui porte beaucoup d'intérêt à Sainte-Beuve et prépare une étude sur le critique. Ils ne sont nullement concurrents puisque l'ouvrage de Proust est, en fait, un roman. Ce fut une maladresse ; la susceptibilité de Calmette était froissée. Maladresse qui montre l'état d'anxiété dans lequel se trouve souvent Proust, craignant toujours les réactions d'autrui. Beaunier a transmis le manuscrit avec son accord pour publication, mais Calmette paraît avoir oublié sa promesse. Chaque jour Proust compulse Le Figaro. En avril 1910 rien n'a encore paru. Déçu et blessé, il renonce à demander la moindre explication quand il se rend rue Drouot, trois mois plus tard, pour y reprendre le manuscrit.

En 1910, Proust introduit plusieurs personnages : Bergotte
— identifié pour un temps à Anatole France auquel il doit
quelques traits de style, mais très vite c'est Flaubert qui se
profile derrière l'écrivain —, Vington, le futur Vinteuil, sa
fille, et le peintre Elstir. Celui-ci a avec Whistler plus
qu'une parenté anagrammatique ; les descriptions que
Proust fait alors de l'art de son personnage rappellent fortement les motifs japonisants que Whistler peignait dans les
années 1860 et l'influence du préraphaélisme ; toutefois les
marines d'Elstir font aussi penser à Turner et à Monet, et sa
dernière manière évoquera ce même Monet, Renoir et
Manet. Il écrit ensuite la fameuse scène de voyeurisme à
Montjouvain et, un peu plus tard, l'épisode des aubépines
dans lequel il rapproche, selon un fantasme de possession
orale et perverse, les fleurs du mois de Marie placées dans
l'église de Combray des joues de Mlle Vinteuil. Ces deux
passages témoignent que le caractère « scandaleux » du
roman n'est pas seulement lié à l'homosexualité mais, plus
généralement, à la représentation perverse du désir. À
compter de la fin 1910 et en 1911, Proust met au net l'essentiel des pages consacrées à l'initiation mondaine du héros,
mais il est surtout occupé par la rédaction de « L'adoration
perpétuelle » qui se substitue à la conversation avec la mère
sur la méthode de Sainte-Beuve et dans laquelle il expose
son esthétique — on notera l'efficace de la métaphore qui
suppose qu'avant d'en arriver à la révélation, l'écrivain doit
passer par la longue épreuve de la méditation, comme en ces
couvents où l'on pratique l'adoration perpétuelle. L'œuvre
est le produit d'un moi intérieur et non pas, comme chez
l'auteur des *Causeries du lundi*, du milieu social ou de
l'éducation. Elle trouve son origine dans le monde sensible
mais s'élabore dans l'intelligible, même si elle lui résiste,
ainsi qu'en témoigne la référence au *Parsifal* de Wagner,
qui situe l'art du côté du spirituel. Cette conception est
proche du jugement réfléchissant selon Kant, pour qui la
subjectivité n'empêche pas les idées de la raison d'être la
dernière instance du processus créateur. Proust remanie
aussi « Le bal de têtes » en accentuant l'impression de

déchéance physique qui émane de ses personnages. Beaucoup d'entre eux disparaîtront pour laisser la place à d'autres au fil du développement du *Temps retrouvé* ; l'essentiel, la représentation physiognomonique du temps, demeurera. Ainsi, le début et la fin de l'œuvre que Proust sent sourdre en lui depuis si longtemps ont été écrits simultanément. Il procède aussi à des transferts entre le futur *Swann* et « L'adoration perpétuelle », quand il se rend compte que certaines conclusions anticipent sur la fin du roman[6]. Cette méthode de composition témoigne indéniablement d'un esprit de synthèse et de la quête d'une architecture littéraire qui intègre chaque partie dans un ensemble plus vaste, comme il en va d'*Anna Karénine* et de *Guerre et Paix* qui font son admiration. Mais il ne faut pas oublier que l'alchimie de l'écriture repose sur la fantaisie ; Proust ne saurait, en effet, s'astreindre à une rédaction continue et travaille souvent simultanément à des passages différents qu'il monte ensuite, parfois il s'interrompt pour noter des bribes de conversation ou esquisser un dessin. Dans la vie, il a besoin d'agir à son gré sans se préoccuper de l'opinion d'autrui non plus que du raisonnable, ou alors il fait semblant ; son œuvre s'étaie sur cette conception de l'existence et crée une logique propre. D'où une affinité indéfectible avec Ruskin dont les idées n'ont pas d'ordre apparent mais des rapports profonds, élaborés sous le sceau de l'intuition et de la fantaisie.

Il part pour Cabourg le 11 juillet 1911 avec l'intention d'engager un dactylographe, car il estime alors avoir rédigé la plus grande partie de son roman. La chance lui sourit : le Grand Hôtel s'est attaché les services d'une jeune Anglaise, Miss Hayward. Avec son aide et celle d'Albert Nahmias, il met de l'ordre dans son manuscrit et entreprend de continuer la dactylographie. Durant ce séjour, Proust est assez souffrant et ne quitte guère l'hôtel. Au casino, où il laisse des sommes importantes, il rencontre Calmette qu'il n'a pas revu depuis plus d'un an. Celui-ci éprouve-t-il du remords pour n'avoir pas tenu ses engagements ? Toujours est-il que les colonnes du *Figaro* vont à nouveau s'ouvrir à Proust. Plusieurs extraits de son manuscrit, présentés comme des

« poèmes en prose », paraîtront en 1912. Le 21 mars, « Épines blanches épines roses » est publié sous le titre journalistique et saugrenu de « Au seuil du printemps ». L'écrivain est affligé, son texte est présenté comme un texte de circonstance. Deux autres extraits suivront en juin et en septembre. Mais en janvier suivant, Francis Chevassu refusera de publier un long passage auquel Proust a voulu donner la forme d'une nouvelle en associant le dîner chez Mme Verdurin, la soirée chez Mme de Saint-Euverte et l'épisode des catleyas.

Le travail de mise au net de la dactylographie se poursuit à compter de l'automne, à Paris, sous la direction d'Albert Nahmias en qui Proust a toute confiance et avec le concours, semble-t-il, de deux dactylographes puis de Miss Hayward, qui s'installe dans la capitale en février 1912. Le travail n'avance pas toujours au rythme souhaité par Proust ; l'embrouillamini de son écriture, dû en partie à la position allongée dans laquelle il écrit, et la complexité du manuscrit, que ses explications n'aident guère à éclaircir, doivent y être pour quelque chose. Sa rédaction fragmentaire faite de parties souvent corrigées et augmentées de morceaux rédigés dans des cahiers distincts, ainsi que l'absence d'indications relatives à la division en paragraphes rendent, en effet, le travail de montage difficile. Fin juin, la dactylographie d'un premier volume, qui n'a pas encore de titre, est prête. Proust en corrigera une copie lors du séjour qu'il fait à Cabourg, en août et septembre. Reste donc une partie manuscrite qui constituera, plus tard, *Guermantes* et *Le Temps retrouvé*. En 1912, Proust envisage de publier un roman en deux parties, qui correspondent au partage de l'espace physique et social en deux « côtés », sublimés par le temps, ainsi qu'au caractère relatif des personnages, qui se révéleront différents de ce qu'ils sont dans le deuxième volet du diptyque, sous un titre général. La question de la division en volumes et du titre à donner à chacun d'entre eux l'obsède : il craint que les lecteurs ne perçoivent pas la cohérence interne de l'œuvre. Aussi, lorsqu'il apprend que Calmette est prêt à recommander le manuscrit à l'éditeur

Fasquelle — auquel il songe lui-même depuis deux ans —, sa joie est-elle altérée par la peur de voir son œuvre publiée comme un roman-feuilleton.

L'état de sa santé est un autre motif d'inquiétude. Depuis trois ans, sa consommation de médicaments destinés à soigner crises d'asthme, bronchites et insomnies persistantes a beaucoup augmenté. Certes, il se nourrit encore convenablement, mais ne fait plus qu'un repas quotidien, en général dans la soirée. L'hiver 1910, au cours duquel Paris a été inondé, et l'été 1911 furent des périodes critiques. L'année 1912 est rythmée par des crises de plus en plus rapprochées qui l'obligent à faire chaque jour de longues fumigations. Au moment où il est en quête d'un éditeur pour une œuvre qu'il juge alors presque achevée, Proust redoute que le temps ne lui soit compté. La maladie le contraint à vivre une vie de reclus : la plupart du temps, il renvoie ses visiteurs sous d'improbables prétextes. Parmi ses amis du moment, Antoine Bibesco, Georges de Lauris et Reynaldo Hahn, seul ce dernier a le privilège d'être reçu sans rendez-vous et quand il le désire. Il a pris l'habitude de passer le voir vers une heure du matin et d'entrer directement dans sa chambre sans prévenir, cette chambre aux fenêtres protégées par d'épais rideaux et tapissée de panneaux de liège sur laquelle le temps ne semble guère avoir de prise. Ensemble ils font le bilan des sorties mondaines du musicien et rivalisent de traits d'esprit sur les ridicules de leurs contemporains. Le comportement affecté, la suffisance et l'idolâtrie littéraire de Montesquiou sont souvent l'objet de leurs railleries. À cette époque, les relations de Proust et du comte sont encore cordiales, mais l'inclination de celui-ci à provoquer les drames de l'amitié irrite beaucoup celui-là. Peu à peu Proust se méfiera de Montesquiou, allant jusqu'à le soupçonner des pires malveillances. Il n'a pas tort : Montesquiou commit quelques vers grossiers et diffamatoires sur la mère de Proust, lesquels, heureusement, ne parurent pas du vivant des protagonistes[7].

D'autres amitiés se font jour. En 1911, Louis de Robert vient de publier *Le Roman du malade*, ouvrage qui invite l'homme diminué par la maladie à jouir tout de même de la vie, fût-ce par le rêve ou l'imagination. Il l'envoie à Proust. Les deux hommes renouent d'anciens liens du temps de l'affaire Dreyfus. Louis de Robert sera d'un précieux conseil lors des épreuves éditoriales à venir. En mars 1910, Proust a rencontré chez les Straus un jeune homme brillant et séduisant : Jean Cocteau. Ils se sont plu et immédiatement querellés. L'aîné a discerné dans la personnalité du cadet le dilettantisme qui le guette. Péché capital, selon le romancier, pour qui les expériences doivent renvoyer à une connaissance de soi. Leur amitié connaîtra des hauts et des bas que l'un ou l'autre prendront parfois pour des avanies. Cocteau admire Lucien Daudet ; Proust est jaloux de cette relation intellectuelle, peut-être devenue intime. L'année suivante, à la recherche de protecteurs pour publier son roman, Proust demande à Cocteau — qui n'en fait rien — de lui présenter Maurice Rostand. En revanche, lorsque celui-ci veut rencontrer Anna de Noailles, Proust s'exécute sans arrière-pensée. Les facéties et les vilenies de Cocteau irritèrent souvent Proust. Introduit dans le monde des arts par Lucien Daudet, le jeune homme aura bientôt partie liée avec l'esprit de renouveau qui fleurit dans l'immédiat avant-guerre : Diaghilev, Nijinski, Picasso...

Dès 1910, Proust s'est intéressé aux Ballets russes. Le 11 juin, il assiste avec Reynaldo Hahn, sur l'invitation de Mme Greffulhe, à la représentation du drame chorégraphique de Fokine, *Shéhérazade*. À l'ouverture du rideau, une bouffée de parfum se répand dans la salle de l'Opéra : les spectateurs sont transportés dans un Orient de luxure. Proust est séduit par la grâce de Nijinski, qu'il rencontrera ensuite à plusieurs reprises et dont il a apprécié la très grande sensualité, en 1913, dans le rôle du faune obscène, à la silhouette gracile et au torse nu, comme ces personnages des fresques antiques, évoluant dans les décors Art nouveau de Léon Bakst. Le 29 mai 1913, au tout récent Théâtre des Champs-Élysées orné d'œuvres de Bourdelle et de Maurice Denis et fondé par Gabriel Astruc, Proust est à la première du ballet de Stravinski et Nijinski, *Le Sacre du printemps*.

Ce fut un beau tumulte. Aux premières notes de la partition un chahut retentit, qui vit bientôt partisans et adversaires du spectacle en venir aux mains. Proust se trouvait placé en compagnie des défenseurs des Ballets russes — Cocteau, Valentine Hugo, Ravel... — dans le promenoir, le long des premières loges, d'où venaient la plupart des sifflets et des quolibets. Il put voir la vieille comtesse de Pourtalès dont il avait autrefois fréquenté le salon s'en aller, indignée ; dans *Le Côté de Guermantes*, il dira qu'elle était « une splendeur déjà éteinte au jour de sa naissance ». Si Proust s'est montré attiré par la tentative qui fut celle de Nijinski et Diaghilev d'opérer une synthèse entre la danse, la musique et la peinture, il n'est pas pour autant un inconditionnel de l'avant-garde et ne fait pas de l'originalité absolue une vertu. *Parade*, ballet « surréaliste », selon Apollinaire dans *Excelsior*, créé au Châtelet par Cocteau, en mai 1917, le laisse indifférent. Quant aux toiles de Picasso destinées au décor et, en particulier, au rideau de scène, qu'il avait pu observer en détail chez Eugénie Erraguriz, une amie du peintre, il les juge insignifiantes. Peut-être estima-t-il que Picasso accordait trop d'importance au plan et qu'il peignait selon un modèle de construction réutilisable à l'envi. Il est vrai que ses goûts le portaient plutôt vers les peintres de la tradition euclidienne du Quattrocento et leur perspective illusionniste célébrant la toute-puissance du regard, tel Carpaccio et ses huit toiles racontant la *Légende de sainte Ursule* qui lui inspirèrent, en 1908, la description des chambres du roman, et vers l'impressionnisme qui par le jeu de la dissociation des tonalités laisse au regard le pouvoir de créer l'objet.

« L'adoration perpétuelle » témoigne que l'esthétique de Proust repose sur la question de l'émergence objective des phénomènes. Au contraire de Picasso qui voulait peindre l'objet tel qu'on le pense, Elstir, le peintre de la *Recherche*, s'attachera à montrer de quelle manière on voit. L'art doit dire quelque chose du monde et quelque chose du sujet. Telle était déjà l'idée du jeune Proust, en 1895, lorsqu'il analysait l'œuvre de Chardin comme « l'expression de ce qu'il y avait de plus intime dans sa vie et de ce qu'il y a de plus profond dans les choses ». Chez les impressionnistes, il admire la présence du regard dans l'objet qui fait qu'une lumière ontologique semble en émaner. Il regretta long-temps de n'avoir pu visiter l'exposition d'ensemble sur l'impressionnisme qui eut lieu à la galerie Manzi, en juin 1912, mais, en décembre, bien que souffrant, il se lève de force pour aller admirer les œuvres de la collection Henri Rouart, exposées dans la même galerie. Parmi celles-ci, des Monet, des Renoir, des Degas. Toujours en 1912, les vingt-neuf vues de Venise de Monet aux variations chromatiques poussées à l'extrême, présentées chez Bernheim jeune, sou-lèvent son enthousiasme. Là où certains critiques n'aperçu-rent que tâches informes et dissonances, Proust vit les reflets de la lumière et du visible dans l'œil du peintre.

La période la plus heureuse de ces années d'indisposition et de création est sans doute l'année 1911. La rédaction du roman avance à grands pas — en particulier les développe-ments sur la mémoire et sur l'esthétique —, tant et si bien que Proust espère en avoir terminé avant la fin de l'année. Lui qui semblait sombrer dans la maladie tente de se ressai-sir ; il essaie même de retrouver un rythme de vie plus nor-mal en se levant au début de l'après-midi. L'intérêt soudain qu'il porte à la musique de Debussy n'est pas étranger à ce regain d'énergie. Début février, il s'est abonné au théâtro-phone, système de retransmission de concerts et d'opéras par téléphone. Le 21 février, il entend *Pelléas et Mélisande* pour la première fois. La musique contemplative et impres-sionniste de Debussy l'ensorcelle. Fin février ou début mars, il compose un petit pastiche de *Pelléas*, pochade ins-pirée du livret de Maeterlinck qu'il songe un instant à don-ner au *Figaro* avec ces mots : « Ainsi se divertit Marcel Proust, tout en travaillant à une œuvre considérable qu'on ne connaîtra que l'année prochaine. » En matière d'art, Proust n'a rien d'un snob : son goût pour la musique moderne ne l'empêche pas d'apprécier aussi les chansons de Mayol ; cependant, l'opéra-comique est peut-être l'un des seuls genres qu'il juge ennuyeux. C'est au début de cette même année 1911 qu'Antoine Bibesco l'abonne à la *NRF*, revue fondée par Gide, deux ans auparavant, loin des cénacles et des gloires à la mode. Commence alors une relation intellectuelle faite d'attirances et de réticences. Proust a, en effet, des jugements partagés sur la revue. Les premières livraisons contiennent *Isabelle*, de Gide, qui lui semble « bien peu de chose ». Par la suite, il relèvera nombre d'« absurdités », réagira mal, en octobre 1912, à la lecture d'un compte rendu ironique de Ghéon portant sur les *Géorgiques chrétiennes* de Francis Jammes, s'exaspérera des propos louangeurs tenus sur Péguy, dont il a toujours jugé l'écriture banale et incapable d'atteindre son objet. Dans l'ensemble, la tendance à un retour aux principes esthétiques du classicisme et la méfiance vis-à-vis de la subjectivité qui s'expriment dans la revue le gênent. Seul Claudel trouve, pour un temps, grâce à ses yeux. Il est cependant conscient du caractère novateur de la *NRF*, qui représente une rupture totale avec le symbolisme et une tentative de renouveau littéraire. La futilité que Proust décèle dans l'esprit de système d'un Paul Adam ou chez les personnages de bourgeois médiocres d'un René Boylesve n'y a pas cours. Non plus que la littérature engagée, comme le roman de Barrès, paru en 1908, *Colette Baudoche*, ou encore *Jean-Christophe* de Romain Rolland, qu'il a pu lire dans les *Cahiers de la quinzaine* auxquels Daniel Halévy l'a abonné, en février 1908, et dont le messianisme et la foi en l'art populaire lui servirent de repoussoir lorsqu'il rédigeait « L'adoration perpétuelle ». L'indépendance d'esprit de la *NRF*, son ouverture aux courants littéraires étrangers et son élitisme en font, au total, une société fort fréquentable.

CHAPITRE XII

L'édition et la réception de *Swann*
1912-1914

En octobre 1912, l'intervention de Calmette n'a pas encore porté ses fruits. Proust s'impatiente; son manuscrit est prêt depuis un mois. Il demande à Mme Straus de rappeler au directeur du *Figaro* sa promesse. Mais il est surtout inquiet du sort que Fasquelle pourrait lui réserver. Acceptera-t-il de publier plusieurs volumes? Ne va-t-il pas imposer des titres différents? Proust rêve, au fond, d'un éditeur plus littéraire. En août, il a adressé, par l'intermédiaire d'Antoine Bibesco, ses « poèmes en prose » parus dans *Le Figaro* à Jacques Copeau, alors directeur de la *NRF*, qui ne les a pas trouvés sans intérêt. Depuis le printemps 1911, la revue possède un comptoir d'édition dirigé par Gaston Gallimard et a déjà publié une vingtaine d'ouvrages, parmi lesquels *Isabelle* de Gide, *La Mère et l'Enfant* de Charles-Louis Philippe et *L'Otage* de Paul Claudel. Proust voit dans la NRF « un milieu plus propre à la maturation, à la dissémination, des idées contenues dans [son] livre[1] ». Il entre à nouveau en relation avec Jacques Copeau pour, cette fois, faire une demande d'édition. Mais, comme à son habitude, il tergiverse, laissant entendre qu'il est engagé ailleurs. Dans les tout derniers jours d'octobre, Mme Straus ayant rempli sa mission auprès de Calmette, il nourrit de grands espoirs chez Fasquelle. L'éditeur lui a demandé son manuscrit, qu'il vient d'intituler *Le Temps perdu*. Il semble décidé à publier son œuvre en deux volumes — le second étant *Le Temps retrouvé* — sous le titre général des *Intermittences du cœur*. Fort de cet acquis, Proust écrit à Gaston Gallimard pour lui signifier qu'il conviendrait de faire vite s'il devait se dédire, sa préférence allant bien sûr à la NRF. Il pense alors scinder le second volume en deux tomes et souhaite faire suivre *Le Temps perdu* de *L'adoration perpétuelle* — ou *À l'ombre des jeunes filles en fleurs* — et du *Temps retrouvé*. Enfin il s'offre à payer les coûts de l'édition, proposition maladroite qui prendra les allures d'un coup de force. Proust est dans l'état d'esprit de quelqu'un qui, convaincu de son talent, souffre de n'être point reconnu. Les rares lettres de lecteurs du *Figaro* arrivant à son nom sont données à Marcel Prévost, lequel, académicien, directeur de *La Revue de Paris*, vient, par ailleurs, de refuser un extrait du *Temps perdu*. « Mon nom semble n'être qu'une faute d'impression[2] », écrit-il, amer, à Louis de Robert. Le monde de l'édition et des lettres est un monde qu'il connaît mal et qu'il n'ose aborder de front.

Dans la deuxième semaine de novembre, Proust envoie une copie de 712 pages, non corrigée, du *Temps perdu* à Gallimard, en même temps qu'il adresse à Jacques Copeau des extraits qu'il souhaite voir publiés dans la revue, au plus tard en février suivant. Ces exigences ont peut-être indisposé Copeau ; elles s'apparentent à une nouvelle maladresse. Mais Proust n'y est pour rien : Gallimard lui avait fort courtoisement laissé entendre, avant même de recevoir le manuscrit, que le livre pourrait être mis en vente en février ou mars 1913. L'obligeance de Gallimard était de bon augure — mais il n'était que l'administrateur de la maison. Il avait de la sympathie pour Proust depuis leur première rencontre, quatre ans auparavant, à Bénerville sur la côte normande, dans la villa que son oncle, Robert Gangnat, louait pour Louisa de Mornand. Proust l'avait fasciné par son intelligence et sa délicatesse. Au long de ces semaines d'attente, le principal souci de l'écrivain est de s'assurer que l'éditeur en question publiera aussi la suite du roman. Bien que cela ne semble pas acquis chez Fasquelle, l'appui de

Maurice Rostand, auteur maison, est là pour le rassurer. Toujours des intercesseurs.

Le 23 décembre, la NRF refuse de publier le livre. Quant aux extraits destinés à la revue, ils seront définitivement rejetés fin janvier 1913. Le lendemain, Fasquelle fait connaître à son tour une décision de refus. Le rapport de lecture que l'éditeur avait demandé au chroniqueur Jacques Madeleine — pseudonyme de Jacques Normand — est désastreux : absence d'intrigue, phrases embrouillées, l'ensemble formant l'interminable monographie d'un petit garçon maladif. Madeleine a été déconcerté par le roman ; il prévient tout à trac qu'il est « impossible d'en rien dire[3] ». La déception de Proust — qui ne sait rien de la teneur du rapport — est à la mesure de ses espoirs. Il le manifeste pourtant le moins possible, feignant de croire aux raisons commerciales avancées par Fasquelle. En cette occasion, comme en bien d'autres, deux traits de son caractère s'affrontent : un pessimisme foncier et une volonté farouche. Il écrit immédiatement à Louis de Robert qui lui avait proposé de présenter le manuscrit à Alfred Humblot, directeur de la maison Ollendorf. Nouvelle tentative dans laquelle Proust place de grands espoirs[4]. Nouvel échec qu'il apprend le 19 février 1913.

Proust fut choqué par les conclusions de Humblot qui écrivit à Louis de Robert : « Je suis peut-être bouché à l'émeri, mais je ne puis comprendre qu'un monsieur puisse employer trente pages à décrire comment il se tourne et se retourne dans son lit avant de trouver le sommeil[5] », mais la décision qui l'a le plus blessé est celle de la NRF. En janvier 1914, Gide lui présentera des excuses pour « cette grave erreur » dont il se dira « beaucoup responsable[6] ». La formule est sibylline ; Gide affirme sa responsabilité en même temps qu'il se pose en chef de file d'une revue et d'une société d'édition dont il est l'inspirateur, mais non l'unique maître d'œuvre. Pour se justifier, il prétendit n'avoir eu en main qu'une partie du manuscrit dont il aurait fait une lecture distraite. Il ajouta, avec franchise, qu'il avait de lui l'image d'un mondain publiant des chroniques — dont il faut bien avouer qu'elles avaient parfois un tour un peu précieux — dans *Le Figaro*. Il n'alla pas jusqu'à reconnaître qu'ils n'appartenaient pas à la même coterie homosexuelle. Du point de vue éditorial, l'attitude de Gide est tout à fait symptomatique de l'absence de politique concertée qui caractérisait, à l'époque, la NRF. Les sommaires de la revue ne donnaient jamais lieu à réunion plénière. D'autre part régnait une pratique fort détestable consistant à juger les manuscrits selon la réputation de leur auteur[7]. Bien des années plus tard, Gaston Gallimard assurera que seul Schlumberger avait lu le manuscrit de Proust et qu'il avait déclaré : « C'est plein de duchesses, c'est dédié à Calmette et ce n'est pas pour nous[8]. » Quant à Jacques Copeau, il refusa à deux reprises la publication d'extraits dans la revue, sous le fallacieux prétexte que ses pages étaient réservées aux seuls collaborateurs réguliers. Proust lui en soumit de nouveaux en janvier 1913, sans plus de succès. Il lui manifesta d'ailleurs quelque rancune. Fin avril, il lui écrit : « Non Monsieur, je ne crois pas qu'il sera possible de nous revoir [...] la NRF eût pu, sans honte, éditer l'ouvrage ou publier ses fragments[9]. » Et Michel Ruyters, autre membre fondateur de la revue, affirma à Auguste Anglès, l'historien de la première NRF, qu'il s'était opposé à la publication de la *Recherche*, livre « mal composé et mal écrit[10] ».

Proust fut sans aucun doute la victime d'un climat nourrissant toutes les suspicions. Mais il ne faut pas pour autant négliger les causes objectives du refus. Sans jamais faire figure d'école, les membres de la NRF avaient en commun un projet philosophique et littéraire quelque peu différent de celui de Proust. Ils entendaient réagir contre le psychologisme fin de siècle à la manière de Paul Bourget et rejetaient toute analyse des états de conscience et des sentiments. Dans cette perspective, le roman proustien ne pouvait que paraître suspect. Après la publication de *Du côté de chez Swann*, Henri Ghéon écrivit dans la *NRF* de janvier 1914 : « M. Proust [fait] ce qui est proprement le contraire de l'œuvre d'art, c'est-à-dire l'inventaire de ses sensations, le recensement de ses connaissances et [dresse] le tableau successif, jamais "d'ensemble", jamais entier, de la mobilité des paysages et des âmes[11]. » Derrière ces réserves, il y a le classicisme moderne que Gide et Ghéon s'attachèrent à définir, cherchant une esthétique qui repose autant sur la raison que sur le sentiment. Les longues phrases de Proust, suite de fragments destinés à explorer le monde intérieur, durent heurter leur idéal de clarté. Tout comme son sensualisme qui rassemble des moments d'existence autour d'un moi voué au monde. Proust était, par ailleurs, conscient de ces incompatibilités. Il s'en ouvrait à Antoine Bibesco dans la lettre qu'il lui adressa, à la fin octobre 1912, pour lui demander d'intercéder auprès de ses amis de la NRF en sa faveur : « Je pense, écrit-il, que pour des raisons que je crois fausses, ils ne peuvent pas m'estimer à ma valeur qui n'est pas grande, mais supérieure à ce qu'ils peuvent croire[12]. » Dans ces conditions, il semble que la négligence dont Gide s'accusa dans la lettre pleine de remords qu'il écrivit au début de janvier 1914 recouvre des raisons plus complexes.

Après le refus de Humblot, la détermination de Proust reste entière. Il s'adresse le 20 février à René Blum, secrétaire de rédaction du *Gil Blas*, qu'il sait proche de Bernard Grasset, pour lui demander de s'entremettre auprès de ce jeune éditeur, avec lequel Georges de Lauris voulait déjà le mettre en relation en 1910. Proust ne devait rien ignorer de la solide réputation commerciale de Grasset. Mis à part des *Morceaux choisis* de Charles Péguy, publiés l'année précédente, son catalogue ne présente pas encore d'auteurs prestigieux — les *Provinciales* de Giraudoux, parues en mars 1909, ne sont alors que le premier ouvrage d'un auteur inconnu. Ses succès de librairie sont, en revanche, remarquables. Il vient d'obtenir les deux derniers prix Goncourt avec *Monsieur des Lourdines* d'Alphonse de Châteaubriant, en 1911, et *Les Filles de la pluie* d'André Savignon, en 1912. D'autre part, la seconde édition du recueil de pastiches de Reboux et Muller, *À la manière de...*, parue en 1910, représente une réussite commerciale exemplaire. C'est pourquoi Proust persiste dans sa tactique précédente en proposant à René Blum de payer lui-même les frais nécessaires à l'édition de deux volumes de 650 pages, ainsi que la publicité. Ce qu'il redoute par-dessus tout, c'est une nouvelle épreuve de lecture. Que tout aille vite et surtout qu'on ne lui demande pas de modifier son texte ! Ces dispositions financières lui paraissent, cette fois, la réponse adéquate à un destin contraire et il désire obtenir la promesse formelle d'être édité.

Avant même d'être entré en possession du manuscrit du futur *Swann*, qui lui sera porté le 24 février, Grasset accepte les conditions du romancier. Les exigences de Proust, notamment l'assurance que l'éditeur s'engage à publier l'ensemble du roman — qui s'intitule encore *Les Intermittences du cœur* —, ont pour contrepartie un arrangement financier des plus avantageux. Proust assure à Grasset qu'il veut sauvegarder ses intérêts d'éditeur, il ira même jusqu'à renoncer à une partie de ses droits d'auteur. Le 13 mars, le traité est signé par les deux parties. *Le Temps perdu* sera une édition courante, vendue au prix de 3,50 francs, et paraîtra à l'automne. Dans l'espoir d'atteindre un large public, Proust tenait à ce que son ouvrage fût bon marché. C'était le même souci qui lui faisait trouver des avantages à Fasquelle. La rapidité et la facilité avec lesquelles l'accord fut conclu constituèrent enfin un motif de satisfaction, bien que la somme avancée de 1 750 francs[13] fût élevée, voire excessive pour le tirage envisagé, sans compter les 1 066 francs que Proust réglera, par la suite, pour corrections d'auteur jugées surabondantes. Début avril, Proust commence donc à corriger les épreuves de « Combray », mais il procède à des remaniements importants jusqu'à récrire complètement certaines pages : « Je change tout, l'imprimeur ne s'y reconnaît pas[14] », confie-t-il à Maurice Duplay. Vers la mi-mai, Proust a révisé 45 placards de 8 pages chacun sur les 95 qui lui seront envoyés en premières épreuves. Il les adresse le 23 à l'éditeur qui, effrayé par les modifications apportées, les fait recomposer en partie. C'est alors qu'il choisit comme titre général *À la recherche du temps perdu*[15], avec pour premier volume *Du côté de chez Swann* et pour second *Le Côté de Guermantes*.

Ce travail le fatigue beaucoup; il a maigri, son état de santé s'est manifestement aggravé ces derniers temps. D'autre part, il en prend à son aise avec les prescriptions médicales, choisissant lui-même ses remèdes, au grand dam du docteur Bize. Il néglige son apparence, portant la barbe non taillée et les cheveux longs. À cet affaiblissement physique, il faut ajouter un accablement moral dû au sentiment obsédant qu'il voue à Alfred Agostinelli. Ce dernier avait été son chauffeur, à Cabourg, en 1907 et en 1908. Proust avait alors pour ce jeune homme de dix-huit ans, au physique déjà très viril, une sentimentale admiration. C'est pourquoi lorsque Agostinelli, sans ressource, vient lui demander un jour de mai 1913 une place de chauffeur[16], Proust, qui emploie déjà Odilon Albaret, lui propose de devenir son secrétaire — il entreprendra la dactylographie du deuxième volume du roman — et lui offre, ainsi qu'à Anna, sa maîtresse, l'hospitalité. En réalité, il les entretient et leur vie commune devient très vite insupportable. Proust craint sans cesse qu'ils ne prennent connaissance de son courrier et leurs demandes d'argent sont insatiables. De plus, le bel Alfred est un incorrigible coureur de jupons, ce qui met Proust au désespoir, car l'amour naît de l'absence et s'exaspère dans l'angoisse. Le séjour qu'il décide inopinément de faire à Balbec, fin juillet, et qu'il interrompt tout aussi brusquement, une semaine plus tard, sans prendre la peine de rassembler ses affaires et de payer sa note d'hôtel le montre dans un grand désordre nerveux. À l'automne, il est accablé de chagrin et, fait touchant et dérisoire d'un amoureux transi, il coupe sa barbe, espérant ainsi plaire à Agostinelli. Mais le jeune homme a d'autres passions : il rêve d'apprendre à piloter, projet qui ne laisse d'effrayer Proust.

Proust passe, selon ses propres termes, un été épouvantable. Il mettra plusieurs mois à corriger les cinq jeux d'épreuves rendus nécessaires; les dernières portent la date du 27 octobre. Grasset aura fait composer presque trois fois l'ouvrage. La modification la plus notable est sans doute la naissance du personnage de Vinteuil, car, depuis qu'il a entendu, en avril, la sonate de César Franck, laquelle l'a

MAGDALEN COLLEGE LIBRARY

vivement impressionné, il a entrepris de revoir les passages consacrés à la musique, inspirés jusqu'à présent de Saint-Saëns. Le musicien condense deux personnages antérieurs : Berget, musicien lui aussi, et Vington, un vieux savant naturaliste qui, en apparence, ne brille pas par la pénétration d'esprit. Le romancier a voulu donner corps à sa théorie des deux moi en montrant « d'abord Vinteuil vieille bête sans laisser soupçonner qu'il a du génie, [évoquant ensuite] sa sublime sonate que Swann n'a même pas l'idée d'attribuer à la vieille bête[17] ». Proust procède aussi à des ajouts concernant les connaissances linguistiques du curé de Combray, en s'inspirant vraisemblablement de l'ouvrage de Jules Quicherat, paru en 1867, *De la formation française des anciens noms de lieux*. Il avait par ailleurs, fin 1912, écrit à Émile Mâle pour lui demander quelques éclaircissements sur des toponymes, tant en Beauce qu'en Normandie. Cette transformation se montrera capitale pour l'ensemble de l'œuvre : elle fait du musicien l'un des modèles du narrateur et elle relie le thème de la perversion à celui de l'art. Vers la mi-juin, Proust dispose d'un jeu complet d'épreuves ; il se rend compte que le premier volume de son roman risque de dépasser les 800 pages. Il envisage donc de le ramener à des proportions plus conformes aux habitudes. Louis de Robert, dont Proust fit son premier lecteur, le conseille dans ce sens, suggérant même de ne publier que « Combray » qui forme un tout. La décision est cependant difficile à prendre. Le premier tome tel qu'il était alors conçu allait jusqu'au séjour à Bricquebec — le futur Balbec — sans qu'il soit encore question des jeunes filles, et présentait l'avantage de mettre en relation l'amour de Swann et la passion du narrateur pour Gilberte ainsi que la rêverie sur les noms et la réalité. La dernière partie de *Swann*, « Noms de pays », composée de deux sections, un récit parisien et un séjour à Bricquebec, sera donc amputée d'une part de sa matière. Proust juge cela navrant et exprime, fort justement, la crainte que ce premier volume ne donne une idée fausse de l'ensemble du roman. Mais il doit se résigner, comme il doit se résoudre à scinder *Le Côté de Guermantes* en deux volumes. Le prix de revient de l'ouvrage étant moins important qu'il n'était apparu lors de la signature du traité en mars, Grasset propose alors d'effectuer un tirage de 1 750 exemplaires au lieu des 1 250 prévus[18]. Il est à remarquer que toutes ces tractations se firent toujours par lettres. L'éditeur ne put rencontrer son auteur avant le 29 octobre afin de mettre au point les détails du lancement du livre. La *Recherche* sera présentée comme une trilogie ; les deux volumes suivants, *Le Côté de Guermantes* et *Le Temps retrouvé*, étant annoncés pour l'année suivante.

À partir de début novembre, Proust met en place sa stratégie littéraire. Il doit cependant faire un effort de volonté pour lutter contre la dépression qui l'affecte : « Le livre paraît dans quinze jours, juste à ce moment où je suis si malheureux et où je ne peux pas ressentir la joie que j'aurais peut-être eue à un autre moment de le voir terminé et lu par ceux à qui il est destiné[19] », écrit-il à Vaudoyer, le 4 novembre. Agostinelli lui fit-il part à ce moment de son intention d'apprendre à piloter ? ou bien avait-il d'autres aventures sentimentales ? Toujours est-il que dans le courant du mois Proust inscrivit son secrétaire à l'école d'aviation Louis-Blériot, située à Buc, près de Versailles, où il prit quelques leçons. Le 9 novembre, le *Gil Blas* annonce, sous la plume de René Blum, la parution de *Swann* en termes élogieux mais quelque peu précieux que Proust ne dut guère goûter : « Cet ouvrage joint une étude élégante et ironique de quelques milieux mondains à l'évocation de tendres paysages et de souvenirs d'enfance. » Grâce à l'intervention de Marie Scheikévitch — une amie de Reynaldo, rencontrée à Cabourg, en août 1912, et avec qui Proust était en profonde intelligence —, auprès du directeur du *Temps*, Adrien Hébrard, le journal publie dans sa livraison du 13 un entretien que Proust a accordé à Élie-Joseph Bois, et dans lequel il expose sa conception du temps et la construction cyclique de son œuvre. C'est sur l'insistance de Grasset que Proust avait sollicité la note parue dans *Gil Blas*. Pour les mêmes raisons, il adresse son livre au jury Goncourt, sans grand espoir d'obtenir le prix mais avec le dessein d'étendre son

audience — ce qui s'avéra puisque Rosny aîné donnera sa
voix à *Swann* lors d'un des tours de scrutin, le 3 décembre.
Il demande à Mme de Pierrebourg, belle-mère de son ami
Lauris, si elle est liée avec certains membres du cénacle.
Depuis le prix décerné à André Savignon contre Julien
Benda, l'année passée, on savait que deux groupes s'affron-
taient chez les Dix et qu'il convenait d'être prudent. Puis il
sollicite Calmette afin que *Le Figaro* annonce, lui aussi,
l'ouvrage. Son vœu sera exaucé le dimanche 16. À la
rubrique « Échos » paraît une note plus conforme aux intentions de Proust que celle rédigée par René Blum. Elle est
due à Robert Dreyfus qui, profitant de sa position dans le
journal, a toujours tout fait pour favoriser la notoriété de son
ami. Derrière cette activité du romancier, il y a Grasset qui
veut éviter que *Swann* ne soit noyé dans le flot des livres
d'étrennes. Sa parution le vendredi 14 novembre —
l'achevé d'imprimer date du samedi précédent — fut suivie
par la publication d'un extrait sous le titre « Soirée de
musique », dans le *Gil Blas* du 18. Il s'agissait du début de
la soirée chez la marquise de Saint-Euverte. Un second
extrait paraîtra dans les *Annales politiques et littéraires*, le
23 novembre, sous le titre « Chambres de province ».
    Cette effervescence éditoriale distrait un peu Proust de
son chagrin. Mais début décembre Agostinelli disparaît,
emportant avec lui plusieurs milliers de francs, fruit des lar-
gesses de son maître. Les nombreuses concessions pour
s'attacher le jeune homme n'auront servi de rien. Celui-ci
est à Monaco, chez son père ; il envisage de passer son bre-
vet de pilote dès que commencera la saison d'aviation.
Proust imagine tous les stratagèmes possibles pour le retrouver. Il songe même à louer les services d'un détective.
Finalement, c'est Albert Nahmias qui sera chargé d'aller à
Monaco rechercher le fugitif et offrir de l'argent à son père,
afin que celui-ci le pousse à rentrer à Paris. Proust échange
avec son plénipotentiaire de longs télégrammes traduisant
de secrètes négociations, signés parfois d'un pseudonyme.
Le romancier n'aime rien tant que le secret ; la part cachée
de son moi apparaît ici dans la lumière crue d'un vaudeville.

Agostinelli ne reviendra pas à Paris. Commence alors une longue période où le chagrin le dispute au renoncement. Proust se réfugie dans la musique : les derniers quatuors de Beethoven — en particulier le XIVe —, avec leurs mouvements romantiques et leur caractère poignant, la sonate pour piano et violon de César Franck, aux puissants accents dramatiques ponctués de mouvements d'apaisement, sont un écho aux plaintes de son cœur déchiré. Il vient, par ailleurs, de faire l'acquisition d'un piano mécanique. En janvier 1914, il accumule les notes sur Franck, Wagner, Schumann, Beethoven et Schubert dans le dessein de développer le rôle de la musique dans son œuvre.

Grâce à ses relations, Proust a donc pu faire annoncer son roman dans la grande presse et atteindre, ainsi, le public cultivé. L'étape suivante, celle de la critique, apparaît comme une nouvelle épreuve. L'indifférence qui l'entoure et que sa retraite n'a fait que renforcer ne présage-t-elle pas un désintérêt du milieu littéraire ? Depuis de nombreux mois il a connu bien des échecs dans ses différentes tentatives éditoriales. Le caractère « inconvenant » du livre ne risque-t-il pas de choquer les esprits chagrins ? Le fidèle Louis de Robert lui avait d'ailleurs conseillé d'escamoter l'épisode de Montjouvain. À toutes ces préventions s'ajoute la crainte principale de Proust : que la critique soit aussi décontenancée que ses premiers lecteurs du monde de l'édition. C'est pourquoi il tente de prévenir ces désagréments en mettant en place une véritable stratégie littéraire.

En septembre 1913, Lucien Daudet, qui vient de lire les épreuves de *Swann*, est à proprement parler ébloui et propose de rendre compte de l'ouvrage lors de sa parution. Proust imagine tout de suite le parti à tirer d'une telle offre. Outre qu'elle le flatte et, venant de Lucien, lui fait infiniment plaisir, elle peut faire autorité par le seul nom de son auteur. Il envisage alors, avec l'appui de Reynaldo Hahn, un article dans *Le Temps* ou dans *Le Journal*. En fin de compte, ce sera *Le Figaro*. Lucien Daudet fait parvenir sa copie à Calmette dans les jours qui suivent la parution du roman. Après quelque hésitation devant un article si élogieux consacré à un livre qui lui est dédié, celui-ci le publie, le 27 novembre, en première page : il comprend surtout des remarques perspicaces à propos de la composition du roman et du style de l'auteur, jugé « complètement parallèle à sa pensée » et dont les périodes en accompagnent toutes les sinuosités, « afin d'aboutir à une justesse absolue ». La perspicacité de Lucien Daudet contrastait avec la tournure chic du papier troussé par Jean Cocteau, quatre jours plus tôt, dans *Excelsior*; la rédaction de ce journal luxueux, dirigé par son ami Pierre Laffitte, avait offert l'article à Proust en lui demandant d'en désigner lui-même l'auteur. Pour sa part, Maurice Rostand publia dans *Comoedia*, le 26 décembre, un texte que le romancier jugea bêtement flatteur et superfétatoire. Le ton de ces deux comptes rendus donnait de *Du côté de chez Swann* l'image d'un roman futile et élégant, image que l'article de Ghéon ne fit que conforter, commençant par ces mots : « Voilà une œuvre de loisir... » Jacques-Émile Blanche, bien introduit dans les milieux mondains, brûle d'envie d'y aller de sa contribution. Reynaldo Hahn multiplie alors les interventions pour lui trouver un point de chute. Il plaide à deux reprises la cause de « l'admirable livre de Proust » auprès de la comtesse de La Béraudière afin qu'elle pousse son amant, le comte Greffulhe, à utiliser ses influences dans la presse. Au moment où le romancier est au désespoir en raison du départ d'Agostinelli, Reynaldo Hahn, l'ami de toujours, qui croyait en son génie, va jusqu'à qualifier *Swann* de « plus beau livre qui ait paru depuis *L'Éducation sentimentale*[20] » et manifeste un total dévouement. Proust recevra, par ailleurs, des témoignages de gens très divers qui ont aimé son livre, alors que des amis proches, comme Mme Straus ou Albufera, ne le lisent pas. L'article de Blanche paraîtra finalement le 15 avril 1914, grâce à Marcel Prévost, dans *L'Écho de Paris*. Toutes ces manœuvres suscitèrent l'ironie de Lucien Maury, critique à la *Revue politique et littéraire*, qui reprocha à l'auteur ses amitiés ostensibles.

Cette campagne de presse connaît un effet immédiat. À peine trois semaines après la parution du roman, Grasset envisage de faire procéder à un nouveau tirage. Il songe aussi aux traductions : le *Times Literary Supplement* vient d'en donner une analyse subtile en le plaçant dans la tradition de Henry James et en le qualifiant de livre fascinant. Mais Proust sait pertinemment qu'à Paris les articles amicaux ou de complaisance ne suffisent pas. Il lui faut aussi s'attirer les bonnes grâces des critiques qui font autorité. L'article de Paul Souday, paru dans *Le Temps* du 10 décembre, menace d'ébranler le succès du livre. Le tout-puissant critique reproche au roman de manquer de composition et à Proust de méconnaître la langue française, prenant prétexte des nombreuses fautes d'impression qui émaillaient le premier tirage. Grasset est sens dessus dessous. Proust songe à faire paraître une réponse dans laquelle il citerait des passages d'une lettre que Francis Jammes vient de lui adresser et qui exprime un avis tout contraire à celui de Souday. Le poète des *Géorgiques chrétiennes* rendait au romancier son admiration : il discernait bien une construction romanesque dans *Swann* et louait l'auteur pour sa « phrase à la Tacite ». Cette lettre sera la fierté de Proust. En définitive, il renonce à répliquer publiquement à Souday mais il lui fait une réponse personnelle, argumentée et savoureuse, relevant les coquilles de l'article et rendant à Ovide une citation que Souday attribuait à Horace. Le romancier compte sur André Beaunier pour rattraper le raté du *Temps*. Outre ses fonctions au *Figaro*, celui-ci était rédacteur à la *Revue des Deux Mondes* ; Proust eût aimé qu'il y évoquât son livre, allant jusqu'à quémander une simple allusion. Beaunier s'y refusa. Peut-être s'était-il senti contraint par l'insistance de Proust. Il est tout aussi probable qu'il avait quelques réserves sur le fond.

Dans l'ensemble, *Du côté de chez Swann* reçut un accueil partagé[21]. La critique s'accorda, certes, à reconnaître à l'auteur un certain talent, mais le reproche qui revint le plus souvent fut l'absence de composition et un côté fourre-tout qui rendait, selon Rachilde, le roman soporifique. Il est vrai que le livre s'achevait sur la promenade d'Odette au bois de Boulogne, conclusion que Proust avait distraite, à l'automne

1913, du volume à venir et qui s'insérait mal dans la structure de l'ensemble, bien que les dernières lignes évoquassent le caractère insaisissable du passé. Dans *Le Figaro* du 8 décembre, Francis Chevassu voit en *Swann* une autobiographie. Le critique de *L'Intransigeant* est plus perspicace puisqu'il discerne dans la matière romanesque « une inimitable pyramide », mais il présente Proust comme un disciple de Bergson. La même opinion prévaut sous la plume de Jean de Pierrefeu dans *L'Opinion* du 24 janvier 1914. Mary Duclaux y avait également fait allusion dans le *Times*. Or, Proust repoussait une telle filiation. Le temps n'est pas pour lui un flux homogène, mais une discontinuité tragique. Il faut cependant reconnaître que certaines parties de *Swann*, comme de l'œuvre dans son entier, recèlent un climat bergsonien : la conscience proustienne apparaît bien souvent comme une *donnée immédiate*, qui semble correspondre à l'intuition selon le philosophe ; de plus, l'un comme l'autre donnent à l'homme son individualité dans la conscience du temps. En déclarant lors d'un entretien accordé à André Arnyvelde, paru dans *Le Miroir* du 21 décembre, que son « être spirituel ne se heurte plus aux barrières du visible », Proust accréditait encore le rapprochement établi avec Bergson. Le seul article à la fois favorable et pénétrant fut celui écrit par André Chaumeix dans *Le Journal des débats* du 25 janvier 1914. On y relève une analyse approfondie de la phénoménologie proustienne. *Du côté de chez Swann* suscita donc les plus grands engouements en même temps que de sévères réserves. Même l'enthousiasme du critique italien Lucio d'Ambra[22], qui pensait que cinquante ans plus tard le roman côtoierait dans les bibliothèques ceux de Stendhal, était mitigé par le reproche concernant l'absence de composition. De plus, il tenait *Swann* pour un livre de mémoires. Ces critiques ont marqué Proust. Il y reviendra six ans plus tard à la fin du célèbre article consacré au style de Flaubert : « Dans *Du côté de chez Swann*, certaines personnes, même très lettrées, méconnaissant la composition rigoureuse bien que voilée [...] crurent que mon roman était une sorte de recueil de souvenirs[23] », écrira-t-il, avant de justifier sa méthode de composition, dont la cohérence était, il faut le reconnaître, difficilement perceptible dans ce premier volume.

Cependant, on parle du roman. Fin décembre, Grasset fait effectuer un second tirage de 500 exemplaires ; un troisième se montrera nécessaire courant janvier[24]. Déduction faite des 250 exemplaires destinés aux services de presse, Proust vendit environ 2 000 ouvrages en deux mois. Ce ne fut certes pas un succès de librairie, mais ce fut un succès d'estime. En avril, l'éditeur procède à un nouveau tirage. C'est le moment choisi par Proust pour relancer la campagne de promotion. Les placards de publicité n'existaient pas à l'époque, mais il était possible de faire paraître des échos rédactionnels reprenant des articles favorables. *Le Figaro* et *Gil Blas* en publient chacun un, le 18 avril 1914. Un troisième paraît dans *Le Journal des Débats*, le 24. Tous reprennent l'article de Jacques-Émile Blanche en présentant le peintre comme un critique littéraire. Proust rédige et paie lui-même ces échos parus en première page, d'où leur coût, élevé, de 1 060 francs. Malgré l'habileté qui consistait à se prévaloir de l'opinion d'un artiste en vogue, cette campagne ne connut que peu d'effets. Les temps n'étaient guère favorables à la littérature. L'attention du public est alors retenue par les élections législatives toutes proches. Dans le climat de tension qui régnait entre la France et l'Allemagne, encore avivée depuis 1913 par les incidents diplomatiques dus à la situation dans les Balkans, elles avaient pour enjeu la loi proposée par le général Joffre portant le service militaire de deux à trois ans. Le parti radical sous l'impulsion de Caillaux et le parti socialiste veulent son abrogation. L'opposition entre nationalistes et pacifistes est forte. D'un côté, le président de la République, Raymond Poincaré, qui incarne la fermeté face à l'Allemagne ; de l'autre, Caillaux, le négociateur d'Agadir, qui avait cédé à l'Allemagne une partie du Congo en l'échange des coudées franches au Maroc, et Jaurès, qui condamne la guerre au nom de la fraternité des peuples et tente son possible pour réduire les tensions internationales. La victoire de la gauche n'entraînera pas l'abrogation de la loi ;

l'opinion publique est prête à soutenir la politique de défense nationale sans pour autant croire à la guerre.

L'affrontement entre les partisans de la revanche à prendre sur l'Allemagne et ceux de la paix se solde donc par la victoire des premiers. Caillaux, ministre des Finances dans le nouveau cabinet formé par Viviani, est le grand perdant. Il apparaissait comme le chef possible d'un nouveau bloc des gauches, mais l'on sait que Calmette avait entrepris contre lui une campagne de diffamation qui finit tragiquement : le lundi 16 mai 1914, Mme Caillaux, s'estimant déshonorée par la publication de correspondances privées, assassine le directeur du *Figaro*. Ce dernier événement affecta Proust, bien qu'il goûtât peu le ton des attaques dirigées contre le ministre. Calmette avait été son ami — du moins voulait-il le croire — et *Swann* lui était dédié. Quant à la situation internationale, Proust considérait, comme la plupart des gens, que la guerre était une extrémité invraisemblable à laquelle personne n'oserait recourir.

Le romancier n'est en aucune manière indifférent aux événements extérieurs. En 1912 et en 1913, la situation au Maroc lui semble d'autant plus préoccupante qu'il n'apprécie guère que Poincaré, qu'il estime trop nationaliste, soit aux affaires ; ensuite on le verra s'intéresser de très près à la conduite de la Grande Guerre. Ses sympathies vont plutôt aux radicaux, qui ont perdu les élections de 1910, bien qu'il juge durement leur idéologie anticléricale. Il se montre sévère avec les anciens dreyfusards dont il a autrefois partagé les convictions : Péguy, Langevin, Blum, Jaurès, qu'il accuse d'intolérance. Il a toujours gardé une certaine admiration au chef socialiste, mais il trouve utopique et erronée sa croyance en la toute-puissance du progrès. Au fond, il déteste les sectarismes, d'où qu'ils viennent. Pour l'heure, les désordres de sa vie privée, la réception de *Swann* et des ennuis financiers sont des soucis d'importance. Depuis quelques années, Proust est habité par le démon de la spéculation. En 1910 et en 1911, il a perdu de grosses sommes au casino de Cabourg. Le marché à terme le passionne encore plus que le baccara. Depuis décembre 1907, Lionel Hauser, son lointain cousin, banquier et commandite à Paris de la banque Warburg de Hambourg — où Proust a ouvert un compte —, lui tient lieu de conseil financier. À la mort de ses parents, il a, en effet, hérité d'une petite fortune placée pour une grande partie à la banque Rothschild. L'un des administrateurs de la maison, Léon Neuburger, cousin par alliance de Mme Proust, inquiet de la façon dont Marcel gère son portefeuille, lui conseille donc de s'en remettre à son neveu, Lionel Hauser. En 1910, celui-ci sera bien mal inspiré de recommander l'achat d'actions de la Missouri Pacific Railway Company qui subissent, en juillet, une chute considérable à la suite de la dépression affectant les valeurs industrielles américaines : Proust perdit alors environ 80 000 francs[25]. L'année suivante, il choisit de faire confiance à Albert Nahmias, sans plus de succès. Des spéculations effectuées à la fin de l'année qui auraient dû permettre l'achat d'un paravent chinois remarqué chez Durand-Ruel, en décembre, se soldent par une perte de 10 000 francs. Après ces déboires, Proust décide de s'assagir : au printemps 1912, il vend 25 000 francs d'actions, somme pour laquelle il cherche un placement sûr. Sa décision est en partie motivée par la psychose de guerre qui règne alors à Paris. Dès octobre, il est à nouveau atteint par la fièvre de la spéculation et échafaude des « coups » en Bourse qui se révèlent désastreux et le conduiront, à la veille de la guerre, à contracter une dette d'environ 40 000 francs auprès du Crédit industriel, autre établissement dans lequel il a un compte, pour acheter des valeurs à crédit. Alors qu'il termine la correction des épreuves de *Swann*, il donne l'ordre à la banque Warburg de lui remettre le solde de son compte ainsi que le produit de la vente de la moitié des actions Royal Dutch qu'il possède. Avec cette somme, il procède à des opérations malheureuses. Fin janvier 1914, il liquide le reste des Royal Dutch — pourtant un placement de bon rapport — afin de spéculer sur des compagnies pétrolières du Caucase et de l'Oural ainsi que sur les Hauts Fourneaux de Caen.

Proust entretient avec l'argent des rapports névrotiques. Tantôt il met en scène avec force détails, dans les lettres à

Lionel Hauser, ses pertes boursières, comme pour solliciter la sage réprobation de son ami, tantôt il se dit ruiné. C'est ainsi qu'en mai 1914, après avoir pris conscience que ses derniers placements sont mauvais, il demande à Robert de Flers, nouveau directeur du *Figaro*, de lui procurer une rubrique alimentaire. En réalité, Proust n'a aucunement besoin d'argent, mais il ressent la nécessité de compenser ses pertes. Le plus important n'était-il pas d'obtenir une chronique dans *Le Figaro*, en dépit des réserves qu'il exprimait parfois sur la ligne politique du journal et son trop-plein de mondanités? Calmette n'accéda jamais à ce désir. Proust avait d'ailleurs écrit ces mots sur l'exemplaire de *Swann* du défunt directeur : « J'ai bien souvent senti que ce que j'écrivais ne vous plaisait guère. Si jamais vous avez le temps de lire un peu cet ouvrage, surtout la seconde partie, il me semble que vous feriez enfin ma connaissance[26]. »

Fin avril 1914, il imagine un moyen pour faire revenir Agostinelli. Le jeune homme a repris sa formation de pilote à Antibes. Proust veut lui offrir un aéroplane et sans doute une automobile — ces épisodes se trouveront à peine transposés dans *La Prisonnière* —, et a donc besoin de liquidités. En plein désarroi, il donne l'ordre à Lionel Hauser de se débarrasser des actions Royal Dutch, qu'il ne possède plus ! Qu'à cela ne tienne, il fait vendre pour plus de 40 000 francs de valeurs. Mais Agostinelli refusera ces présents. Au total, Proust perdit beaucoup d'argent entre 1910 et 1914; il a sans doute entamé son capital — ce qui ne pouvait manquer de le préoccuper —, mais il n'était pas pour autant ruiné. Grâce à l'argent, Proust exerce un contrôle sur la réalité. Il ressent la nécessité de jouer de manière quasi obsessionnelle des sommes importantes pour capter l'attention d'autrui, comme une compensation à sa solitude. Déboires financiers, dépits amoureux et échecs successifs dans la recherche d'un éditeur apparaissent comme la répétition d'expériences pénibles, qui dénotent une sorte de complaisance pathétique dans la déception, traces pérennes de l'enfance.

Les sommes avancées pour permettre la publication de *Swann* ne furent guère susceptibles d'engager la fortune de

Proust. Du point de vue de l'éditeur, le contrat comportait peu de risques — il est vrai que Proust avait insisté pour que Grasset fût suffisamment intéressé à la vente, voyant là une garantie. Le compte d'auteur couvrait largement les frais de publication du premier tirage ; au total, l'ouvrage rapportera environ 1 500 francs de bénéfice. Économiste de formation, Grasset avait compris qu'une entreprise d'édition devait se gérer selon des règles comptables strictes. Il savait jouer des complaisances des uns et des autres dans les milieux politiques et tentait de négocier avantages et distinctions pour ses auteurs. C'est ainsi que Proust prit assez mal une demande de souscription faite auprès du conseil municipal de Paris. Il avait, certes, fait preuve d'humilité dans sa quête d'un éditeur, mais ne souhaitait pas s'abaisser à quémander des souscriptions. Les relations entre l'écrivain et l'homme d'affaires qu'était Grasset ne furent pas des plus simples. Le second jugeait que le premier avait un esprit compliqué, et celui-ci aura, par la suite, un gros grief contre son éditeur : il le soupçonnera de dissimuler le nombre exact des exemplaires vendus afin de ne pas lui payer ses droits d'auteur. En fait, Grasset subordonnera le règlement des droits des deuxième et troisième tirages de *Swann* au paiement d'une indemnité compensatrice, à la suite de la dénonciation de l'engagement qui les liait. L'affaire, compliquée à l'extrême du fait que Proust pensait que Gallimard avait tout réglé, durera jusqu'en mai 1919, date à laquelle l'éditeur renonce à toute indemnité en échange de l'abandon par l'écrivain de ses droits.

Lorsque Proust prend connaissance de la lettre de Gide, au début de janvier 1914, il ressent une immense joie, bien que l'enthousiasme soudain de l'auteur d'*Isabelle* lui paraisse forcé. En revanche, la lettre qu'il reçoit de Jacques Rivière, quelques semaines plus tard, le laisse sans l'ombre d'une réserve tant elle montre une grande et délicate perspicacité critique. Proust lui répond immédiatement par ces mots restés célèbres : « Enfin je trouve un lecteur qui *devine* que mon livre est un ouvrage dogmatique et une construction[27]... » Ces deux témoignages effacèrent en partie le mauvais souvenir laissé par l'article de Ghéon, qui mêlait éloges fielleux et pointes assassines en présentant Proust comme le chroniqueur de la vie moderne. Une amitié épistolaire se développe alors entre Gide et Proust : lorsque le premier se dira accablé de chagrin, le second lui offrira sa légendaire compassion. À la lecture d'extraits des *Caves du Vatican*, parus dans la *NRF*, Proust se démarque du réalisme gidien, constitué d'attentions à des faits ou à des moments d'existence vides, destinés à créer l'illusion, et précise d'une phrase lapidaire : « Mes personnages n'enlèvent jamais leur cravate. » Dans l'intimité il n'hésitait pas à moquer les habitudes symbolistes de Gide. Il rira beaucoup de Céleste, sa gouvernante, parodiant à tout propos le style quelque peu précieux des *Nourritures terrestres* : « Nathanaël je te parlerai de ceci ou de cela[28]. » La duplicité de Proust n'a rien d'hypocrite, elle n'exclut pas un dialogue sincère. Pour lui, les êtres sont relatifs, à la fois objets d'admiration et de railleries. La sympathie qu'il éprouve envers Gide n'est pas feinte : elle éclaire sa vie d'une lumière nouvelle, qu'il n'avait osé espérer quelques mois auparavant. Ils ont en commun une grande admiration pour Dostoïevski. Dans un article de la *NRF*, en 1913, Gide le définit comme le plus grand des romanciers. Quant à Proust, il aurait aimé être l'auteur des *Frères Karamazov*, ce roman du mystère humain : surtout, il a décelé chez le Russe cette soumission aux phénomènes qui fait que les personnages se dévoilent peu à peu comme émergeant d'ombres successives. Cette reconnaissance, dont Jacques Rivière, alors directeur effectif sinon en titre de la revue[29], est le principal artisan, arrive au moment où la NRF commence à avoir une conscience aiguë de l'autorité intellectuelle qu'elle représente et révise ses critères éditoriaux.

À compter du mois de mars 1914, la NRF se réunit en conseil tous les jeudis. Celui du 19 mars, subodorant que Proust n'est pas lié à Grasset, décide, officiellement à l'unanimité, de publier la suite de la *Recherche* et « de faire l'impossible, selon les termes de Gide, pour que le premier volume vienne rejoindre dans sa collection les suivants[30] ».

Proust se fait cependant scrupule de quitter son éditeur. Comme pour chasser ce sentiment, il répond qu'il pourrait accepter à la condition de prendre à sa charge les frais d'édition. Tout pourtant le pousse à le faire, et nul doute que ce ne fût son souhait profond. Le 24 mars, il demande conseil à Émile Straus : le traité signé avec Grasset l'empêche-t-il de publier son second volume dans une autre maison d'édition ? À ce moment Bernard Grasset, qui a peut-être eu vent de ces tractations, lui envoie le relevé du montant de ses droits d'auteur — 1 762,60 francs[31] — et lui propose de publier le deuxième volume. Le délai de règlement est surprenant et relève beaucoup plus de l'obligeance que des règles comptables. Proust l'avise de ses intentions d'émigrer à la NRF, tout en précisant qu'il n'en fera rien si, lui, Grasset, s'y oppose. L'éditeur réagit vivement, arguant de leur traité et des obligations qu'il comporterait. En fait, le romancier n'était pas lié au-delà des 1 750 exemplaires du tirage initial de *Swann*, mais un engagement — auquel il tenait par-dessus tout — avait été pris pour la publication de la suite du roman. Aucun traité cependant n'ayant été signé à ce sujet, les droits de Grasset étaient plus moraux que juridiques.

L'épreuve de force est évitée par la seconde réaction de l'éditeur qui, grand seigneur, délie son auteur de toute obligation et lui écrit, le 4 avril : « Je ne veux être votre éditeur pour la suite que si, notre accord n'étant compté pour rien, vous me donnez toute votre confiance[32]. » Devant tant de magnanimité — ou d'habileté — Proust est désarmé et désarmant. Lui parfois si prompt à l'emportement ne sait imposer sa volonté quand la partie adverse se dérobe. Il restera chez son éditeur et lui fait parvenir, fin avril, le manuscrit non encore achevé du deuxième volume. Grasset veut s'attacher le romancier ; il prend tous les frais à sa charge et propose des conditions très avantageuses : un tirage d'origine de 3 000 exemplaires, éventuellement suivi d'un second du même ordre, et une rémunération fixée à 20 % du prix de vente. De simple auteur susceptible d'alimenter un système éditorial, Proust est devenu un écrivain convoité. Même Fasquelle fait savoir qu'il souhaite publier le reste de la *Recherche*. Proust ne

songe pas à donner suite, mais il décide de soumettre à
Fasquelle le recueil rassemblant articles et pastiches autrefois
refusé partout. Le jour où il fait porter son manuscrit à la
librairie de la rue de Grenelle, celle-ci est fermée pour cause
de vacances de Pâques. Qu'à cela ne tienne, l'éditeur rêvé est,
bien sûr, la NRF. Grasset lui en tiendra rigueur ? Proust fait
valoir qu'il s'agit d'une question de tactique éditoriale. S'il
était publié chez lui, le public pourrait confondre l'ouvrage
critique avec un des volumes du roman. Grasset accède à ces
raisons — habilement présentées cette fois —, demandant
simplement que ce recueil paraisse trois mois au moins après
la publication du second volume de la *Recherche*.

Pour mettre au point ce volume, Proust dispose des placards que Grasset avait fait imprimer l'année précédente et
qui auraient dû faire partie de *Swann*. La dactylographie de
la suite du roman n'ayant pas été totalement achevée par
Agostinelli, il ne prévoit pas de publier *Le Côté de
Guermantes* avant l'automne. De plus, il procède, depuis
1913, à de larges remaniements et développements de
l'ensemble. L'indécision sur le titre à donner au volume
dont il fait part à plusieurs de ses correspondants, dès
novembre, en témoigne. Proust hésite surtout entre deux
titres : *Le Côté de Guermantes* et *À l'ombre des jeunes filles
en fleurs*. Le thème des jeunes filles, qu'il a développé au
cours de l'année 1913 autour du personnage d'Albertine et
en imaginant un deuxième séjour à Balbec, fera l'objet du
deuxième volume, au lieu d'être une partie du troisième, tel
qu'il était indiqué sur la page de faux titre de *Swann*. La
passion éprouvée pour Agostinelli n'est sans doute pas
étrangère à la transformation d'un simple chapitre en un
livre entier. Proust est partagé entre le texte à publier et des
projets de révision et de continuation de l'ensemble de
l'œuvre. Très vite, il demande à Grasset de retourner le
manuscrit qu'il vient de lui confier ; Gide et Rivière lui ont,
en effet, offert de publier des fragments dans la *NRF*. Proust
feint de comprendre qu'en fait d'extraits il pourrait donner
l'intégralité de son deuxième volume ; ce qui témoigne de
l'attrait exercé par la NRF et des regrets qu'il éprouve déjà

pour n'avoir pas su y succomber. Comme pour s'assurer la bienveillance des administrateurs de la maison, il propose à nouveau d'acquitter les frais de recomposition. Offre repoussée par deux fois, le 14 et le 21 mai[33]. Il est vrai que les placards Grasset, dans lesquels Proust puise des fragments, ont été tellement bouleversés que les épreuves nécessitent de nombreuses corrections ; de plus, il envisage de revoir complètement certaines pages consacrées à Balbec.

La belle unanimité de la NRF n'était cependant qu'une façade. À preuve, l'aveu tardif de Ruyters. Schlumberger, pour sa part, se défendit bien mal des préventions qu'il avait envers Proust quand il déclara, dans une lettre du 10 juillet 1958 à Henri Bonnet, que la toute jeune NRF ne pouvait se risquer à publier « un ouvrage qui s'annonçait en huit ou dix volumes[34] ». En 1912, on le sait, il n'y avait matière que pour trois volumes. Le même Schlumberger écrivait avec un certain cynisme à Copeau, lequel cherchait des souscripteurs pour le théâtre du Vieux-Colombier, en 1913 : « S'il y a du côté Proust des démarches à faire, employez-moi[35]. » Le romancier, qui s'était engagé à payer lui-même les frais d'impression de son livre, comme des extraits à paraître dans la revue, ne put faire autrement que d'acquérir trois actions. Seul Rivière était entré en profonde sympathie avec le roman proustien. Il se montra fort compréhensif avec les remords de l'écrivain — il n'avait pas encore pu le rencontrer et s'en étonnait —, qui corrigea considérablement les deux jeux d'épreuves des extraits à paraître dans la livraison de juin. Il s'agissait de passages de « Noms de pays : le pays », qui s'achevaient sur la rencontre du narrateur avec Charlus. Ce choix semble en partie dicté par le désir de rétablir la symétrie entre Paris et Balbec, dénaturée par la coupure arbitraire de *Swann*. Le numéro de juillet de la *NRF*, dans lequel Proust a été prié de s'en tenir à 60 pages, donne une impression plus composite de l'œuvre. La présentation de la famille du narrateur et des Guermantes penche plus du côté de Balzac que du côté de *Swann*. Ces extraits, pour lesquels Grasset avait fort aimablement fourni les jeux d'épreuves qu'il venait de faire imprimer, en juin, paraîtront sous le titre suivant : « *À la recherche du temps perdu* (fragments) », et non sous le titre *Le Côté de Guermantes* qui ne satisfait pas Proust pour une raison tout objective : la division en volumes s'accordant mal avec la division en parties, la fin de *Swann* se retrouverait du côté de Guermantes.

La mort tragique d'Agostinelli, dont l'avion s'abîme en mer le 30 mai au cours d'un vol en solitaire, interrompt son travail de révision. Il trouve tout de même le courage de préparer les extraits destinés à la *NRF* de juillet et, par bonté, accueille Anna, la compagne du défunt, chez lui pendant quelques semaines. Le jeune homme disparaît à jamais au moment où Proust semblait avoir accepté que ses sentiments ne soient pas payés de retour. Pour ne pas sombrer dans le chagrin, il se raccroche au souvenir de cet amour-maladie qu'il éprouva pour un être qui jamais n'y céda et cherche à en savoir plus en interrogeant des personnes qui l'ont connu. Les Daudet le mettent en rapport avec Louis Gautier-Vignal qui a des accointances dans le monde de l'aviation ; Proust espère lui arracher quelques précisions sur les derniers mois de la vie du défunt. Mais Gautier-Vignal ne put rien lui apprendre. Comme un exutoire à la souffrance, il ébauchera pendant l'été les grands thèmes de ce qui deviendra *Albertine disparue*. En juin, Grasset fait imprimer les placards du second volume qu'il compte publier en novembre. En attendant, il s'occupe activement de la promotion du livre : il lance une souscription et prépare une campagne de presse. La cinquième édition de *Swann* est presque épuisée début juillet. Robert de Flers a accédé aux demandes de Proust et annonce pour bientôt la première livraison dans *Le Figaro* d'une « longue nouvelle », extrait de « Chez Mme Swann » intitulé « Odette mariée ». À Florence où de nombreux écrivains, journalistes et artistes vivent au rythme de Paris, la librairie liée à *La Voce*, revue d'avant-garde, vient de commander trois exemplaires de *Guermantes*. Mais la guerre éclate le 3 août. Grasset est mobilisé, sa maison ferme. La publication de l'œuvre est interrompue.

CHAPITRE XIII

Les désastres du temps
et la naissance d'une nouvelle œuvre
1914-1918

Le 2 août 1914, la mobilisation générale est décrétée par le gouvernement ; le lendemain, l'Allemagne déclare la guerre à la France. Proust n'est pas mobilisable, mais la plupart de ses amis et relations le sont. Il accompagne son frère, le chirurgien aide-major Robert Proust, à la gare de l'Est d'où partent les troupes régulières au milieu des cris et des bousculades. Bientôt celui-ci opérera à Verdun sous le feu de l'ennemi. Reynaldo Hahn est cantonné à Albi ; Proust l'adjure de ne pas gagner le front. Mais celui-ci, d'origine vénézuélienne, naturalisé français depuis un an, entend faire son devoir. Sa rencontre le 12 septembre avec Henri Barbusse, pour l'heure engagé volontaire et belliciste — ce n'est qu'après avoir connu l'horreur des tranchées qu'il deviendra pacifiste et écrira *Le Feu* —, le confirme dans ses intentions. Reynaldo sera envoyé dans l'Argonne, mais affecté à l'état-major. Nicolas Cottin est lui aussi mobilisé, Proust n'a donc plus de valet de chambre. Il demande à Céleste, la femme de son chauffeur attitré, Odilon Albaret, connu à Cabourg, d'entrer à son service. Ce n'est pas une inconnue, chose importante pour Proust que tout changement perturbe. Lors de la parution de *Swann*, Céleste a servi de commissionnaire et a même remplacé Céline, hospitalisée au moment des fêtes de fin d'année.

La guerre a débuté dans l'euphorie : six mois et l'on sera à Berlin. Proust, quant à lui, craint maintenant une catastrophe mondiale comparable à celle décrite dans *La Guerre des mondes* de H. G. Wells. Début septembre, la 1re armée allemande commandée par von Kluck est à Senlis et menace Paris. La peur succède à l'enthousiasme ; le gouvernement se replie à Bordeaux. Cinq cent mille personnes fuient la capitale. Avant de se décider à faire de même, Proust, qui mesure devant le danger combien Paris lui est cher, attend que sa belle-sœur et sa nièce soient en sécurité. Le 4 septembre, il part pour Cabourg en compagnie de Céleste et d'Ernst Forssgren, un jeune valet de chambre suédois qui lui a été recommandé. Au Grand Hôtel, il retrouve une chambre isolée et préservée du bruit. Mais le casino est fermé et, bientôt, les blessés de la bataille de la Marne, évacués, arrivent en grand nombre. L'hôtel est en partie transformé en hôpital et n'est plus en mesure de servir des repas à ses pensionnaires qui, pour la plupart, s'en retournent. Proust rend visite aux blessés, leur apporte de menus cadeaux, mais, au fond, il est seul dans les désastres du temps et les absences de la vie. Agostinelli, qui s'était inscrit à l'école d'aviation de La Grimaudière, près d'Antibes, sous le pseudonyme de Marcel Swann, s'impose sans répit à ses pensées. Quand le chagrin semble s'atténuer, Proust se désole de l'action du temps : dans l'apaisement, on laisse un peu de soi. Les excursions à Trouville pour y rencontrer Mme Straus, sa duchesse de Guermantes à lui, les promenades sur la digue baignée de cette lumière si particulière aux plages normandes qui fait se confondre la terre, l'océan et le ciel, le désarroi éprouvé à chaque arrivée au Grand Hôtel quand il fallait s'habituer à une chambre nouvelle, les dîners qu'il aimait donner pour ses amis, les nombreux potins de la station, y compris ceux le concernant qu'il savait soustraire aux contingences pour en faire son miel, tout cela lui semble à jamais révolu.

Retour de Cabourg, en octobre — l'avancée allemande est arrêtée —, Proust s'installe dans une vie de reclus. Il est désormais seul avec Céleste. Ernst a été contraint d'émigrer aux États-Unis, car il redoutait un appel sous les drapeaux et ne voulait pas porter les armes contre la France. Céline, quant à elle, est bientôt licenciée en raison de l'hostilité maladive qu'elle manifeste à Céleste. L'impossibilité physique de participer aux combats obsède Proust, à tel point qu'il en conçoit une sorte de honte. Toutefois, la crainte d'être mobilisé l'obsède plus encore. Bien que rayé des cadres depuis 1911, grâce à l'intervention du frère de Gaston Calmette, médecin-inspecteur auprès du gouvernement militaire de Paris, il lui faut subir un conseil de contre-réforme. Il fait alors jouer toutes ses relations pour obtenir des avis médicaux attestant qu'il est inapte au service armé. D'Albi, le docteur Bize, alerté par Reynaldo, fait parvenir à Proust deux certificats dont l'un précise que son état de santé l'empêche de se présenter devant le conseil. Proust recevra tout de même une convocation, en avril 1915, avant d'être dispensé de cette formalité. Mais une nouvelle loi l'oblige, en juillet, à un autre examen devant une commission spéciale, laquelle rend une décision d'ajournement de six mois. Il sera définitivement réformé en 1916, mais aura vécu plusieurs mois dans l'alarme. La disparition de Gaston de Caillavet, atteint d'une terrible maladie, puis celles de Robert d'Humières et de Bertrand de Fénelon, tombés au combat dans les premiers temps du conflit, l'accablent. La mort de ce dernier, survenue le 17 décembre 1914 au cours de la bataille d'Artois, ne sera connue que le 15 mars suivant. Pendant trois longs mois, Proust veut croire que Fénelon n'est que prisonnier. Ils ne se voyaient plus, l'amitié était devenue lointaine, mais Proust n'avait jamais oublié le jeune homme aux yeux bleus. Il lui avait envoyé un exemplaire dédicacé de *Swann* avec des mots touchants. Le temps a effacé les rancœurs et restitué l'être dans son unicité. Depuis ce jour de mai 1914 où Agostinelli se noya, la mort semble rôder autour de Proust.

Cela influe sur son état de santé qui se dégrade encore un peu plus. Il est souvent pâle, les yeux fatigués. Il se nourrit peu. Céleste rapporte qu'il ingurgitait chaque jour de grandes quantités de café au lait et picorait quelques croissants ou biscuits[1]. L'envie de manger une sole, des rougets ou un pot-au-feu — qu'il fait venir de chez Prunier ou du restaurant Larue, moins par snobisme que par habitude —, le prenait parfois, mais dans l'ensemble les nourritures solides étaient rares. Depuis longtemps il abuse du véronal afin de lutter contre les états dyspnéiques et les insomnies de plus en plus fréquentes, ce qui lui cause maintenant des troubles de la mémoire. Les fumigations entretiennent une irritation quasi chronique de la gorge qui le rend sujet aux refroidissements : à l'automne 1915, il craint des complications pulmonaires. C'est à cette époque que sa vue commence à baisser, il ne cessera par la suite de se plaindre de troubles oculaires. Isolé ainsi du monde dans sa chambre aux panneaux de liège noircis par la fumée de poudre antiasthmatique et dans laquelle règne une vague odeur de cire fondue, valétudinaire, Proust se donne entièrement à son roman dont il a entrepris de revoir l'économie depuis l'invention du personnage d'Albertine. Céleste devient la servante fidèle et affectueuse s'occupant des affaires matérielles, la vestale vivant la nuit selon le rythme de l'écrivain et allant jusqu'à l'aider dans son travail : elle lui indique comment plier et fixer les longs becquets, qu'elle nomme paperoles, sur ses manuscrits afin de faciliter les nombreuses corrections et additions auxquelles il procède, veille à ce qu'il ne soit pas dérangé quand il écrit, à demi couché dans son lit, et qu'il ait à sa disposition des cahiers, des porte-plume, de l'encre noire, des mouchoirs, ses gilets de laine et des paquets de poudre antiasthmatique Legras non entamés, car, manie ou peur de la souillure, il néglige ceux dont il s'est déjà servi. Il a toujours froid, même à la belle saison ; il est donc nécessaire de lui servir, dès son réveil, de grandes quantités de lait impérativement brûlant qu'il boit additionné d'un peu de café, de préparer des bouillottes et d'allumer le feu dans la cheminée. Il exige aussi que lui soit apportée la presse du jour : *Le Temps*, *Le Figaro* et *Le Journal des Débats*. Proust n'est pas toujours facile à vivre : il est maniaque, impatient, lunatique, voire blessant. Heureusement pour elle, Céleste sait lui tenir tête quand il le faut. Pendant huit ans elle le servira avec dévouement et abnégation, d'abord dans ce grand appartement du boulevard Haussmann en partie inhabité — le salon et la salle à manger ne servent guère qu'à faire attendre les visiteurs — et encombré de meubles inutiles en chêne sombre qui seront vendus à la fin de la guerre, puis dans la retraite de la rue Hamelin.

À partir d'octobre 1914, Proust rédige les passages concernant le départ et la mort d'Albertine — un cahier entier est consacré au drame —, les interrogations du héros sur le passé de la jeune fille et le travail du deuil. Ce premier état d'*Albertine disparue* sera remanié en 1915, année capitale qui voit la naissance d'une nouvelle œuvre. D'une part, le romancier conçoit l'agencement des deux séjours à Balbec et développe, sur les épreuves Grasset, l'intrigue amoureuse entre le héros et Gilberte pour en mieux montrer la part tragique. D'autre part, en faisant d'Albertine, la prisonnière, le personnage principal, et du thème saphique — présent, il est vrai, depuis 1909 —, qui vient s'ajouter à Sodome, l'une des clefs de voûte du roman, il bouleverse la construction de l'ensemble telle qu'elle était annoncée sur la page de faux titre de *Swann*, en même temps qu'il rédige des passages qui trouveront leur place dans les volumes suivants. Entre le *Bildungsroman* que représente *Le Côté de Guermantes* et la révélation du *Temps retrouvé*, il y a désormais le « roman d'Albertine ». Il est à remarquer qu'il emploie le terme de « gomorrhéenne », donnant ainsi à l'homosexualité féminine une connotation tragique, sans pour cela reprendre l'avatar baudelairien de la femme damnée. Au contraire, il imagine Albertine voluptueuse et sensuelle, comme son double éponyme, Alberte, l'héroïne du « Rideau cramoisi », une nouvelle de Barbey d'Aurevilly. En fait de volupté, elle se donnera peu — Gomorrhe, c'est aussi la duplicité — et incarnera la passion malheureuse qui conduira le héros au-delà du chagrin, habitée par le sentiment de la perte de soi. Les expériences sentimentales et les souffrances liées à Agostinelli ont une part importante dans cette transformation, bien qu'il faille noter qu'Albertine se substitue, dès 1913, à un premier personnage de jeune fille,

Maria la Hollandaise, et d'autre part que Proust avait déjà
ébauché, en 1908, l'histoire d'un amour impossible dont le
modèle était sans doute Marie de Bénardaky, le désespoir de
sa jeunesse. Seuls les développements sur l'art contiennent
une possibilité de communion entre les êtres. En 1916,
l'allusion aux robes inspirées des tableaux de Carpaccio, du
couturier vénitien Fortuny, qu'Albertine revêt lors des
échanges amoureux, est une façon d'unir la passion à l'art et
de suggérer une sorte de *lumen amoris* profane et sensuel, à
la manière de Dante qui voit en Béatrice la beauté de Dieu.
Proust a conscience d'être maintenant un véritable romancier et non plus l'auteur des *Plaisirs et les Jours*, ouvrage
qu'il voudrait faire oublier. De plus en plus son livre sera
l'œuvre d'un stoïque à la Montaigne qui, par l'écriture, veut
dominer son destin.

Proust à l'œuvre n'est pas pour autant indifférent à la réalité. Il a des événements une conscience toute particulière. Il
est vivement opposé aux doctrines nationalistes qui prônent
l'écrasement du peuple allemand, comme à l'antigerma-
nisme culturel qui fait alors florès et rallie les meilleurs
esprits. Les journaux ne laissent de l'agacer avec leur
« patriotisme à faux » et leur optimisme forcé s'apparentant
au bourrage de crâne. Il s'indigne du ton hystérique d'un
article du *Figaro* dans lequel Saint-Saëns — dont la
musique, par ailleurs, « l'emmerde » — dénie tout talent à
Wagner. Ces accès de chauvinisme et d'idéologie lui semblent l'expression de la bêtise humaine et la cause véritable
des conflits. Fidèle à sa conception d'une réalité extérieure,
médiatrice et relative, Proust va peu à peu faire entrer la
guerre dans son roman, non comme une preuve de la folie
des hommes, mais comme un révélateur du kaléidoscope
social, à l'instar de l'affaire Dreyfus. L'étonnant long chapitre sur le Paris de la guerre, écrit en 1916, montre que
celle-ci agit comme un révélateur sur les personnages ; ainsi
ces nobles finalement plus attachés à leur lignage qu'à leur
patrie. Si Proust condamne les exactions allemandes com-
mises en Serbie, il ne partage pas les sentiments haineux de
beaucoup de ses compatriotes. Cela ne l'empêchera pas, à

l'heure de la paix, de juger les conditions imposées à l'Allemagne par le président Wilson trop douces ; il redoute alors le ressentiment des vaincus et pense qu'il faut tout faire pour s'en préserver. Son attitude n'est pas du goût de tout le monde ; il s'attirera quelques sarcasmes, voire des insultes : Réjane le traite de boche lors d'une rencontre chez Mme Straus, en 1914, à Trouville. D'autre part, il s'intéresse depuis longtemps aux questions de stratégie et suit de près l'évolution de la situation militaire, grâce notamment aux articles d'Henri Bidou dans *Le Journal des Débats*. Enfin un journaliste qui donne de la situation des comptes rendus clairs et raisonnables, et dans un style grand siècle, ce qui ne gâte rien. Il lit aussi *Le Journal de Genève*, mais se détourne du *Figaro*, trop germanophobe. Il aime à échafauder des hypothèses et interprète les communiqués de guerre avec une certaine perspicacité[2]. Ainsi Proust a-t-il l'impression d'être au milieu d'événements qu'il éprouve sans pouvoir vraiment les connaître. Cette aporie explique la profonde inquiétude métaphysique qui l'habite et l'absence totale de peur caractérisant son comportement durant les hostilités. Les raids des zeppelins et les attaques des gothas, qui font de nombreuses victimes au printemps 1918, ne le préoccupent guère, bien qu'une nuit, alors qu'il se trouve au Ritz, une bombe s'écrase sur les jardins de l'hôtel. En mai, les Allemands sont à une portée de canon de Paris ; Proust se refusera à partir malgré les injonctions de Céleste et de certains de ses amis : la sage Mme Catusse lui offre d'aller habiter sa maison, à Nice. Tout juste en admet-il l'éventualité, en juin, lorsque la situation militaire paraît critique. La guerre est sans cesse présente à son esprit, elle est une réalité sensible qui impose une morale sans concession aux valeurs mondaines. La bonne conscience des gens d'ordinaire pleins de morgue envers leurs domestiques et qui, aujourd'hui, adoptent un poilu lui fait l'effet d'une indécence obscène. Lucide, il remarque que la bonne société semble se consoler avec « une terrible facilité » de la mort de ses proches. La pensée de Proust transcende les snobismes, le nationalisme et les intérêts particuliers pour atteindre à un humanisme profond.

De la même façon, il n'apprécie guère la littérature réaliste et nationaliste qui voit le jour pendant la guerre. *Les Offrandes blessées* de Montesquiou, élégies grandiloquentes sur les combats, lui semblent déplacées. Le prix Goncourt revient, en 1915, à René Benjamin pour *Gaspard*, roman dont les personnages font la guerre joyeusement et meurent allégrement en criant : « Vive la France ! » En 1916, Romain Rolland vient de publier *Au-dessus de la mêlée* et obtient le prix Nobel de littérature. Son idéalisme militant agace Proust qui y voit l'image inversée du bellicisme. À s'engager ainsi, la littérature manque sa vocation, car elle fait dépendre le sensible de l'intelligible ; la guerre apparaissant comme une réalité triviale, alors qu'elle ne relève pas du domaine de la connaissance mais de celui de l'éthique. C'est la raison pour laquelle, dès 1914, Proust se décide, comme Gide, à ne rien publier avant la fin des hostilités.

Le succès d'estime remporté par *Swann* aura donné au romancier l'occasion de nouer de nouvelles amitiés. À Londres, Henri Bardac, un ami de Reynaldo que Proust connaissait depuis quelques mois, fait lire le roman à un jeune diplomate, Paul Morand. Retour à Paris pour y occuper un poste au Quai d'Orsay, celui-ci reçoit, un soir d'août 1915, la visite impromptue du romancier. Bardac lui avait rapporté ces mots de Morand : « C'est rudement plus fort que Flaubert. » Pendant quatre heures Proust l'entretient de choses personnelles et lui confie ses projets romanesques. Une amitié est née, elle prendra chez Proust la forme d'une vaine attirance pour un jeune homme trop séduisant et parfois indifférent. Walter Berry, président de la Chambre de commerce américaine à Paris, a, lui aussi, lu *Swann* et meurt d'envie de rencontrer l'auteur. En mai 1916, il découvre à la librairie Belin un ouvrage relié aux armes de Prondre de Guermantes ; son amie Mme Scheikévitch lui suggère de l'envoyer à Proust qui, très touché, s'empresse de le recevoir. Grâce à Walter Berry, le romancier aura le sentiment de pénétrer un peu dans les arcanes de la politique internationale. En effet, ses fonctions l'amenèrent à se faire l'avocat de l'entrée en guerre des États-Unis. Depuis le début du conflit, les banques américaines ont consenti aux Français et aux Anglais des prêts très importants dans le dessein de financer leur effort de guerre et d'acheter, en particulier, de nombreux produits outre-Atlantique. En 1916, la situation économique des Alliés étant précaire — le déficit de la balance commerciale française s'élève alors à 14,4 milliards de francs —, les milieux financiers américains poussèrent leur gouvernement à s'engager activement dans le conflit, de crainte qu'une victoire allemande ne rende leurs débiteurs insolvables. Ce goût pour les relations internationales, Proust trouvera également à l'assouvir dans de longues conversations avec Paul Morand et avec son vieil ami Robert de Billy, lui aussi diplomate.

Ces nouvelles relations font sortir Proust de sa retraite, sans pour autant qu'il accepte de se mêler à la vie frivole que mènent certaines d'entre elles ; l'idée de la guerre et de ses souffrances le poursuit toujours. À partir de 1916, ses maux lui laissent un peu de répit, bien qu'il se dise parfois oppressé et se plaigne de troubles de la fonction cardiaque. Le 14 avril, Proust assiste au concert donné par le quatuor Poulet à l'Odéon, lors du festival Gabriel Fauré. À la fin, il demande au compositeur de lui présenter les musiciens ; il compte les faire venir chez lui pour qu'ils jouent à nouveau le premier quatuor en *ut* mineur pour piano et cordes qui lui inspira, avec la sonate pour piano et violon de César Franck et le prélude de *Lohengrin*, la sonate de Vinteuil. En mai, il va à Versailles entendre *Nausicaa*, le dernier opéra de Reynaldo. En novembre, il assiste, au palais Garnier, à la représentation du drame de Chabrier, *Briséis*, lequel lui suggère quelques lignes sur l'irréductible originalité de Vinteuil. Fin décembre, il participe à un dîner en l'honneur de Francis Jammes, chez Mme Alphonse Daudet. Il y retrouve, outre Léon et Lucien, Cocteau et Claudel. La conversation est animée, car Jammes reproche à Proust l'immoralisme de la scène de Montjouvain, dans laquelle Mlle Vinteuil et une amie s'adonnent à l'homosexualité.

Durant les deux dernières années de la guerre, Proust se lève en général plusieurs fois la semaine. Le traitement d'acide phosphorique prescrit par le docteur Bize a quelque effet bénéfique sur le tonus nerveux. Paul Morand lui communique un peu de son énergie de jeune homme pressé qui vit dans son siècle ; en retour, Proust tente de favoriser ses débuts littéraires. Le 4 mars 1917, tous deux dînent chez Larue en compagnie de la princesse Hélène Soutzo, épouse de l'attaché militaire roumain. Tout auréolée de sa réputation de princesse cosmopolite, pleine de morgue pour le faubourg Saint-Germain, elle brille par son élégance. Proust, lui, fait figure d'original : il porte des cols hauts à la mode 1900, ne quitte pas sa pelisse au col usé dans laquelle il semble engoncé, et dîne d'une tarte arrosée d'un café, avant de commander une salade russe, puis s'en va courir Paris malgré le couvre-feu pour tenter de réunir le quatuor Poulet, sans succès. De retour, il captive son auditoire en évoquant Flaubert. La princesse est séduite par cet esprit singulier. Désormais Proust lui rendra de nombreuses visites au Ritz, où elle habite ; la part d'affectation et de vanité qui émane de sa personne réveille en lui l'entomologiste. Il fréquente de nouveau le monde à une époque où la vie parisienne reprend ses droits, mais il juge indécents les bals clandestins et les spectacles tapageurs. En mars et en avril, il mène grand train ; bientôt le rhume des foins l'oblige à espacer ces incartades qu'il paie d'un regain de fatigue. À la table de la princesse, on trouve Paul Morand, les princesses Lucien et Eugène Murat, la comtesse de Chevigné, Walter Berry, Antoine Bibesco, Jean Cocteau, l'abbé Mugnier — le berger de la bonne société dont il ne dédaigne pas les fastes — et Joseph Reinach, qui signe des chroniques à la « sottise allègre et féroce[3] » dans *Le Figaro* sous le nom de Polybe. Proust est en délicatesse avec Mme de Chevigné ; elle se refuse ouvertement à lire *Swann* et considère que le romancier n'appartient pas au même monde qu'elle. Le snobisme est parfois synonyme de lucidité : Proust, en effet, tient au « monde » sans l'admirer, il en cherche la poésie et surtout les lois, sans être dupe de la comédie humaine. Dans son livre, il moque la bêtise satisfaite d'où qu'elle vienne, des salons aristocratiques, où les humeurs dominent parfois les idées, comme de la bourgeoisie artiste qui se pousse du col et sombre dans la préciosité. En revanche les conversations avec l'abbé Mugnier ont de la tenue : il est souvent question d'Hugo ou de Chateaubriand.

Peu à peu Proust prend ses habitudes au Ritz. Souvent il y dîne seul avant de monter dans la chambre de Mme Soutzo, qu'il ne quitte guère avant l'aube. Cette chambre, ou plutôt ce « salon », tient lieu à Proust de société humaine. Au restaurant, il est traité avec obligeance par le personnel envers lequel il se montre sympathique et généreux, en particulier par Olivier Dabescat, le premier maître d'hôtel, qui lui sert, quelle que soit l'heure, aussi bien du poulet rôti arrosé de bière ou des six tasses de café qu'il ingurgite chaque soir, que la chronique mondaine dont le romancier fera son miel. À partir du mois d'avril 1918, Céleste doit se consacrer à Odilon, malade. Proust dîne alors fréquemment au Ritz : parfois seul, parfois en compagnie de Reynaldo, de Guiche ou de Lucien Daudet ; l'endroit lui plaît par l'insigne laideur de sa décoration tellement rococo qu'elle semble inexistante et laisse l'esprit libre, mais aussi parce qu'il est possible d'y faire des rencontres masculines. Il se lie d'une amitié particulière mais chaste avec un jeune groom, Henri Rochat. Celui-ci deviendra son secrétaire ; il est d'ores et déjà son « prisonnier » et s'installe chez lui en novembre 1918. Proust, qui, durant ces années, tombe souvent en admiration devant des jeunes gens — à certains d'entre eux, au front, il envoie chaque semaine tabac, gâteaux et chocolat —, connaîtra à nouveau avec Henri les affres de la jalousie et les dépenses inconsidérées. Entre-temps, Walter Berry, avec qui il s'entend à merveille, n'était sa germanophobie, lui a fait découvrir le restaurant du Crillon où l'heure de fermeture est portée à deux heures du matin, au lieu des vingt et une heures trente de rigueur ailleurs pour complaire aux officiels américains. Il y dîne plusieurs fois en novembre 1917, et s'installe même pour corriger ses épreuves. Cependant le personnel est déplaisant, voire malveillant. Proust reprend alors ses habitudes au Ritz quand il n'est pas invité dans le monde ou chez ses amis de toujours : Mme Straus et le duc de Guiche.

Paul Morand et la princesse Soutzo sont alors au nombre de ses relations privilégiées. À l'un comme à l'autre, Proust voue une sorte d'admiration dans laquelle se mêlent l'affection, la vanité, l'intérêt et un brin de jalousie. Il se croit souvent délaissé par ses amis, à qui il attribue des attentions la plupart du temps imaginaires. C'est qu'il conçoit l'amitié comme un leurre — et dans ce cas pourquoi n'en serait-il pas de même pour autrui ? S'il est sensible au malheur de ses contemporains, c'est en partie parce qu'il possède au fond de lui une morale qui chasse l'égoïsme et vise l'universalité des fins, en partie pour conjurer ses propres angoisses. Cette attitude le conduisait avant-guerre à multiplier les éloges complaisants à l'adresse de ses amis écrivains. Anna de Noailles, Henry Bordeaux, Lucien Daudet et surtout Robert de Montesquiou ont reçu d'innombrables lettres dans lesquelles leurs œuvres, souvent bien modestes, étaient portées aux nues avec emphase. Certains s'y laissaient prendre, d'autres n'étaient pas dupes mais savaient qu'il y avait là une manière de sincérité. Il est vrai que ces propos louangeurs cachaient parfois une ironie mordante. De même, les pourboires mirifiques et disproportionnés qu'il distribue à chaque occasion témoignent tout à la fois de la nécessité de s'attacher les autres et de se déprendre de liens de dépendance que la moindre attention ou le simple service semblent nouer dans son esprit anxieux. En réalité, il s'intéresse peu à autrui et en a une conscience parfaite : « Je ne suis moi que seul », écrit-il à Emmanuel Berl, un autre de ses admirateurs qui lui rend souvent visite en 1916 et en 1917, et d'ajouter : « Je ne profite des autres que dans la mesure où ils me font faire des découvertes en moi-même, soit en me faisant souffrir (donc plutôt par l'amour que par l'amitié), soit par leurs ridicules (que je ne peux pas voir dans un ami) dont je ne me moque pas mais qui me font comprendre les caractères[4]. » De fait l'amitié se vit dans la distance, elle ne peut renvoyer qu'à soi, elle postule l'absence d'autrui pour assurer l'identité du moi ou favoriser ses intérêts. Ainsi la moindre controverse ou une invitation qui ne vient pas plongent Proust dans l'affliction. Que la princesse Soutzo ne le prévienne pas de son retour à Paris, et le voilà se persuadant qu'elle lui en veut. Jean Cocteau ne le voit pas chez Larue, Proust imagine tout de suite qu'il veut l'éviter et lui écrit une longue lettre pleine de reproches. Misanthrope qui a besoin d'assujettir autrui à ses volontés et caprices, mû par une profonde pensée morale mais aussi par une propension au tragique, Proust est au milieu de ses nouveaux amis plus seul que jamais avec la conscience aiguë que les hommes vivent tous dans l'isolement, que leur réalité ultime c'est la souffrance — laquelle leur donne une part d'humanité — et que seule son œuvre a quelque vertu car, ne visant pas d'objet réel, elle est tournée vers tous les objets et, par là même, est universelle. Cette œuvre qu'il a considérablement développée et dont il voudrait assurer, à défaut d'une publication immédiate, la composition sur épreuves.

La maison Grasset étant fermée depuis le mois d'août 1914, c'est avec « l'instinct de l'insecte dont les jours sont comptés[5] » que Proust va répondre favorablement aux nouvelles sollicitations de la NRF, laquelle, sous la direction de Gaston Gallimard, a repris quelque activité. Fin février 1916, Gallimard, alerté par Gide de l'état d'esprit dans lequel se trouve Proust, lui rend visite pour lui proposer de racheter *Swann* et d'éditer la suite du roman. Selon son habitude, Proust tergiverse. Mais cette fois ses scrupules seront vite balayés : il a conscience de s'être laissé abuser, deux ans plus tôt, par l'habileté de son éditeur. Il ne se voit cependant pas entreprendre lui-même les démarches pour recouvrer sa liberté ; heureusement René Blum est à nouveau prêt à servir d'intermédiaire auprès de Grasset. Après avoir obtenu de Gaston Gallimard l'engagement de publier l'ensemble du roman et l'assurance qu'aucune coupure morale ne sera exigée, Proust prend la décision de tout mettre en œuvre, quitte à manquer d'élégance envers Grasset, pour rejoindre la NRF. Il charge René Blum d'alléguer des difficultés financières, lesquelles le conduiraient à éditer immédiatement la suite de la *Recherche*. Bien que Proust n'ait nul besoin d'argent, le prétexte a quelque réalité. Lionel Hauser pense en effet que la situation financière

de Proust n'est pas saine : en 1915, il règle des intérêts élevés sur des valeurs autrefois achetées à crédit, sa dette
auprès du Crédit industriel se monte environ à
274 000 francs[6] ; le 22 octobre, la liquidation de la Bourse
laisse apparaître que tous les titres à son actif ne sont pas
cotés à Paris et que certains dividendes, payables à l'étranger, n'ont peut-être pas été versés. Au total, ses revenus
annuels s'élèvent à 10 000 francs, alors qu'il paie
7 000 francs de loyer. En 1916, l'habileté de Lionel Hauser
a permis de réduire considérablement le passif et de doubler
les revenus de Proust. Mais son capital entamé, c'est un peu
de son équilibre psychologique qui est ébranlé, et cela, associé à la légère morgue qu'il croit déceler dans la manière
dont Lionel Hauser agit, ne contribue pas à apaiser sa
crainte principale, celle de ne pas voir la *Recherche* publiée
de son vivant. Grasset, en convalescence à Lausanne, est
introuvable. Proust se montre impatient ; en juillet, il lui
donne un ultimatum d'un mois : après ce terme, il se considérera comme délié de tout engagement. L'éditeur est
peiné : selon lui, la guerre devrait être une raison suffisante
pour surseoir à de telles décisions. Il commet la maladresse
d'accuser d'égoïsme Proust qui, piqué au vif, réplique avec
fermeté. Le 29 août, Bernard Grasset renonce à publier le
second volume de la *Recherche*. Proust veut soulager sa
conscience et promet de lui confier un autre de ses livres, ou
au moins des extraits en prépublication. Gallimard s'opposera à toutes les tentatives allant dans ce sens.

Début novembre 1916, Proust adresse à Gallimard le
début de son second volume maintenant intitulé *À l'ombre
des jeunes filles en fleurs* et précise qu'il enverra la suite au
fur et à mesure de l'impression. Il s'agit, pour la plus grande
partie, des épreuves remaniées que Grasset avait fait composer deux ans plus tôt. Devant cet ensemble formé de pages
imprimées, pleines de corrections et d'additions manus-
crites, l'éditeur est contraint d'établir lui-même une nouvelle dactylographie. Proust devra attendre près d'un an
avant de recevoir les épreuves. Le volume se compose de
« Chez Mme Swann » devenu « Autour de Mme Swann »,

de « Noms de pays : le pays » qui, à l'origine, constituait la fin de *Du côté de chez Swann*, et d'« À l'ombre des jeunes filles en fleurs », chapitre sur lequel devait débuter, en 1913-1914, le troisième volume. Le titre, soufflé à Proust quelques années auparavant par Marcel Plantevignes[7], a certes un côté un peu mièvre, même s'il rappelle peut-être les vers de Baudelaire :

Car Lesbos entre tous m'a choisi sur la terre
Pour chanter le secret de ses vierges en fleurs[8].

Mais le romancier pense, avec un brin d'humour, qu'il constitue un antidote convenable à *Sodome et Gomorrhe*, titre inspiré des *Destinées* de Vigny, qui doit suivre *Le Côté de Guermantes* et constituer un quatrième volume, vaste ensemble comprenant le futur *Sodome et Gomorrhe* ainsi que *La Prisonnière* et *Albertine disparue*[9], rédigé depuis 1914, à partir du chapitre intitulé « Les intermittences du cœur » — lequel devait se situer dans *Le Temps retrouvé*, selon la page de faux titre de *Swann* — et mis au point en 1916, dans quinze cahiers, représentant environ 1 500 pages. Proust a mis en parallèle l'inversion chez les deux sexes et a, d'autre part, doté de nombreux personnages masculins de caractères homosexuels. Entre octobre 1917 et le printemps suivant, il procède à des remaniements importants sur épreuves, malgré une fatigue oculaire de plus en plus inquiétante : il insère d'abondantes paperoles qui contraignent l'imprimeur à recomposer l'ouvrage. D'autres additions destinées à « Noms de pays : le pays » forment un cahier manuscrit dont il faudra extraire des fragments à déplacer. C'est à la même époque qu'il ébauche le pastiche du *Journal* des Goncourt[10], lequel prendra place dans *Le Temps retrouvé*, afin de dégager, par contraste avec l'écriture artiste, qui prétend appréhender le réel dans l'esthétisme, les chemins d'une littérature vouée au monde qu'elle représente par esquisses successives. Le 9 janvier 1918, il envoie un jeu d'épreuves corrigées à Mme Lemarié qui, en l'absence de Gaston Gallimard parti rejoindre Jacques Copeau et la

troupe du Vieux-Colombier en tournée aux États-Unis, avec
la mission de contrebalancer l'influence de la culture allemande, assume le travail de secrétariat et les tâches de fabrication. Une partie du personnel de l'imprimerie La
Semeuse, à Étampes, vient d'être mobilisée; les délais de
composition s'allongent. Proust s'impatiente, laisse éclater
sa colère devant Mme Lemarié dont la magnanimité fait des
merveilles. Il songe même, dans un moment d'égarement, à
changer d'éditeur, jugeant que la NRF ne lui offre pas les
facilités dont il a besoin pour travailler à son gré. Son état
de santé n'est pas étranger à cela : il se croit menacé de
paralysie faciale et d'aphasie. Un neurologue le rassurera,
mais ses craintes d'hypocondriaque sont en partie fondées et
l'urgence qu'il pressent justifiée. À la mi-avril, La Semeuse
a retrouvé un rythme de travail normal mais Proust,
échaudé, voudrait changer d'imprimeur pour les volumes
suivants. Depuis 1916, il a, en effet, revu et augmenté les
deux derniers chapitres des épreuves imprimées par Grasset
en 1914 : « Noms de personnes : la duchesse de
Guermantes » et « Le salon de Mme de Villeparisis », déve-
loppant en particulier les passages relatifs à l'individualité
des Guermantes, qui possèdent la noblesse du sang mais
aussi celle de l'esprit, pour présenter une vision poétique
autant qu'une description sociale et mondaine. Le récit de la
mort de la grand-mère — morceau ô combien symbolique —
a aussi été revu. Tout cela forme la matière du troisième
volume, *Le Côté de Guermantes*, envoyé à Gaston Gallimard
en juin 1918. Proust souhaiterait être au plus vite en possession des placards et des épreuves des deux volumes afin de
procéder à d'ultimes révisions. Mais l'imprimeur se refusant
à composer les deux livres en même temps, il ne recevra que
quelques pages des épreuves de *Guermantes*, début
décembre, alors que l'achevé d'imprimer d'*À l'ombre des
jeunes filles en fleurs* date du 30 novembre.

Il a également d'autres projets éditoriaux. En avril 1917,
Jacques-Émile Blanche lui a demandé une préface à un
recueil d'articles qui paraîtra en mars 1919 sous le titre :
Propos de peintre — de David à Degas. Le texte suscite des

controverses entre les deux amis mais, faisant preuve de tact et de fermeté, Proust impose ses théories sur l'art et la vie dont il emprunte en grande partie la matière à des pages écrites en 1908-1909. Par ailleurs, en juin 1918, lors de la mise au point du contrat qui les lie, Gaston Gallimard lui offre de réaliser enfin son vieux projet de publier un volume critique. Proust se met en devoir de récrire le pastiche de Saint-Simon publié dans *Le Figaro* du 18 janvier 1904 sous le titre : « Fête chez Montesquiou à Neuilly », pour lequel il a accumulé citations et réflexions dans ses carnets depuis 1915. Lui qui trouvait autrefois de l'intérêt au « monde » est aujourd'hui un moraliste qui souscrit à l'*omnia vanitas* de l'auteur et veut faire une satire des mœurs et des ridicules de la société parisienne de son époque — qu'il connaît bien pour l'avoir beaucoup fréquentée — en mêlant ses contemporains à des personnages de la Régence. Il fustige ceux qui jouent du paraître à la bourse des valeurs mondaines, tout en ménageant ses amis comme Mme Straus — laquelle l'a prié de ne pas utiliser son nom dans le roman, mais le lui a permis dans le cas des pastiches et études —, la princesse Soutzo et Armand de Guiche, à qui il soumet les passages qui les concernent, allant jusqu'à demander leur imprimatur. Il convient d'ajouter que la lecture des *Mémoires* de Saint-Simon n'est sans doute pas étrangère à la psychologie de certains personnages mondains de la *Recherche*.

Dès l'envoi du manuscrit des *Jeunes Filles* à Gallimard, Proust relance sa stratégie littéraire : le 17 octobre 1917, le luxueux *Excelsior* annonce la parution prochaine de la suite de la *Recherche*. Il voudrait que *Le Figaro* honore son engagement de 1914 et publie « Autour de Mme Swann » en feuilleton, mais Alfred Capus, qui assure la direction du journal en l'absence de Robert de Flers, refuse, prétextant le manque de place. Le même *Figaro* lui préfère, au printemps 1918, Abel Hermant pour remplacer Francis Chevassu comme chroniqueur littéraire. Ces échecs sont là pour rappeler à Proust que s'il n'est plus un inconnu, sa notoriété ne va guère au-delà d'un cercle restreint. À preuve, le 15 mai 1918, Gaston Calmann-Lévy décide de se débarrasser à vil prix des exemplaires restants des *Plaisirs et les Jours*, le romancier n'ayant pas accepté de les racheter lui-même.

Dans ce contexte, l'extrême sollicitude que Gallimard lui manifeste est un bien précieux. En juin 1918, inquiet du succès de l'offensive allemande, il lui propose même de mettre les manuscrits de la *Recherche* en sécurité dans sa propriété de Bénerville, en Normandie. Avant de regagner New York pour y retrouver la troupe du Vieux-Colombier, l'éditeur signe avec son auteur un contrat par lequel celui-ci cède ses droits sur les cinq ou six volumes du roman — Proust sait déjà que les abondantes additions qu'il a faites sur les cahiers qui contiennent la fin de l'œuvre augmentent le nombre des volumes —, tandis que celui-là s'engage à lui verser 18 % sur les 3 000 premiers exemplaires, payables à parution, et 21 % sur les suivants. Gaston Gallimard, qui a le projet de devenir le seul véritable patron de la NRF, se devait de proposer à Proust un contrat destiné à le lier défi-nitivement à la maison.

Le 11 novembre 1918, à onze heures, le canon tonne et les cloches des églises retentissent dans tout Paris : l'armis-tice est signé. La foule envahit les rues dans un déborde-ment de joie. À la Chambre, Clemenceau déclare : « En cette heure terrible, grande et magnifique, mon devoir est accompli [...]. Honneur à nos grands morts qui nous ont fait cette victoire... » C'est précisément à eux et aux dizaines de milliers de blessés que vont les pensées de Proust. Il songe alors aux paroles d'Hernani, dans le dernier acte du drame hugolien, sur le bonheur qui est « chose grave », plus proche de la peine que de la joie[11]. Nonobstant, il aurait souhaité que la victoire fût totale afin que toute idée de revanche soit inconcevable. Il voudrait partager l'idéalisme du président américain Wilson, accueilli avec enthousiasme par la popu-lation dans les semaines qui suivent l'armistice et qualifié par Anatole France de citoyen du monde ; il a, en effet, le projet d'une Société des Nations dans le dessein d'établir une paix universelle et définitive. Proust est devenu scep-tique quant à l'efficace politique et diplomatique ; la seule morale qui vaille est celle de l'action décisive, comme cette contre-attaque victorieuse menée, en août, par les forces françaises et américaines, sous la conduite du général Foch. La guerre lui a enlevé toute illusion sur la nature humaine.

Sa vie intime se ressent du sentiment tragique qui l'habite. A-t-il jamais connu le bonheur ? Au temps de l'enfance, mais depuis lors... Toutes ses passions ne furent promises qu'à l'impossible et au désespoir. Il va les revivre en des pratiques perverses, qui recèleront pourtant la nostalgie du sentiment amoureux. Après la fuite d'Agostinelli puis le départ d'Ernst, il semble qu'il se mit à fréquenter des jeunes gens qu'il allait rencontrer dans d'improbables hôtels du IXᵉ arrondissement. Il confiait d'ailleurs à Paul Morand que les « apaches », ces mauvais garçons des portes de Paris, « lui furent toujours doux[12] ». Le même Morand fit, en 1919, une allusion à ces sorties nocturnes dans une « Ode à Marcel Proust[13] » :

> *Proust, à quels raouts allez-vous donc la nuit*
> *Pour en revenir avec des yeux si las et si lucides ?*
> *Quelles frayeurs à nous interdites avez-vous connues*
> *Pour en revenir si indulgent et si bon ?*

Ces frayeurs, Proust allait aussi les trouver à l'hôtel Marigny, rue de l'Arcade, une maison de passe ouverte, en 1917, par un bougre qu'il connaissait pour l'avoir rencontré quand il était valet dans quelque famille de la bonne société. Albert Le Cuziat n'avait rien d'un novice dans la profession de tenancier de maison louche. Il avait déjà dirigé, vers 1914, un établissement de prostitution masculine situé près de la Madeleine : Les Bains du Ballon d'Alsace ; et il semble bien que Proust lui ait alors cédé des meubles de famille dont il n'avait pas l'usage, et qu'il l'employait comme pourvoyeur de ses plaisirs. Les témoignages rapportant ce qui se passait rue de l'Arcade sont sujets à caution, car tous plus ou moins apocryphes. Marcel Jouhandeau affirme qu'un jeune micheton devait se manipuler debout devant un Proust allongé, le corps revêtu d'un drap, et qui prenait ainsi son plaisir. Maurice Sachs prétend tenir de

Le Cuziat qu'il fallait à Proust une mise en scène perverse très particulière : dans une nasse, des rats étaient piqués avec des épingles à chapeau ; selon d'autres, les rats étaient affamés et le spectacle de leur dévoration mutuelle aurait mis Proust aux anges. Ces rumeurs ont été appuyées par les récits de Cocteau, qui n'est pas toujours bienveillant. Si les témoignages restent controversés[14], il n'en demeure pas moins que la sexualité de Proust est éloignée des normes ; il en fera lui-même l'aveu à Gide[15]. L'idéal de virilité qu'il n'a de cesse de revendiquer, prenant très mal qu'on lui trouve quelque chose de féminin, ou que l'on dise qu'une telle sensibilité s'exprime dans son œuvre, lors même qu'il s'attache dans ses articles critiques d'après-guerre à déceler la part de féminité qui habite l'œuvre de Racine et surtout celle de Baudelaire, en qui il voit un frère dans la souffrance, rattachant son génie au fait qu'il a réussi à s'objectiver dans la création en reliant Sodome et Gomorrhe, dissimule une ambiguïté. S'il est susceptible, c'est que l'identité masculine est mal établie en lui ; aucun être dans sa vie ne paraît l'avoir aidé à lever l'équivoque. Sa misanthropie trouve peut-être là son origine : irrésolu sur lui-même — en 1919, il avoue dans une lettre à Louis de Robert ne pas pouvoir se regarder dans une glace —, il lui faut éviter l'intimité d'autrui qui est une menace. D'où la pratique de l'onanisme marquant le refus de l'échange et la valorisation du corps propre, ainsi que le besoin d'humilier pour atteindre au plaisir — on se souvient qu'il éprouvait la même pulsion dirigée vers sa mère —, comme une revanche sur la vie. Car l'humiliation fondamentale, c'est sa part de féminité qui la lui inflige ; l'assujettissement ancien au désir de la mère en constitue sans doute l'origine.

Dans la *Recherche*, la volupté perverse sous laquelle se présente l'homosexualité féminine, associant le plaisir à la terreur qu'il inspire, témoigne de la sujétion de Proust au pouvoir caché de la nature féminine, pendant que l'homosexualité masculine est une descente aux enfers, ne promet que la solitude et suscite la honte de soi — ce que Gide réprouvera vivement, car, pédéraste et non sodomiste, il conçoit l'inversion, peinte par Proust aux couleurs du mal, comme une passion belle et pure. Les noms que le romancier donne à ses héroïnes sont une autre preuve de l'ascendant que la féminité exerce sur lui. Odette, nous l'avons dit, a connu divers avatars : elle s'appelait à l'origine Carmen, comme le personnage de la nouvelle de Mérimée et de l'opéra de Bizet, mais on relève dans un cahier de 1909 le nom de Wanda, très certainement inspiré de celui de l'héroïne du roman de Sacher-Masoch, *La Vénus à la fourrure*. Gilberte et Léa sont les protagonistes d'un roman libertin d'Henri d'Argis, *Gomorrhe*, paru en 1889 ; elles y tiennent le rôle de deux tribades qui se jouent des hommes. Oriane est le prénom de Mlle de Goyon, une jeune fille dont Proust s'était épris, en 1908, après l'avoir aperçue au cours d'une soirée, mais, comme à l'habitude, la rencontre marqua la fin de son attirance. Toutes ces femmes qui suscitent les passions dévorantes et meurtrissent les cœurs possèdent une aura indéniable et forment, à leur manière, une tribu.

Proust est en quelque sorte travesti sous l'emprise de la féminité, comme l'est le personnage de Guercy, le futur Charlus, qui a l'air d'une femme quand il s'abandonne au sommeil[16]. Voilà pourquoi il ne peut goûter le plaisir que dans la quête obstinée de situations perverses qui sont la représentation dramatique de son manque à être. Là réside la tragédie de sa vie, encore confirmée par cet aveu que l'on peut lire dans une lettre adressée à Jacques Porel, en juillet 1919 : « Les voisins dont me sépare la cloison font d'autre part l'amour tous les jours avec une frénésie dont je suis jaloux. Quand je pense que pour moi cette sensation est plus faible que celle de boire un verre de bière fraîche[17]... » Il sait, par ailleurs, que la publication de son œuvre — que la maladie l'a parfois contraint à rêver au lieu de l'écrire — sera une course contre la mort.

CHAPITRE XIV

Proust à la NRF

1919-1920

Bien que l'insouciance de la société d'avant-guerre ait disparu, l'année 1918 se termine dans la gaieté, nonobstant la mélancolie toujours attachée à cette période dans le cœur de Proust. Pour le réveillon de Noël, il est l'invité du comte Carlo Zucchini Solimei, délégué italien à la Conférence de la Paix. Le 28 décembre, c'est la princesse Soutzo qui le convie au Ritz, puis il passe la Saint-Sylvestre chez les Beaumont en compagnie de nombreux diplomates. Sa valeur mondaine est alors à son zénith, mais elle va bientôt connaître quelques fluctuations ; il n'en aura cure, considérant depuis longtemps le monde comme un théâtre d'ombres. Après la publication des *Pastiches et Mélanges*, la princesse Joachim Murat lui tiendra rigueur du pastiche de Saint-Simon qui moque la prétention de sa famille à se présenter comme princes souverains, alors qu'ils appartiennent à la noblesse d'Empire. Lors d'une rencontre à l'Opéra, elle lui tend la main, puis rougit au moment où elle le reconnaît. De même, le duc de Gramont, pourtant fort bien traité, cesse de le saluer. Montesquiou, pour sa part, est peu satisfait du texte car il croit deviner une allusion aux anciennes facéties de Proust, imitant sa voix suraiguë quand il lisait ses poèmes. De plus, il se montrera fâché de se reconnaître dans le personnage de Charlus, bien que Proust lui ait affirmé que les traits physiques du baron étaient inspirés d'un autre célèbre inverti, Jacques Doäzan, lequel trônait autrefois dans le salon de Mme Aubernon. Le comte n'aura de cesse de railler Proust et ceux qui le soutiendront dans sa carrière : Reynaldo Hahn, Robert de Flers et Léon Daudet, à tel point que le romancier s'inquiétera de ce que les *Mémoires* de Montesquiou pourraient contenir de malveillant à son endroit lorsque la maison Grasset annoncera leur parution, en 1922. Même Albufera, dont la femme est liée aux Murat, le bat froid. Quant à la princesse de Polignac, elle refuse qu'*À l'ombre des jeunes filles en fleurs* soit dédié à la mémoire du prince son époux. *Vanitas vanitatum*, bien des liens anciens vont se défaire.

Pour l'heure, Proust se montre surtout préoccupé de la parution du volume. Il est déçu par la qualité matérielle de l'ouvrage : il juge les caractères trop petits, la mise en page médiocre, émaillée de trop nombreuses fautes d'impression. Gallimard, toujours à New York, ne veut rien faire paraître avant la réédition de *Swann*, dans le dessein de mettre en vente les deux volumes simultanément. Ces négligences et ces retards ont le don d'exaspérer Proust. Mme Lemarié a bien choisi un nouvel imprimeur, Louis Bellenand, à Fontenay-aux-Roses, mais tout reste en suspens durant l'absence de Gaston Gallimard. Par précaution, Proust a relevé en bonne place, dans un de ses carnets, l'adresse du Garrick Theatre à New York, où le Vieux-Colombier donne des représentations. Ainsi, lorsque Jacques Rivière se propose de publier un extrait des *Jeunes Filles*, dans le numéro de reprise de la *NRF*, Proust se montre réticent, craignant que cela ne diffère encore la publication du volume. Il ne sait pas que, depuis un an, une partie d'échecs se joue entre Gallimard et Gide, le premier voulant exclure le second de la gestion de la revue, comme de celle des éditions, et imposer sa politique éditoriale et commerciale. La direction de la *NRF* constitue, d'autre part, un enjeu. D'un côté, Rivière veut en faire un lieu ouvert à la littérature et au débat d'idées, en bannissant tout romantisme et tout ethnocentrisme ; de l'autre, Schlumberger et Ghéon rêvent d'une revue engagée dans le renouveau national et donnant la priorité à la politique sur la littérature. Grâce à l'appui de Gide et de Copeau, le premier l'emportera après maintes discussions, et deviendra directeur, en mars 1919[1]. Ces antagonismes expliquent aussi les retards d'édition ; à cela il faut ajouter les difficultés économiques dues à la guerre, rendant rares les stocks de papier.

Le 16 janvier 1919, Proust apprend que sa tante Weil vient de vendre à la banque Varin-Bernier l'immeuble du boulevard Haussmann dont elle était devenue l'unique propriétaire en octobre 1907. Le romancier n'a pas de bail, il a peur de devoir déménager sous peu ; de plus, n'ayant pas acquitté de loyer depuis 1916, il lui faudra sans doute verser des arriérés importants à l'acquéreur. Là n'est pas l'essentiel, bien que Lionel Hauser lui ait fait prendre conscience qu'il dépense beaucoup plus d'argent qu'il n'en gagne. Le plus terrible est d'abandonner ce lieu familier qui est son univers. Comment quitter les ténèbres bienfaisantes de la chambre, cette caverne immuable où il a écrit son œuvre ? Au temps où il voyageait, il lui était toujours difficile de s'habituer à une nouvelle chambre, comme si tout espace insolite constituait une menace physique. En avril, alors qu'il a de nouveau des troubles de la parole, il sait le départ inéluctable et craint que cela n'écourte sa vie. Il se prend à rêver qu'il pourrait habiter la villa de Mme Catusse, à Nice, pendant quelques mois, ainsi il aurait tout loisir de voyager en Italie. Grâce à l'aide de Guiche, il trouve un accord avec le propriétaire et déménage en échange d'une indemnité d'environ 38 000 francs, laquelle couvre largement les termes impayés. Jacques Porel, le fils de Réjane, avec qui il s'est lié depuis quelques mois, a convaincu sa mère d'offrir une hospitalité provisoire à Proust, en lui louant un meublé situé au dernier étage de l'hôtel particulier qu'elle habite, 8 *bis*, rue Laurent-Pichat, près du bois de Boulogne.

Du 31 mai au 30 septembre, Proust et Céleste vivront dans ce lieu incommode et malsain en raison de la mauvaise insonorisation et de la présence du Bois. Proust s'est détaché d'Henri Rochat et lui a offert de l'argent pour qu'il puisse retourner dans son pays d'origine, la Suisse. Il aura de nombreuses crises d'asthme, accompagnées d'embarras de la parole et de troubles de la mémoire qui lui feront réellement craindre le pire. Il a alors le visage un peu empâté sur des traits tirés, et il donne l'impression de se déplacer avec difficulté, comme s'il était atteint d'arthrose[2]. En fait, le docteur Bize voit dans ces symptômes les effets d'une intoxication due à l'abus de médicaments et, en particulier, de véronal ; il lui conseille de se sevrer de tous ses remèdes et d'observer un repos absolu. Si bien que Proust ne communique qu'avec parcimonie sa nouvelle adresse et se fait envoyer son courrier à la NRF. En juin, il a enfin à sa disposition un premier jeu d'épreuves du *Côté de Guermantes*. Il tente de travailler, mais les tracas s'accumulent : Céleste envisage un temps de quitter son service, et bien qu'il emploie de façon sporadique la sœur de celle-ci, Marie Gineste, il projette d'aller s'installer à l'hôtel ; d'autre part Henri Rochat est de retour, après avoir dilapidé la somme d'argent qu'il avait reçue. La vie à trois dans ce meublé se révèle impossible et Proust se met en quête d'un nouvel appartement.

En juin 1919, le numéro de reprise de la *NRF* s'ouvre sur un texte de Jacques Rivière prônant une littérature libre de tout engagement : « Nous avons l'ambition de nourrir à la fois, conjointes mais séparées, des opinions littéraires et des croyances politiques parfaitement définies. Le seul point que nous nous défendions, c'est de laisser les unes déteindre sur les autres, pensant que ce ne pourrait arriver qu'à leur mutuel désavantage[3]. » Il contient, entre autres, des textes de Claudel, de Gide, et un extrait des *Jeunes Filles*, intitulé « Légère esquisse du chagrin que cause une séparation, et des progrès irréguliers de l'oubli ». Proust, qui ne voulait pas faire paraître ces extraits pour des raisons diverses, le trouve particulièrement mal choisi, car peu représentatif de ses intentions. Il s'agit d'un montage, fait en grande partie par Rivière, de plusieurs morceaux qui relatent le lent épilogue de l'amour du héros pour Gilberte et ne témoignent guère de la mise en perspective des divers éléments du récit, lequel fait évoluer les personnages et changer les points de

vue en alternant volontairement scènes mondaines et passages analytiques — ce que Proust nomme la « psychologie
dans l'espace ». Mais Rivière, qui avait alors quelque
réserve[4] sur la façon dont Proust agençait les parties de son
œuvre, ne tint guère compte de ses avis.

Celui-ci se préoccupe de l'accueil critique des volumes qui
doivent paraître dans le courant du mois ; il écrit, en particulier, à Robert de Flers pour obtenir une annonce en première
page du *Figaro*. Son éditeur avait de toute manière fait le
nécessaire auprès des principaux organes de presse. Le 21
juin, les trois ouvrages sont en librairie : la nouvelle édition
de *Du côté de chez Swann*, *Pastiches et Mélanges*, qui rassemble des textes divers, et ce *Bildungsroman* sentimental,
artistique et social qu'est *À l'ombre des jeunes filles en fleurs*,
dont le tirage initial a été fixé à 3 242 exemplaires de 443
pages, répartis en six éditions. Les premières critiques ne
plaisent guère à Proust : Fernand Vandérem juge que les deux
romans ont quelque chose de bizarre, mais en même temps il
salue leur originalité[5]. Abel Hermant en fait une analyse
sociologique un peu mièvre : « M. Marcel Proust, en nous
contant ses petites histoires, nous conte celle de son temps et
peint sa société[6]. » Dans un article de *Comoedia*, Binet-
Valmer insiste, comme l'avait fait avant lui Robert Dreyfus
dans *Le Figaro* du 7 juillet, sur la maladie et le « martyre » de
l'auteur[7]. Il y eut aussi un papier particulièrement malveillant
d'André Billy dans *L'Œuvre* et un compte rendu dans le
Times du 14 août[8]. Proust, qui s'est abonné au Courrier de la
Presse, reçoit donc tous les articles concernant son œuvre et
n'hésite pas à prendre la plume pour répondre à chaque critique, qu'elle soit claire ou implicite. Le reproche qui domine
est le même que celui avancé lors de la parution de *Swann*, en
1913 : il touche à l'absence apparente de construction. Ce qui
affecte profondément Proust — bien qu'il reconnaisse que
la composition de l'ensemble reste voilée —, car l'architecture du livre se confond avec celle de sa vie, de l'intérieur
dévastée, et qu'il faut reconstruire en en rassemblant les
fragments pour se donner l'illusion d'une continuité toujours attendue, mais qui serait peut-être son propre terme.

Au détour d'une phrase dans une lettre à Mme Straus, il fait allusion à la logique de Leibniz telle qu'elle est exposée dans *De arte combinatoria*; dans une autre lettre, adressée celle-là à Mme Schiff, il évoque *La Monadologie*[9]. L'aveu est d'importance. Proust, qui a toujours cherché à rattacher les phénomènes à une métaphysique, a sans doute trouvé dans les écrits du philosophe allemand une parenté dans l'invention. Certes, la doctrine leibnizienne vise d'abord à unifier les savoirs et s'embarrasse peu de cette vertu cardinale qui, selon le romancier, détermine une personnalité de façon inconsciente en lui donnant son unité, la fantaisie. Mais la combinatoire prétend aussi à l'harmonie entre la connaissance et l'univers, et laisse entrevoir un monde des possibles, c'est-à-dire imaginaire, plus grand que le monde réel. La *Recherche* n'est pas une transposition de la vie de l'auteur, elle en est le mouvement, le spectacle dévoilé, elle découvre le tréfonds de l'âme d'un homme qui sait qu'il a brûlé ses vaisseaux, mais qui rêve tout de même d'une Ithaque retrouvée.

Seul Jacques Rivière comprit le caractère novateur de la *Recherche*. Le livre semblait donner forme au « roman d'aventure » qu'il avait appelé de ses vœux avant-guerre, dans un texte de la *NRF*. Il prônait l'œuvre longue, remettait en cause le temps linéaire du récit et définissait le personnage comme « étranger à son essence et incorporé à ses actes[10] ». Dès l'été 1919, il entreprend un travail critique sur l'œuvre de Proust qui sera une lecture enthousiaste et vivante, la première approche véritablement perspicace de la *Recherche*. Rivière voit en Proust un classique qui donne à l'œuvre littéraire sa seule vocation : être un *discours sur les passions*.

Si, lors de leur première rencontre qui eut lieu en août 1914, au siège de la *NRF*, Rivière a été subjugué par Proust — il évoquera souvent le déploiement de sa parole qui s'élevait lente et continue, malgré les nombreuses incidentes, captivant l'auditeur, et l'intensité de son regard —, Gaston Gallimard n'en fut pas moins un admirateur patient, devant souvent endosser les habits du thuriféraire pour se faire pardonner des torts en partie imaginaires. Passe encore qu'il lui faille entreprendre une démarche auprès de Robert de Flers pour que *Le Figaro*, qui a déjà consacré deux comptes rendus à l'œuvre, publie un article vraiment favorable à Proust, mais il devra encourir d'improbables reproches, tant au sujet du montant des droits d'auteur qu'à propos de la mise en vente des premières éditions des *Jeunes Filles*. Proust soupçonne qu'elles sont réservées à des bibliophiles qui acceptent de payer un prix élevé, et va jusqu'à imaginer que Gallimard dissimule le chiffre réel des ventes. Pour ce qui concerne les droits d'auteur, celui-ci lui explique qu'une hausse du prix des livres venait d'être autorisée en cette période de relance économique, mais que cela ne changeait en rien la base de calcul des droits. Quant aux premières éditions, leur rareté était sans doute le fait de librairies qui les distrayaient des rayons, espérant que leur valeur augmenterait par la suite. Gaston Gallimard se fait pédagogue pour exposer cela à Proust, mais rien n'y fait ; la suspicion l'emporte toujours sur la raison. Tout est prétexte à douter, alors que la NRF se consacre entièrement à son œuvre, allant jusqu'à différer *sine die* d'autres parutions. Cette conduite douloureuse ne va pas sans présenter bien des analogies avec le motif de la jalousie, consubstantiel à l'amour dans le roman, et témoigne de la tragédie de Proust, qui rêve d'être aimé sans l'ombre d'une réticence mais conçoit autrui comme un étranger. Cette attitude a cependant une cause objective : Proust n'a jamais oublié qu'il a d'abord été éconduit par la NRF ; le refus de 1912 reste comme une ombre au tableau.

Ce besoin de reconnaissance, Proust va trouver à l'assouvir quand il recevra le prix Goncourt, au troisième tour de scrutin, le 10 décembre 1919, pour *À l'ombre des jeunes filles en fleurs*, par sept voix contre quatre aux *Croix de bois* de Roland Dorgelès, roman qui relate la tragédie des combattants dans les tranchées. Depuis qu'il a appris, début septembre, de la bouche de Reynaldo, que Léon Daudet fera campagne pour lui, puis que Rosny aîné est acquis à sa cause, Proust espère obtenir le prix, bien qu'à aucun moment son nom n'apparaisse parmi les favoris cités dans la presse : André Maurois, Francis Carco et surtout Roland Dorgelès. Dans le cénacle, Léon Daudet a bataillé ferme, soutenu par Rosny aîné, qui se dit sûr du résultat une semaine avant le vote. Ont donc accordé leur suffrage à Proust les deux suscités et Gustave Geoffroy, Rosny jeune, Henri Céard, Elémir Bourges. Jean Ajalbert, Léon Hennique, Émile Bergerat et Lucien Descaves ont voté pour Dorgelès. Le soir même, Gaston Gallimard, accompagné de Jacques Rivière et de Gustave Tronche, le directeur commercial, viennent féliciter leur auteur, chez qui ils croisent Léon Daudet. Il habite maintenant 44, rue Hamelin, près du Trocadéro, un appartement situé au cinquième étage, qu'il a fini par trouver après bien des recherches. L'endroit est un peu lugubre, les plafonds sont bas, les fenêtres toujours closes, il y a peu de meubles ; ceux du grand salon du boulevard Haussmann ont été vendus ou placés en garde-meubles. Les visiteurs entrent dans une sorte de boudoir où trônent un canapé et quelques fauteuils, un lustre de cristal est posé à terre, dans un coin se trouve une bibliothèque. Proust occupe une chambre sobre : à côté du lit, il y a le petit meuble chinois, ses tables de chevet et un grand fauteuil destiné aux hôtes ; il a sacrifié le piano, l'armoire à glace et les bibliothèques. Au mur, *Esther et Assuérus*, le tableau de Frantz Franken. Proust est au lit, malade, bourré d'extraits d'opium et de dopants cardiaques, si bien qu'il congédie rapidement les visiteurs. Il est heureux mais ce succès, qui arrive bien tard, le rend mélancolique.

Une partie de la critique va se déchaîner contre lui. Si Léon Daudet, expliquant son choix, fait paraître en première page de *L'Action française* du 12 décembre un article louangeur : « Depuis la fondation de l'Académie, en 1903, nous n'avons pas, à mon avis, couronné un ouvrage aussi vigoureux, aussi neuf, aussi plein de richesses », suivi dans l'éloge[11] par Jacques Boulenger (*L'Opinion*, 20 décembre 1919, puis 10 janvier 1920) et surtout par le redoutable Paul Souday (*Le Temps*, 1er janvier 1920) qui justifie, lui, l'attribution du prix, la presse de gauche n'abonde pas du tout dans le même sens. En raison du soutien de Léon Daudet, qui vient d'être élu député de Paris sur une liste d'Union nationale, Proust est présenté comme le candidat de la réaction. Bergerat et Descaves vont jusqu'à faire savoir, par voie de presse, qu'ils n'ont pas porté leur suffrage sur son nom, le 10 décembre. On glose sur son âge — le testament des Goncourt recommandait de couronner un auteur jeune —, certains vont même jusqu'à lui prêter un passé d'antidreyfusard et à l'accuser d'avoir été un planqué pendant que son rival malheureux combattait dans les tranchées. Le peu bienveillant André Billy avait ainsi situé le débat dans un article de *L'Œuvre*, paru juste avant l'attribution du prix. Il récidive, le 14 décembre, en écrivant que « le prix Goncourt était moralement et littérairement dû à Dorgelès[12] ». Albin Michel, l'éditeur de ce dernier, a même fait imprimer une bande indiquant en grosses lettres : Prix Goncourt, et en plus petites : Quatre voix sur dix. À la suite de la plainte déposée par Gallimard, il sera condamné, le 31 mai 1920, à 2 000 francs de dommages-intérêts pour contrefaçon. Proust subit également les reproches des partisans de l'art révolutionnaire. Dans *Le Journal des Débats* du 12 décembre, Jean de Pierrefeu s'étonne du choix des Dix : l'œuvre de Proust lui semble appartenir au passé et non aux « tendances de la génération nouvelle qui chante la beauté de la lutte, les vertus de la lumière ; [elle] s'accorde mal avec le classicisme rénové que le Parti de l'Intelligence déclare seul compatible avec la grandeur de la patrie victorieuse ». La référence au manifeste nationaliste, paru dans *Le Figaro* du 19 juillet 1919 et signé par cinquante-quatre écrivains, dont Paul Bourget, Jacques Bainville, Charles Maurras et Daniel Halévy, qui faisait de la France victorieuse le guide politique et spirituel de l'Europe sous l'égide de l'Église, montre, à l'envi, combien la confusion habitait l'esprit des « révolutionnaires » de la forme. À l'époque, Proust avait vivement reproché à Daniel Halévy son soutien à ce texte « absurde et indécent » : « Cette "hégémonie" née de la "Victoire" fait involontairement penser à *"Deutschland über alles"* [...]. Personne n'admire plus que moi l'Église,

mais prendre le contre-pied d'Homais jusqu'à dire qu'elle a
été la tutelle des progrès de l'esprit humain, en tout temps,
est un peu fort[13]. » Proust tentera de se rallier Pierrefeu en le
priant à dîner au Ritz, en compagnie de Souday, le 8 janvier,
pour lui exposer ses projets littéraires. Autrefois, lui écrit-il
avec humour, il l'aurait provoqué en duel ; aujourd'hui, il
n'en peut mais. Pierrefeu se montrera magnanime et
avouera que son article était « malheureux ». Par la suite, il
exprimera des réserves quant à la composition de
Guermantes, mais reconnaîtra à Proust un talent de psycho-
logue et de styliste[14]. Le romancier fait aussi, lui-même cette
fois, une nouvelle démarche envers Robert de Flers pour
obtenir que *Le Figaro* fasse, enfin, un article favorable[15]. En
mars, il sollicite à nouveau Paul Souday : *Le Temps* lui
consacrerait-il encore un peu d'espace ?

Proust a donc une nouvelle fois mis en place une stratégie
littéraire, multipliant démarches et flatteries pour circonve-
nir les critiques. Lorsque d'autres articles malveillants
paraîtront, il se trouvera toujours quelqu'un pour prendre sa
défense. Ainsi, le 15 février 1920, Gonzague Truc écrit,
dans *La Minerve française*, que Proust se moque du monde
et l'accuse de déformer l'art d'écrire ; immédiatement
Thibaudet fait une réplique cinglante dans la *NRF* de mai.
Le philosophe Pierre Lasserre rivalise de malveillance dans
un article de la *Revue universelle* (1er juillet 1920) ; c'est
alors Jacques Rivière qui prend la plume et contre-attaque,
traitant Lasserre de naïf et d'imbécile (*NRF*, 1er septembre
1920). En 1920, l'état de santé de Proust empire ; il reçoit
peu et communique uniquement par courrier avec Gallimard
et Rivière. Précisément, à la lecture du deuxième volume de
la *Recherche*, Jacques Rivière a vu s'atténuer quelques-unes
des préventions qu'il exprimait auparavant quant à la composition du roman. La vaste étude qu'il a entreprise sur l'œuvre
de Proust restera à l'état d'ébauche, mais il en distrait un
court passage donné à *Excelsior* (11 décembre 1919) pour
présenter le Goncourt[16], et surtout publie un article intitulé
« Marcel Proust et la tradition classique » dans la *NRF* de janvier 1920. Rivière commence par faire justice des critiques

qui suivirent l'attribution du Goncourt : « Je ne puis prendre pour un simple hasard le fait que Proust a vu se coaliser principalement contre lui tous les tenants de l'"art révolutionnaire", tous ceux-là qui, confondant vaguement politique et littérature, s'imaginent que la hardiesse est toujours de même sens dans les deux domaines, que dans le second comme dans le premier il n'y a d'initiative qu'*en avant*, que l'inventeur est toujours celui qui va plus loin que les autres [...]. Comment [comprendre] qu'en littérature il peut y avoir des révolutions *en arrière* [...], que c'est d'une révolution de ce genre que nous avons aujourd'hui avant tout besoin, et que cette révolution, le "réactionnaire" Proust vient justement en donner le signal[17]? » C'est donc avant tout la recherche des lois générales de l'âme humaine, libre de tout psychologisme, qui mit en sympathie Rivière et le roman proustien. Au rebours de Stendhal, le jeune critique voulait réhabiliter Racine contre Shakespeare, le classicisme contre le romantisme et ses avatars qui se contentaient de suggérer, au lieu de peindre et d'analyser. Mais il oppose aussi Proust aux écrivains réalistes qui « se sont condamnés à poser simplement devant eux des *objets*, mais sans les animer, sans les diversifier, sans les éclairer intérieurement[18] ». Cette lecture approfondie ne laissa pas Proust indifférent, loin de là ; il déplorait, cependant, que Rivière ne dise rien de sa construction romanesque, non plus que de la vision du monde qui s'y expose.

À la suite des reproches répétés touchant à l'absence de composition de son œuvre, qui se sont encore exprimés après le Goncourt, même sous la plume de critiques favorables, comme Jacques Boulenger, Proust voudrait que les volumes suivants soient publiés simultanément ; il a conscience que, dans l'architecture de l'ensemble, *Du côté de chez Swann* et *À l'ombre des jeunes filles en fleurs* constituent une ouverture annonçant des développements à venir, ou plutôt le porche et les premiers piliers et vitraux préfigurant la nef et l'abside de cette œuvre-cathédrale[19] en constante expansion, comme il aime à la nommer. Il se rend pourtant vite compte de la difficulté de semblable entreprise :

d'une part, son état de santé général et son acuité visuelle de plus en plus mauvaise l'empêchent d'écrire et de corriger des épreuves à un rythme soutenu — bien des lettres de cette époque sont écrites sous la dictée par Henri Rochat, qui restera à son service jusqu'en juin 1921 ; d'autre part, les nouveaux développements qu'il a composés pendant la guerre sous le titre de *Sodome et Gomorrhe* ne sont pas encore entièrement dactylographiés. Par ailleurs, Gaston Gallimard vient d'effectuer un second tirage des *Jeunes Filles* en deux volumes, et il incite le romancier à diviser le reste de l'œuvre. Celui-ci accepte, à la condition que la suite de la *Recherche* paraisse en deux fois : *Le Côté de Guermantes* serait scindé en deux volumes — le second comprendrait aussi la première partie de *Sodome et Gomorrhe* — publiés en même temps, *Sodome et Gomorrhe II* et *Le Temps retrouvé* fermeraient le cycle romanesque.

De plus en plus hanté par l'idée de la mort, qu'il évoque en toutes lettres au début de la préface qu'il fait, en septembre 1920, au livre de Paul Morand, *Tendres Stocks* : « Une étrangère a élu domicile dans mon cerveau. Elle allait, elle venait ; bientôt, d'après tout le train qu'elle menait, je connus ses habitudes [...]. Je fus surpris de voir qu'elle n'était pas belle. J'avais toujours cru que la Mort l'était[20] », Proust est pressé d'achever son œuvre. Vivant le plus souvent dans la réclusion, il multiplie les lettres dans lesquelles il évoque l'état de sa santé, jusqu'à importuner ses correspondants. Seule la caféine, dont il abuse, lui donne quelque force, tandis que les insomnies le minent. Ses vieux compagnons, comme Reynaldo Hahn et Lucien Daudet, l'accusent de se laisser étourdir par le succès et de les négliger ; ils ne comprennent pas qu'il lui est difficile de les recevoir. La plupart des échanges avec Gallimard et Rivière ont lieu par courrier. Parfois, Proust se fait une fête d'inviter quelques amis à dîner dans sa chambre. Bien qu'habillé, souvent avec goût, de cette élégance un peu surannée et apprêtée qui le caractérise, il reste couché. Une table est dressée à côté de son lit, recouverte de mets venant du Ritz. Le menu est souvent le même : poulet rôti, langouste, gâteaux au chocolat, glaces, arrosé de champagne ou de sauterne ; il est, en principe, destiné aux invités, car Proust se contente de picorer quelque nourriture. Quand il est seul, il a une prédilection pour la sole frite, les compotes de fruits et la glace à la framboise ; il aime aussi se désaltérer de bière glacée. Au total, il se nourrit peu et mal depuis plusieurs années. Mauriac, qui fut un soir convié rue Hamelin, décrit ainsi son amphitryon : « Un grand jeune homme à bout de peine, sacrifié à son œuvre dont il semblait émerger comme Lazare de ses suaires, et qui nous mangeait des yeux[21]. » Proust a toujours ce regard en saillie qui frappait tant les gens dans sa jeunesse.

Curieusement, au printemps, ses maux lui laissent un peu de répit ; ce qui lui permet d'aller plusieurs fois dîner au Ritz et d'assister, le 4 mai, à une représentation de *Shéhérazade*, à l'Opéra. À l'automne, il est contraint d'user de morphine pour calmer ses crises d'asthme. L'urgence qui l'habite le conduit à refuser un statut social qu'il a longtemps désiré, et que Rivière vient lui offrir en octobre 1919, celui de chroniqueur littéraire. À de nombreuses reprises, Rivière reviendra sur la question : il voudrait faire du romancier un collaborateur régulier dc la *NRF* — qui connaît alors un succès relatif avec un tirage d'environ 5 500 exemplaires, au lieu de 1 000 avant-guerre —, mais celui-ci est résolu à ne pas perdre de temps en faisant de la critique. Cela n'ira pas sans heurt. Rivière aura parfois l'impression que le romancier prend des distances à l'égard de la revue, impression confirmée lorsque Proust cherchera d'autres points de chute pour ses extraits. Après l'obtention du prix Goncourt, il songe à donner à Grasset des pages inédites du *Côté de Guermantes* pour une revue que celui-ci dirige, *Nos Loisirs*. L'éditeur est amer... De plus, il considère que Gallimard, qui ne lui a jamais payé l'indemnité compensatrice qu'il réclamait, ne s'est pas montré correct envers lui[22]. Proust voit là l'occasion de régler leurs comptes et leurs mécomptes, mais il doit s'abstenir devant l'opposition de Gaston Gallimard.

Cependant la lecture d'un article de Thibaudet, publié dans la *NRF* de novembre 1919, déniant à Flaubert la qualité de grand écrivain, au motif que son écriture paraît peu maîtrisée et que sa correspondance ne laisse point deviner un esprit supérieur, l'incite à soumettre à Rivière une étude qui paraîtra en janvier suivant sous le titre « À propos du "style" de Flaubert ». Pour la rédiger, Proust utilise des brouillons datant de 1909 ; à l'époque il souhaitait, en effet, donner une part importante à l'auteur de *L'Éducation sentimentale* dans l'essai sur Sainte-Beuve. Il se livre donc à une défense de Flaubert en employant des arguments d'ordre stylistique très pénétrants, qui démontrent que l'écrivain développe une « beauté grammaticale » et que son style exprime une vision du monde. Cela était déjà en gestation dans les pages écrites en 1909 et en 1910 : « Chez Flaubert les choses ne sont que notre vision[23] », écrivait-il alors. Le plus important est que Proust se livre indirectement à un exposé de sa propre esthétique. Il poursuit le même dessein, à l'automne 1920, quand il s'attache à montrer, dans la préface[24] aux nouvelles de Morand, citant Racine, Baudelaire, Stendhal et, à nouveau, Flaubert, que le style est une question de vision individuelle, par laquelle l'écrivain s'approprie les choses. Semblable conception repose sur une métaphysique, qui suppose que toute perception objective du monde est un leurre ; elle en appelle donc à la subjectivité de l'écrivain tourné vers les choses et faisant jaillir l'imaginaire de leur rapport. Ainsi en va-t-il de la vision tragique de la passion dans *L'Idiot* de Dostoïevski, l'un des romans pour lequel Proust a le plus d'admiration, « parce qu'il est décrit en *profondeur*, là où les lois générales commandent les phénomènes particuliers aussi bien dans le passé que dans l'avenir[25] ». À l'encontre du style artiste, celui des Goncourt, qui procède d'un regard superficiel, le style de Proust ne relève pas de l'observation mais d'un lien d'intentionnalité.

Au cours de l'année 1919, Proust a finalement peu travaillé à son œuvre, en dehors de quelques ajouts concernant le personnage d'Albertine et de la révision du séjour à Venise, extrait du futur *Albertine disparue*, pour en faire un ensemble autonome et cohérent publiable dans la revue *Les Feuillets d'art*[26]. En effet, le romancier ne souhaitait pas

réserver l'exclusivité de ses extraits à la seule *NRF*, si bien
qu'il répondit favorablement à la proposition de la revue,
laquelle avait, par ailleurs, fait paraître un article sur lui, en
juin, signé Jean Giraudoux. Proust a donc supprimé les passages relatifs à Albertine et à la grand-mère, lesquels
n'auraient pas été compréhensibles, et a actualisé les allusions politiques, qui se référaient, initialement, à l'affaire de
Tanger, pour renvoyer à des événements de la guerre et à la
récente prise de Fiume par D'Annunzio[27]. Cela dans le dessein d'insister sur la comédie dérisoire de la politique —
quand celle-ci ne devient pas tragédie, comme dans le cas
de la Russie bolchevique — et surtout de la diplomatie, qui
se ramène à une rhétorique creuse, détachée de son objet.

Les premières conséquences de la Conférence de la Paix,
laquelle a vu les Anglais et les Américains s'opposer aux
demandes françaises de garanties de sécurité, et l'esprit du
traité de Versailles, signé le 28 juin 1919, humiliant pour
l'Allemagne et dilatoire pour la France — aucune modalité
concernant le paiement des réparations n'a été adoptée —,
contrastent avec l'euphorie qui a suivi la victoire. Sans illusions, n'ayant jamais partagé les idées de grandeur politique
retrouvée non plus que la mystique d'une France civilisatrice incarnées par le Bloc national au pouvoir, Proust pen-
sera bientôt que diplomates et politiques ont saboté la paix.

CHAPITRE XV

Le trouble soleil de la gloire
1920-1922

Proust est maintenant un auteur qui a trouvé un public, même si ses tirages ne sont pas ceux que connaîtront un Paul Morand ou un François Mauriac. En décembre 1919, *À l'ombre des jeunes filles en fleurs*[1] bénéficie d'une première réimpression de 6 600 exemplaires, puis d'une autre du même ordre en février 1920 ; *Swann* est également réédité. La célébrité qu'amena brusquement le Goncourt lui fit chaud au cœur ; lui qui avait si souvent craint de n'être point lu reçut alors un grand nombre de lettres de félicitations. Son article sur Flaubert connaît un certain retentissement, Jean-Louis Vaudoyer en fait un compte rendu élogieux dans *L'Opinion* du 24 janvier 1920. On lui adresse des propositions d'édition à l'étranger : en octobre, la revue *The Dial* de Chicago publie un extrait de *Guermantes* grâce au poète Ezra Pound. Gaston Gallimard songe aux traductions ; un contrat est signé avec l'éditeur Calpe de Madrid, le 14 juin 1920 : *Por el camino de Swann* paraîtra en 1921 et *A la sombra de las muchachas en flor*, l'année suivante. La traduction en langue anglaise est bien sûr la plus attendue par Proust — la critique londonienne lui a toujours été favorable, et des amis lui ont rapporté que Henry James était un fervent admirateur de *Swann* —, mais des divergences avec Gallimard sur le traducteur feront que la version anglaise de *Swann* ne paraîtra qu'en 1922. Et voilà que la

litanie des griefs reprend. Proust accuse Gallimard de négliger cette question des traductions — ce qui semble un
reproche pour partie justifié : l'éditeur se débrouille effectivement mal — et surtout d'omettre de réapprovisionner les
libraires en exemplaires des *Jeunes Filles*, reproche bien
injuste celui-là. Quand quelques mois plus tard Gallimard
rencontrera des difficultés financières passagères à la suite
de l'ouverture d'une nouvelle librairie, Proust, dans l'attente
du règlement de ses droits, l'accusera de préférer sa gestion
à ses auteurs et laissera courir le bruit qu'il n'a jamais rien
touché de la NRF, à telle enseigne que Gide, qui le tiendra
de Valéry, s'en inquiétera[2]. Jacques Rivière jouera bien souvent le rôle du médiateur afin de rapprocher les points de
vue. Proust se repose sur lui dès qu'il s'agit de l'essentiel :
la composition de son livre, qu'il craint sans cesse de voir
tronqué. Par ailleurs, il compte sur lui plus que sur
Gallimard pour publier, en cas de malheur, les volumes restants dont il a numéroté, par précaution, les cahiers manuscrits. En février 1920, alors qu'il corrige les épreuves de
l'ensemble du *Côté de Guermantes*, Proust demande à
Rivière de lui trouver un lecteur capable de l'aider dans son
travail. D'autre part, il a beaucoup revu le début du volume :
les trente premières pages sont si surchargées de corrections
qu'il faudra les recomposer ; il le regrette, mais se fâche
quand il se rend compte que Gallimard les fait à nouveau
dactylographier avant de les envoyer à l'imprimeur, jugeant
qu'il s'agit là d'une perte de temps. Il semble que la NRF
accède à la demande de Proust et lui envoie pour l'aider à
corriger ses épreuves un jeune dada, André Breton. Très
complexes, les épreuves du *Côté de Guermantes* donnèrent
lieu à bien des confusions.

Autres signes de notoriété, les journaux et revues qui l'ont
si souvent écarté au long de sa vie recherchent maintenant
sa collaboration lorsqu'ils se livrent à des enquêtes ayant
trait à la littérature. Le directeur des *Feuillets d'art* voudrait
lui confier la direction littéraire de sa revue ; *La Revue hebdomadaire*, *La Revue de Paris* souhaitent son concours. En
1921, Alfred Vallette lui-même sollicitera une préface à un

roman de Léon Pierre-Quint. Il semble que la revue dadaïste *Littérature*, dirigée par Breton et Soupault[3], ait envisagé de publier des bonnes feuilles de *Guermantes*. Il est loin le temps où Proust quémandait à Henri de Régnier l'autorisa- tion de faire un article dans *Le Figaro* pour appuyer sa can- didature à l'Académie. Il fait partie de plusieurs comités, en particulier celui qui se donne pour mission de faire élever un monument à Flaubert. Comme Barrès, Bergson, Gide et Valéry, il devient membre du jury du prix Blumenthal — il s'agit d'une fondation américaine pour la Pensée et l'Art français récemment créée par une riche mécène, Florence Blumenthal —, il fera d'ailleurs décerner l'un des prix à Jacques Rivière en 1920, usant par là de son influence récente, puis il soutiendra la candidature d'André Breton dont il vient de lire *Les Champs magnétiques*. Reynaldo Hahn le convainc de demander la Légion d'honneur ; il sera nommé au grade de chevalier le 24 septembre 1920. En avril, il avait sérieusement envisagé de présenter sa candida- ture devant l'Académie française. Mais la prochaine publi- cation de *Sodome et Gomorrhe* n'est-elle pas un obstacle ? Henri de Régnier, sollicité, lui fit savoir que les quatre fau- teuils vacants sous la Coupole avaient sans doute déjà été attribués. Proust alla tout de même voir Barrès, qui ne se montra guère encourageant, le jugeant bien prétentieux. Cela n'empêcha pas Proust de revenir à la charge auprès de l'auteur du *Jardin de Bérénice*, en juin 1921, après le décès d'un membre du cénacle.

Proust n'oublie pas qu'il doit une partie de son succès à Léon Daudet. Il lui dédiera *Le Côté de Guermantes* et il écrit un article dithyrambique — qui ne paraîtra pas[4] — à propos d'un de ses volumes de *Souvenirs*, allant jusqu'à comparer le mémorialiste à Saint-Simon. Même s'il goûte fort peu le politique en Léon Daudet, non plus que l'édito- rialiste de *L'Action française* qui attaque inlassablement Aristide Briand pour qui Proust a de la sympathie, la recon- naissance l'emporte et l'oblige, peut-être malgré lui, à voir, avec quelque affectation, chez ce polémiste un cœur pur à qui il prête des sentiments proches des siens : le goût de la

simplicité des âmes humbles et une propension universelle à
la sympathie. Mais, désillusionné, Proust ne croit pas en
l'amitié, il n'y voit qu'un avatar affectif, un désespoir de
l'intelligence. Le temps n'est plus aux joyeuses réunions
nocturnes rue de Courcelles, non plus qu'aux rêves de
pactes amicaux inviolables avec Reynaldo Hahn ou les
frères Bibesco. Il y eut bien, au cours de cette année 1920,
une amitié de loin avec Natalie Barney, mais elle ne résista
pas à la première rencontre. Morand avait voulu les rapprocher ; ils échangèrent donc leurs livres, mais lorsqu'ils firent
connaissance, un soir de novembre, après l'avoir longtemps
désiré, l'amazone et le romancier ne trouvèrent rien à se
dire. Le temps est venu des relations admiratives : des
jeunes écrivains comme Jacques de Lacretelle, Jean
Giraudoux, François Mauriac quêtent ses approbations. Il
est rempli de prévenances et tente d'obtenir des comptes
rendus de leurs livres — dans le cas de Lacretelle son
admission dans le cénacle NRF. S'il conçoit un réel intérêt
pour Giraudoux, en qui il voit « le nouvel écrivain », car « il
unit les choses par des rapports nouveaux[5] », la préface qu'il
écrit, en septembre 1920, au recueil de nouvelles de son ami
Paul Morand est un éloge qui n'exclut pas des réserves sur
le style. Il lui reproche sans doute ses images instantanées
qui n'empruntent pas les chemins de la perception mais procèdent d'une collusion entre éléments, comme ces autobus
de Londres que Morand décrit vêtus de réclames et bruyants
comme des tiroirs. Il revoit aussi Louis Gautier-Vignal, qui
fréquente les mêmes cercles littéraires. En 1920, un dialogue
à distance s'instaure avec le romancier anglais Sydney Schiff
— lequel traduira plus tard *Le Temps retrouvé* —, dialogue
sincère et profond qui s'étaie sur la façon dont la *Recherche*
creuse l'être et le monde, dialogue unique qui rappelle les
anciennes lettres à Reynaldo et à Mme Straus, comme une
lueur au soir de la vie.

Depuis mars 1920, Proust sait qu'à l'encontre de ce qu'il
avait espéré *Le Côté de Guermantes I* paraîtra seul ; il est
donc amené à modifier certains passages pour que ce
volume forme un tout. Celui-ci se termine sur la maladie de

la grand-mère, laissant le lecteur dans l'incertitude quant au sort du personnage. Le procédé tient du roman-feuilleton, mais il témoigne d'une certaine habileté. Au cours du printemps, Proust corrige les deuxième et troisième jeux d'épreuves. Le 2 septembre, Gallimard lui apporte le volume imprimé. Proust est consterné par les nombreuses erreurs qu'il contient : entre autres, le nom de Bergson se substitue deux fois à celui de Bergotte... Il rédige vingt-trois pages d'errata, ce qui retarde la parution. Lorsqu'il est placé en librairie, le 25 octobre, le roman a déjà fait l'objet d'annonces dans la presse sous la plume de Léon Daudet (*L'Action française*, 8 octobre 1920) et de l'écrivain Émile Henriot qui avait rédigé quelques lignes pénétrantes à la lecture des bonnes feuilles (*La Vie des peuples*, 25 septembre 1920). Cette fois, la critique est élogieuse ; même *L'Intransigeant* (1ᵉʳ novembre 1920), jadis sévère, salue *Le Côté de Guermantes I* comme la suite d'une œuvre considérable et extraordinaire. Dans la *NRF* de février 1921, Louis Martin-Chauffier fait justice des critiques sur l'absence de composition. Proust est cependant un peu fâché que Paul Souday[6] n'ait pas vraiment compris que ce volume qui traite de l'initiation sociale et mondaine n'est pas une peinture du snobisme, mais une tentative pour en dégager l'essence dans ses principes psychologiques et sociaux, et irrité que Jean Schlumberger parle encore de « mémoires » dans un article de *L'Alsace française* (19 mars 1921), comme Henri de Régnier le fera aussi, quelques mois plus tard, dans un article du *Figaro* (19 septembre 1921). La réception critique du volume suivant, qui paraît le 2 mai 1921 et contient la fin de *Guermantes* et le début de *Sodome et Gomorrhe*, est également favorable. Paul Souday écrit dans *Le Temps* : « Marcel Proust est un Bergson ou un Einstein de la psychologie romanesque[7] », mais exprime quelques réserves d'ordre moral. Fernand Vandérem fait dans *La Revue de France* du 15 juin un compte rendu de l'ensemble du *Côté de Guermantes*, tandis que Roger Allard évoque *Sodome et Gomorrhe I* dans la *NRF* de septembre 1921 en termes objectifs, inspirés des lois de l'inconscient freudien[8].

La publication de ce volume n'a pas été sans mal[9]. En septembre 1920, Proust s'impatiente de ne pas recevoir d'épreuves de *Guermantes II*, car il tient à faire quelques modifications et ajouts de détail, alors que *Sodome et Gomorrhe I*, qui présente la scène de séduction du giletier Jupien par le baron de Charlus, est prêt mais encore sur manuscrit. Ce n'est que le 20 janvier suivant qu'il accepte de tout renvoyer à Gallimard après avoir revu la fin des épreuves de *Guermantes*. Ce dernier fait alors dactylographier *Sodome et Gomorrhe I*; Proust, atteint d'une grande fatigue, consacrera beaucoup d'énergie à relire le dactylogramme qu'il remanie en plusieurs endroits, récrivant notamment le début. Pour la révision des épreuves il sera heureusement aidé par Gaston Gallimard, Jacques Rivière et surtout Jean Paulhan, lesquels seront les véritables correcteurs de *Sodome et Gomorrhe I*.

La parution de l'ouvrage de 284 pages, tiré à 8 000 exemplaires, sans compter les 1 000 formant l'édition originale réservée, coïncide avec la publication d'un article que Gide écrivit dans la *NRF* de mai après avoir lu *Le Côté de Guermantes I* sur l'insistance de son ami Charles du Bos[10]. Gide dit son intérêt pour l'œuvre de Proust — qu'il a pourtant lue avec quelque distraction; il reconnaît dans son *Journal*, à la date du 22 septembre 1938, qu'il vient d'achever les *Jeunes Filles*! —, analysant sa poétique et sa dimension existentielle. Il se montrera plus réservé à la lecture de *Sodome et Gomorrhe*, et même indigné par la peinture de l'inversion, à laquelle Proust donne une origine mythique, renvoyant à l'androgyne de Platon avec la caution scientifique du darwinisme qui considère la division des sexes comme un phénomène récent dans l'évolution de l'espèce. Comme beaucoup de critiques homosexuels qui s'exprimeront par la suite, Gide est surtout heurté par le fait que Proust présente l'inversion comme un vice inné et tragique, voire une maladie nerveuse[11]. En fait, le créateur de Ménalque milite en faveur d'une homosexualité qu'il estime civilisatrice. Proust ne prétend à rien de tel: il décrit des passions, violentes, sans prétendre à l'établissement d'une quelconque typologie non plus qu'à une morale; tout juste se borne-t-il à référer l'inversion à la naturalité, renvoyant ainsi à la vulgate schopenhauerienne, mais ce n'est pas là une véritable explication. Dans *Corydon*, ouvrage paru anonymement il y a bien des années, et pour lequel il cherche désespérément une caution scientifique, rêvant que Freud pourrait en être l'auteur[12], Gide s'était précisément attaché à établir une typologie de l'inversion. Selon Gaston Gallimard, Gide aurait dit à Proust : « Vous avez fait reculer la question de cinquante ans. » Et Proust aurait répondu : « Pour moi, il n'y a pas de question, il n'y a que des personnages[13]. » Le mot semble controuvé, mais il témoigne de l'essentiel. Si Proust emprunte des masques, ce sont ceux de ses personnages, non ceux du moralisateur ou du prophète.

D'autres réactions d'ordre moral se feront jour, illustrant ainsi les craintes du romancier. *L'Action française* évoquera le volume sans citer son titre dans un article, somme toute louangeur, comparant Proust à « un Saint-Simon de la vie intérieure » ; Léon Daudet n'en continua pas moins à le soutenir. Jacques Boulenger ne fera pas d'article dans *L'Opinion*, par peur de perdre des abonnés... Jacques Rivière, un rien jésuite —, il voulait voir en Proust un contempteur du vice —, fera des coupures dans l'extrait de *Sodome et Gomorrhe II* à paraître dans la *NRF* d'octobre, pour lequel Proust reprend le titre « Les intermittences du cœur », marquant ainsi que l'homme est soumis, en raison de la discontinuité des sentiments, à l'immanence de la mémoire et des passions [14].

Proust a beaucoup retravaillé *Sodome et Gomorrhe II*, introduisant de nouveaux personnages pour multiplier les effets dramatiques ou comiques, toujours attentif à les intégrer dans l'ensemble poétique et romanesque que représente le livre. Il continue ce travail de révision sur la dactylographie que Gallimard lui a fait parvenir en janvier 1921, puis attend avec impatience de recevoir les épreuves. Il en disposera fin juin mais n'en corrigera que le début, car il veut donner une partie importante du volume en prépublication aux *Œuvres libres*, revue mensuelle ne publiant que des textes inédits qui vient d'être lancée par Henri Duvernois chez Fayard, en échange de droits substantiels payés immédiatement[15]. Il retouche donc considérablement les passages se rapportant à la soirée chez la princesse de Guermantes à partir de la dactylographie[16], négligeant la relecture des épreuves. Il les révisera de septembre à novembre afin d'en distraire certaines parties. Cet épisode marque un nouveau malentendu entre Proust et son éditeur. Celui-ci s'est en effet montré très réticent devant la parution, en novembre 1921, de 156 pages du roman sous le titre de « Jalousie », que Fayard présente comme un « roman inédit et complet de Marcel Proust ». Il a demandé au romancier, évoquant l'esprit de leur contrat, de ne pas renouveler sa collaboration aux *Œuvres libres*. Proust admet difficilement ces exigences d'exclusivité de la NRF, qu'il nomme ironiquement les « œuvres serves », bien qu'il se soumette dans certains cas : ainsi, en octobre 1920, alors que Grasset voulait publier des « Pages choisies » de Proust, celui-ci refusa car il s'agissait en fait d'un véritable volume et non pas de simples extraits. Pour la même raison, il s'abstint de publier dans la collection dirigée par Daniel Halévy, « Les Cahiers verts », chez le même éditeur, après avoir laissé entendre à son ami, en janvier 1921, qu'il y collaborerait volontiers. D'autre part, il a encore mille reproches à adresser à la NRF : il estime que ses tirages restent faibles en regard de ceux des autres lauréats du prix Goncourt, et se plaint donc d'avoir été la victime d'un mauvais lancement ; ses droits d'auteur versés maintenant sous forme de mensualités le seraient de manière sporadique[17] et, jusqu'à la fin, il considérera — ce qui est exact — que la NRF est débitrice à son égard ; Jacques Rivière ne tient pas suffisamment compte de ses recommandations en n'accédant pas aux demandes de comptes rendus des ouvrages de ses amis et en différant poliment la publication de textes de Jacques Porel ou de Sydney Schiff ; les épreuves qui lui parviennent sont fautives, comme si ses relectures souvent précipitées n'en étaient pas, en partie, la cause ; chaque fois qu'il fait téléphoner chez Gaston Gallimard ou qu'il envoie Odilon le chercher, celui-ci est absent. Au total, la NRF ne lui accorde pas toute l'attention nécessaire ; à preuve, la parution de ses volumes n'est pas annoncée dans la revue, la publicité est insuffisante, alors que dans les *Œuvres libres* il est présenté comme l'un des écrivains contemporains les plus importants. Tout cela est en grande partie injuste, le mur des malentendus s'épaissit entre l'écrivain et la NRF, ce qui n'empêche pas Proust de protester de son amitié dans les lettres qu'il adresse à Gaston Gallimard, lequel le trouve impossible mais lui conserve de la sympathie.

Du fond de sa chambre qu'il quitte de moins en moins souvent, cloué au lit par une asthénie persistante et de fréquentes périodes de fébrilité seulement améliorées par des injections d'adrénaline et de caféine, puis, à l'automne, par des crises qui l'obligent à faire des fumigations tard dans la soirée, compliquées de troubles nerveux le poussant à consulter à nouveau le docteur Babinski, Proust perçoit les échos étouffés de l'époque que traduisent les ouvrages de Morand comme *Ouvert la nuit*, ou encore les nouvelles sonorités du jazz qui éclatent au Bœuf sur le Toit, cabaret artiste où trônent Cocteau et Darius Milhaud. Proust y passera une soirée de juillet 1922 en compagnie d'Edmond Jaloux. Pris dans une algarade avec d'autres consommateurs avinés, il envisagera de demander réparation, comme au temps de sa jeunesse. En dépit de ses faiblesses, Proust a toujours le goût du défi.

Les médecins Bize et Babinski l'incitent à sortir, mais il n'ose accepter une quelconque invitation, craignant toujours de ne pouvoir s'y rendre, d'importuner ses hôtes par ses retards ou d'être pris d'une crise d'asthme que la moindre odeur peut provoquer. À l'automne 1921, il s'oblige, une fois la semaine, à emprunter le taxi d'Odilon pour une promenade qui le conduit souvent au Ritz. Là, il loue une chambre pour dîner à l'abri des courants d'air et des regards indiscrets ; parfois, il travaille ou reçoit des amis. De temps à autre, il accueille, rue Hamelin, écrivains et critiques : Mauriac, Gide, Lacretelle ou Jacques Boulenger, qu'il ne verra qu'une seule fois. Il ne prend plus la peine de s'habiller et reçoit vêtu d'un de ses méchants tricots, portant une barbe de plusieurs jours, la voix souvent étouffée ; tous se rendent compte de l'état de délabrement physique dans lequel il se trouve, alors que certains, lassés de ses plaintes incessantes au long d'interminables lettres dans lesquelles il prétend ne s'être pas levé depuis six mois, pas nourri depuis dix jours, le considéraient comme un hypocondriaque. De passage à Paris, le philosophe suédois Algot Ruhe, admirateur de *Swann*, s'est livré à une véritable enquête policière pour découvrir l'adresse de Proust. Il a fait part de son désir de le rencontrer à Paul Morand, qui accepte de jouer le rôle d'intermédiaire. Un soir de janvier 1921, il pénètre dans l'antre du romancier. La conversation roule sur les écrits du visiteur, selon cette méthode socratique chère à Proust qui amène tout interlocuteur à se dévoiler peu à peu avec la plus entière insouciance. Il recevra aussi, en pleine nuit, l'historien Bernard Faÿ, lequel dispense des cours sur son œuvre à l'université Columbia de New York. Ces rencontres agrémentent quelque peu sa vie, dont il imagine la fin proche, la *Recherche* restant sa seule obsession. Les épreuves de *Sodome et Gomorrhe II* à peine corrigées, il pense à *Sodome et Gomorrhe III* qui n'est pas encore dactylographié et qu'il aimerait voir publié en octobre ; il envisage, avant *Le Temps retrouvé*, un quatrième volume de *Sodome* pour clore l'épisode d'Albertine. Cela l'amène à refuser de faire une étude sur Dostoïevski, comme il en avait réalisé une sur Baudelaire qui avait paru en tête du numéro de juin de la *NRF*. Dans cet article, Proust ferraille à nouveau contre Sainte-Beuve que Daniel Halévy avait récemment défendu, en en faisant un maître du goût juste, un épicurien, tenant ses aveuglements pour de simples scories. Proust rappelle combien Sainte-Beuve s'est trompé sur l'auteur des *Fleurs du mal* et salue en Baudelaire un classique : dans ses vers il retrouve le génie de Racine et, inversement, il juge que « rien n'est si baudelairien que *Phèdre*[18] ». Le véritable créateur est celui qui est pénétré de l'essence de la tradition tout en bouleversant la forme, ce qui peut le rendre, pour un temps, obscur. La peinture de Manet comme la musique de

Fauré furent incomprises, leur originalité apparut au trébu-
chet du temps, parce que les œuvres s'inscrivent dans une
continuité. Il faut voir dans cette idée non seulement un avatar de la pensée idéaliste du romancier, mais aussi une
forme d'optimisme pour lui-même qui ne connaît que des
tirages honnêtes[19] en regard des milliers d'exemplaires vendus par d'autres, tel Morand devenu le protégé de la maison
Gallimard. Toujours et encore, Proust parle de son œuvre à
travers celle des autres[20]; Jacques Rivière ne l'avait-il pas
précisément défini comme un classique dans la *NRF* de
février 1920 ?

En même temps qu'il se défausse de l'article sur
Dostoïevski, il refuse aussi, avant de se raviser, de donner à
Rivière des extraits de *Sodome et Gomorrhe II*, car il est
occupé par la parution prochaine dans *Les Œuvres libres*
ainsi que par la préparation du volume suivant, qui n'est pas
encore dactylographié. Poussé par le désir de voir au plus vite
son livre publié, il laisse entendre, avec un rien d'audace, à
Gaston Gallimard que les épreuves seront inutiles et qu'il
donnera le bon à tirer à partir de la dactylographie. Celui-ci,
ayant été contraint de faire composer à nouveau *Sodome et
Gomorrhe II* — Proust ayant négligé une partie des épreuves
et révisé son texte sur la dactylographie —, voudrait, pour
plus de sûreté, l'aider à mettre au point lui-même ce nouveau
volume. Refus du romancier. Les limites du livre ne sont pas
encore arrêtées ; il songe même à en faire un roman court. Si
certaines parties sont définitivement écrites, ainsi la fin du
volume qui rapporte la mort d'Albertine et l'œuvre de l'oubli
— ce qui deviendra *Albertine disparue* —, d'autres semblent
encore en gestation, comme le passage sur la mort de
Bergotte. Il est certain que Proust ne voulait pas que ce personnage qui incarne l'archétype de l'écrivain original connût
la déchéance. La rédaction de sa mort devant le tableau de
Vermeer, la *Vue de Delft*, est inspirée d'une visite que Proust
fit lui-même, en compagnie de Jean-Louis Vaudoyer, vers le
20 mai 1921, au musée du Jeu de Paume qui proposait une
exposition sur la peinture hollandaise. Proust avait pu lire
dans *L'Opinion* les articles que Jean-Louis Vaudoyer avait

consacrés à Vermeer, où était évoquée la lumière si particulière du peintre. Il se souvint de sa visite au Mauritshuis de La Haye, en 1902, et de sa fascination pour la *Vue de Delft*; il voulut revoir le tableau. Au musée, il s'attarda longuement devant celui-ci, comme s'il soupçonnait une parenté profonde entre la manière du peintre qui fait scintiller la réalité pour tout à la fois la célébrer et l'épuiser, et sa propre technique romanesque. Vaudoyer doit le soutenir, car, épuisé, il est alors pris de vertiges. Ils iront ensuite visiter l'exposition Ingres à l'hôtel des Antiquaires avant de s'arrêter au Ritz pour se restaurer.

Proust travaille donc à la mise au point de la fin du « roman d'Albertine » et voudrait en faire un volume divisé en deux parties. À la mi-février 1922, il engage Yvonne Albaret, la nièce de Céleste, pour lui tenir lieu de dactylographe. Il hésite, cependant, au long de l'année 1922, sur l'extension exacte à donner à l'ouvrage qu'il pense intituler *Sodome et Gomorrhe III*, avant de changer d'avis, en juin, par crainte que les lecteurs ne confondent les différents *Sodome*, et de songer à scinder l'ensemble en deux ouvrages qui comporteraient des titres distincts : *La Prisonnière* et *La Fugitive*. La parution d'un livre de Tagore portant ce dernier titre l'amène à renoncer, en juillet, à cette idée. Mais, en ce début d'année, après avoir passé la nuit du réveillon chez le comte de Beaumont, grand fêtard des années d'après-guerre — parce qu'il faut bien se résoudre à franchir, fût-ce avec quelque lassitude, ce cap qui lui rappelle trop les joies de l'enfance quand son frère et lui découvraient leurs jouets au matin du Jour de l'An, ainsi que les promesses oubliées par la vie —, Proust, qui a pris l'habitude de se doper à l'adrénaline, attend avec impatience les épreuves de *Sodome et Gomorrhe II*. La parution est fixée au 1er mai et il craint que les délais ne soient trop courts, car il désire apporter encore des modifications au texte. Une nouvelle controverse éclate avec Gaston Gallimard au sujet de la tomaison du livre. Celui-ci veut le diviser en trois volumes, ce que Proust juge désastreux mais il se rangera à cet avis et fera le nécessaire pour établir des césures cohérentes.

Sodome et Gomorrhe II paraît, comme prévu, le 29 avril 1922. Avec l'accord plein et entier de Gallimard, deux nouveaux extraits ont été publiés en revue au mois d'avril[21], ainsi qu'un court passage dans *Le Figaro* du 30 avril en manière de publicité[22]. L'éditeur a veillé tout particulièrement aux services de presse et aux annonces dans les journaux, mais Proust considère que les démarches de Gallimard manquent d'efficacité, qu'il est inutile d'envoyer des services aux journaux de province, que la publicité est insuffisante. Les reproches reprennent, peut-être parce que l'éditeur vient de soumettre à l'écrivain une révision de son contrat, établissant un nouveau calcul des droits d'auteur sur une base fixe au lieu du pourcentage en vigueur. Il propose de lui verser un franc par ouvrage; Proust, qui a bien compris qu'il perdait au change, exige au moins un franc cinquante. Gallimard n'insiste pas. Décidément, la question pécuniaire reste une pomme de discorde. Si dans cette dernière affaire l'éditeur joue incontestablement le mauvais rôle en essayant de revenir sur les avantages consentis à Proust en 1918, la susceptibilité de celui-ci est à fleur de peau : il croit par exemple qu'un écrivain de second ordre, comme ce Pierre Hamp qui a la faveur du public avec des romans engagés, touche des droits plus élevés que lui — ce qui n'est pas avéré.

Sodome et Gomorrhe II constitue un nouveau succès d'estime. La critique est dans l'ensemble élogieuse : Gaston Rageot compare Proust à Saint-Simon (*Le Gaulois*, 10 juin 1922), Fernand Vandérem vante l'art de créer des personnages (*Revue de France*, 15 juin 1922), Jean Schlumberger parle d'une « nouvelle Comédie humaine » dans *Le Figaro* du 16 juillet[23]. *L'Écho de Paris* présente même le romancier comme un possible Nobel. Les louanges sont telles que Proust s'étonne qu'on « avale *Sodome et Gomorrhe* comme une bondieuserie[24] », bien que dans *L'Opinion* du 27 mai un critique anonyme ait évoqué les « vices honteux » dont sont atteints les personnages. Edmond Jaloux balaiera les critiques anciennes sur l'absence de composition. Proust suit cela d'un œil attentif. Il somme Gallimard d'exploiter ces

articles dans un dessein publicitaire. Il prend la plume pour
remercier les uns et les autres de leurs contributions, s'attachant ici à préciser un point de détail, là à justifier ses choix.
À Paul Souday qui a commis une critique réservée dans *Le
Temps* du 12 mai, émaillée de reproches touchant à la syntaxe, il fait une réponse en forme de pastiche dans laquelle
l'ironie se déploie sous les atours de la magnanimité pour
démontrer que la grammaire n'est pas le style. Proust tient en
piètre estime les célibataires de la grammaire, collectionneurs
de mots rares, amateurs de sens étymologique et gardiens du
temple de la syntaxe. Il pense que l'écrivain véritable
s'affranchit de l'ordre et des règles, ainsi Racine, dont il
aime à citer ce vers « barbare » d'*Andromaque* :

Je t'aimais inconstant, qu'aurais-je fait fidèle !

Comme l'a fort bien noté François Mauriac, Proust voit
« monter et luire le trouble soleil de la gloire[25] ». Le collectionneur Jacques Doucet s'offre d'acheter ses manuscrits,
mais, lorsqu'il apprend que ce dernier compte léguer sa
bibliothèque à l'État, le romancier, jaloux de son alchimie,
hésite, craignant que, plus tard, on puisse tirer d'absurdes
conjectures sur sa façon d'écrire. À l'étranger sa renommée
grandit, les traductions de *Swann* paraissent à Londres et à
Madrid. En 1921, Paul Morand présente Proust comme le
grand romancier français contemporain dans la revue italienne *La Ronda*. À plusieurs reprises, les journaux anglais
font allusion à son œuvre. L'article que John Middleton
Murry publie en février 1922 décrit avec perspicacité la
phénoménologie du roman[26]. En Allemagne, Ernst Robert
Curtius fait paraître une critique dans *Der Neue Merkur* de
février 1922, dont le numéro de juillet de la *NRF* donnera
des extraits. En France paraissent également des études
dépassant le simple compte rendu. Outre les travaux de
Rivière, on peut lire dans *Le Mercure de France* une longue
analyse de René Rousseau, intitulée « Marcel Proust et
l'esthétique de l'inconscient », dans laquelle il rapproche
Proust et Freud : « Le genre adopté par Marcel Proust présente le caractère de l'inconscient, non pas seulement par

son origine, mais encore par son assimilation rigoureuse avec les phénomènes du sommeil et du rêve[27]. » La comparaison ne pouvait que toucher Proust qui disait « pêcher en quelque sorte dans les profondeurs de l'inconscient[28] » ; de plus, il a fait de nombreux ajouts dans ses manuscrits au sujet de l'activité onirique, bien qu'il n'ait jamais rien lu du médecin viennois. En revanche, il connaît bien les thèses bergsoniennes : pour le philosophe, le rêve ressuscite le passé dans sa plénitude ; ses effets sont à rapprocher de ceux de la mémoire involontaire. D'autre part, l'utilisateur de narcotiques qu'il est sait que le monde du sommeil profond est frère de celui de la mort. Un jour de 1921, l'absorption d'une dose trop forte de somnifère lui fit d'ailleurs craindre le pire. Le soleil de la gloire ne serait-il pas un astre fantôme jetant ses faibles lueurs au crépuscule de la vie ?

CHAPITRE XVI

Le mot « fin »
1922

« Mais déjà vient la nuit [...] sur laquelle le jour ne se relèvera pas[1] » : cette phrase de la fin du *Temps retrouvé* qui
résonne comme une menace pour le livre à venir fut écrite il y
a bien des années ; elle prend aujourd'hui un sens prémoni-
toire. Certes, Proust sort de temps en temps dans le monde,
mais c'est pour saisir encore quelques aspects de la comédie
humaine qui serviront à nourrir son roman. Au printemps, il
écrit à Walter Berry : « J'ai été tellement souffrant, hélas ! —
je dis hélas ! à cause de mes livres à finir, car la vie elle-
même je n'y tiens nullement[2]. » En juin, il est pris d'une
fièvre rhumatismale, puis il a des malaises qui laisseraient
présager des crises d'urémie. Enfermé dans sa chambre quasi
monacale, toujours emmitouflé, car la pièce est peu chauffée
en raison d'une cheminée défectueuse, relié au monde exté-
rieur grâce à Céleste et Odilon Albaret qu'il considère comme
sa famille, il contemple ses manuscrits inachevés, ou plutôt
non parachevés, empilés à son chevet sur sa petite table en
bambou qu'il appelle « la chaloupe » et sur la cheminée,
comme on regarde un enfant qui s'en va. Il a troqué le goût
des mots d'esprit contre une ironie cynique. La façon absurde
qu'il a de se soigner, négligeant les recommandations des
médecins, participe de ce comportement. S'il ne craint pas la
mort, il est habité depuis longtemps par une angoisse existentielle dont la maladie est l'un des signes. La mise en scène

continuelle de ses maux est une attitude de compromis entre la souffrance solitaire et le dessein d'exister pour autrui, bien qu'il conçoive l'être comme enfermé en soi et insensible à la douleur comme à la peine des autres hommes.

Quand il s'oublie, il éprouve envers ses amis ce mouvement de sympathie naturelle qui lui est propre. Il a toujours aimé la compagnie des gens simples, plus authentiques que tous les Guermantes du monde, ces myopes vertueux qui lisent la *Recherche* comme un panégyrique de la noblesse. En Céleste il voit une jeune femme sage et téméraire, au caractère entier, à l'esprit moqueur. Il s'amuse de sa spontanéité, en somme fort raisonnable, qui lui fait considérer les vers de Saint-John Perse comme des devinettes, traiter Cocteau de polichinelle et trouver à Gide des airs de faux moine. Il se démène pour aider Clément de Maugny qui cherche une place dans les services diplomatiques, apporte son soutien à des confrères dans le besoin : il voudrait que Rivière obtienne pour son roman *Aimée* le prix Balzac, prix récemment créé à l'initiative de Bernard Grasset et de Basil Zaharoff, et intrigue pour que le prix Blumenthal aille à Paulhan. Hélas ! le premier est sans doute réservé à un auteur Grasset ; quant au second, il n'ira pas au nouveau secrétaire de la *NRF*, jugé trop âgé. Proust, qui sait quand il le faut pardonner les offenses, mais tient la rancune pour un sentiment noble parce qu'elle participe de la mémoire et qu'elle rappelle chaque individu à la conscience de ses actes — ainsi le refus de *Swann* par la NRF, en 1914, est la cause de toutes les réticences qu'il éprouve aujourd'hui envers son éditeur —, montre cependant une grande indulgence à l'égard de Montesquiou dont la gloire mondaine n'est plus qu'un souvenir. Malade et ignoré, celui-ci tente de manière touchante de renouer le fil de l'amitié ; Proust, attristé par une telle déchéance, suggère à Jacques Boulenger, rédacteur en chef à *L'Opinion*, d'offrir au comte une critique d'art. Montesquiou mourra, solitaire, le 11 décembre 1921.

Fin avril, Sydney Schiff et sa femme Violet font un séjour à Paris et désirent ardemment rencontrer Proust. Après un premier rendez-vous manqué, ils conviennent d'une entrevue au Ritz, le 1ᵉʳ mai. Pour se donner quelque force, Proust avale une dose d'adrénaline non diluée, ce qui provoque des brûlures d'estomac très pénibles pendant plusieurs jours. Ils se verront encore à deux reprises, en particulier le 18 mai au cours de la soirée que le couple donne à l'hôtel Majestic en l'honneur de la troupe des Ballets russes. Diaghilev est là, entouré de Pablo Picasso et de James Joyce. Proust fait une courte apparition en fin de soirée, puis il s'offre de raccompagner ses hôtes et l'écrivain irlandais dans le taxi d'Odilon. Aucun des deux romanciers n'ayant lu l'œuvre de l'autre, Proust et Joyce se croisèrent sans se rencontrer. Bien qu'obsédé par l'accueil fait à *Sodome et Gomorrhe II* et par la mise au point de la suite de la *Recherche*, Proust donne l'impression qu'il a consenti à la mort. À Lucien Daudet venu lui rendre visite, il cause de la peine, car il se dérobe aux gestes de tendresse et le laisse partir avec un regard qui semble déjà lointain. Un soir qu'il rencontre Jeanne de Caillavet, redevenue Pouquet après son veuvage, la grande passion de ses vingt ans, il se montre presque sarcastique : « Vous me trouvez bonne mine ? Mais je suis mourant, Madame, mourant. Bonne mine ? Ah ! Ah ! Ah ! c'est trop drôle. Ne venez pas. Ne soyez pas froissée de mon refus. Vous êtes gentille, mais je ne peux plus recevoir mes amis, dit-il, les yeux pleins de larmes. J'ai un travail pressé à finir. Oh oui très pressé³. » Eût-il alors appris que Morand déclarait que *Sodome et Gomorrhe* allait lui coûter l'Académie, que Bergson montrait quelque désinvolture devant sa renommée, qu'il aurait jugé tout cela bien dérisoire.

Il se rappelle que depuis quinze ans sa vie s'est jouée tout entière dans l'œuvre en constante expansion comme une « existence à la recherche de son essence⁴ ». Une après-midi de printemps, il lance tout à trac à Céleste : « Cette nuit, j'ai mis le mot " fin " », ajoutant : « Maintenant je peux mourir⁵. » Dans les jours et les semaines qui suivirent, son énergie déclina peu à peu. L'œuvre n'est pas pour autant totalement terminée, même s'il juge, depuis quelque temps déjà, que ses cahiers « pourraient paraître tels quels, en cas d'événement fâcheux⁶ ». Il continue de travailler sur la fin du « roman d'Albertine ». Il dispose d'une dactylographie de l'ensemble, représentant environ mille pages, sur laquelle il fait de nombreux ajouts. À Gaston Gallimard qui lui réclame, à la fin du mois de juin, le texte de *Sodome et Gomorrhe III* (*La Prisonnière*), il répond que le roman n'est pas encore prêt, mais qu'il est possible de l'annoncer pour paraître en 1923, de même que le volume suivant, sans s'engager cependant sur une date précise. Durant le mois de juillet, il éprouve un léger mieux, passe plusieurs soirées au Ritz, envisage même de prendre des vacances. Il profite en fait de cette rémission pour écrire. Si bien que, le 22 juillet, il laisse entendre à son éditeur qu'il va lui envoyer *La Prisonnière* afin de pouvoir juger sur épreuves de la longueur du livre et de déterminer l'extension de la suite. Mais Proust n'aura pas le temps d'établir de limites claires entre *Sodome et Gomorrhe III* et *Sodome et Gomorrhe IV*, qu'il voudrait en réalité nommer *La Prisonnière* et *La Fugitive*. Le premier restera d'ailleurs inachevé, par suite de révisions incomplètes et d'incohérences touchant au destin de certains personnages ; quant au second, il prendra finalement le titre d'*Albertine disparue*. La renommée de Proust fait qu'il est sollicité de toutes parts. On lui demande ce qu'il pense de l'œuvre des Goncourt ou du renouvellement du style. Il répond que l'écrivain « doit être préoccupé de l'impression ou de l'idée à traduire[7] », et non pas uniquement de l'originalité de la forme. Il rappelle qu'il a autrefois rencontré Edmond de Goncourt chez les Daudet et qu'à dix-sept ans il a assisté à la première de *Germinie Lacerteux*, à l'Odéon, avec Réjane dans le rôle principal.

Les souvenirs reviennent : les attirances de jeunesse pour le théâtre, la silhouette gracile de Jeanne Pouquet, les tendres moments passés avec Lucien Daudet, les soirées mondaines durant lesquelles on s'ennuyait ferme chez la princesse Mathilde... *La Prisonnière* qu'il remanie tant ressemble, à bien des égards, à *Swann* : il est question du sommeil apaisant, des baisers de paix donnés par Albertine, un corps qui s'offre enfin comme l'enfant de Combray aurait aimé que s'offre le corps maternel. Cela semble un recommencement. Puis viennent le désamour, la mort et la douleur dans *Albertine disparue* que le romancier considère comme une partie du volume qu'il est en train de préparer et qu'il souhaite, en septembre, à nouveau intituler *Sodome et Gomorrhe III*.

Un dernier conflit va opposer Proust à la NRF. Il voudrait que Jacques Rivière publie au plus vite dans la revue un article flatteur de Camille Vettard dans lequel il est comparé à Einstein. Paul Souday avait déjà suggéré un tel rapprochement dans un article du *Temps*. Jacques Rivière se fait un peu prier, car le numéro de juillet est bouclé; l'article paraîtra finalement en août. D'autre part, Proust laisse entendre, en juin, qu'il donnera en prépublication l'intégralité de *Sodome et Gomorrhe III* à *La Revue de France*, ce qui manque, pour le moins, de sens commun et mécontente fort Rivière. Devant l'opposition manifeste de ce dernier, Proust renonce au projet. En fait, il souhaite se dégager de l'emprise de la NRF; il n'a jamais admis le serment qui lui a été arraché de ne pas publier dans *Les Œuvres libres*. Précisément, en août, Duvernois lui offre à nouveau de faire paraître un long extrait[8]. Proust indique à Gaston Gallimard qu'il compte accepter; celui-ci répond que le contrat signé en 1918 donne à la NRF un droit de regard sur une telle publication et que 50 % des royalties devraient lui revenir[9]. Par courtoisie, il ne réclame rien et laisse l'auteur libre de sa décision. Au début de septembre, Proust revient sur une promesse qu'il avait faite à Rivière de lui donner des extraits sur le sommeil d'Albertine, pour ne pas déflorer le livre à paraître et parce que tous ces travaux de découpage le fatiguent et l'ennuient. Gallimard et Rivière finiront par obtenir que Proust ne publie pas la totalité de *La Prisonnière* dans la revue de Fayard et qu'il réserve des extraits à la *NRF*[10].

Durant le mois de septembre, Proust travaille à l'établissement des fragments à paraître en même temps qu'il revoit avec acharnement la dactylographie de *La Prisonnière*, en dépit de vertiges qui le saisissent dès qu'il se lève, de plusieurs crises d'asthme et d'un semblant d'amnésie, troubles dans lesquels il croit reconnaître les signes prémonitoires du mal qui a emporté sa mère. Il s'est à nouveau acquis le concours d'Yvonne Albaret et, sans doute, celui d'un autre dactylographe. Au début du mois d'octobre, à son retour d'une soirée chez les Beaumont, il contracte un refroidissement. Le 11, il est très fiévreux, l'affection a gagné les bronches et provoque d'interminables quintes de toux. Le docteur Bize recommande un traitement de piqûres d'huile camphrée pour décongestionner l'arbre respiratoire ainsi que le repos absolu et un régime alimentaire reconstituant. Proust ne veut rien entendre. Il se met à la diète, n'ingurgitant que du lait chaud et de la compote de fruits. Une analyse bactériologique révèle qu'il souffre, en fait, d'une pneumonie. Alerté par le docteur Bize, Robert Proust, qui sait le mal quasi fatal, d'autant plus qu'il soupçonne Marcel d'être atteint de sclérose pulmonaire depuis plusieurs années, veut contraindre le malade récalcitrant à entrer en clinique. Marcel refuse, se fâche, Céleste est la seule infirmière qui vaille ; il chasse son frère et interdit dorénavant sa porte aux médecins. Céleste dira plus tard : « L'un des aspects les plus terribles de ces dernières semaines fut bien ce refus obstiné de vouloir se soigner[11]. »

La maladie le rend de plus en plus soupçonneux. Il craint que son frère ne le fasse hospitaliser de force et demande à Reynaldo Hahn et à Paul Morand de prévenir toute tentative de cette sorte. À la fin du mois d'octobre, il veut revoir les dernières lignes du fragment à paraître dans la *NRF*. Imaginant qu'il avait déjà donné à Rivière des directives allant dans ce sens, alors qu'il n'en était rien, il fait à celui-ci un mauvais procès en lui écrivant : « Je n'ai plus confiance en vous[12]. » Dans la première semaine de novembre, il envoie à Gaston Gallimard le manuscrit de *La Prisonnière*, précisant qu'il sera nécessaire de procéder à des révisions sur les épreuves. C'est alors qu'il se livre à une refonte de la fin du « roman d'Albertine », en changeant les circonstances de la mort de la jeune fille, lesquelles lèvent les doutes sur son appartenance à Gomorrhe, en modifiant le passage sur Venise et surtout en supprimant une partie du texte, sacrifiant ainsi bien des événements et des révélations nécessaires à la cohérence du *Temps retrouvé* tel que nous le connaissons, comme le travail du deuil, le mariage inattendu de Gilberte et celui de Mlle d'Oloron, la découverte de l'homosexualité de Saint-Loup[13]. Cette variante tronquée pose bien des questions. Proust, toujours habité par l'idée d'accroître le nombre de ses lecteurs, voulait-il élaborer une version courte du livre qu'il aurait publiée dans *Les Œuvres libres*, ou bien, reprenant l'idée qu'il avait eue pour *La Prisonnière* d'un volume bref et d'action dramatique, voulait-il, par voie de conséquence, déplacer les pages supprimées avec le dessein de remanier encore les développements sur l'inversion dans un *Sodome et Gomorrhe IV*, voire un *Sodome et Gomorrhe V*, lesquels auraient sans doute repris les passages touchant au sujet inclus dans *Le Temps retrouvé*, ramenant ainsi ce dernier volume au projet primitif[14] ? Il n'y a pas de réponse entièrement satisfaisante à ce bouleversement de la fin de la *Recherche* arraché à la souffrance, sinon qu'il témoigne du « paradoxe même de l'écriture proustienne, à jamais insatisfaite, déconstruisant sans cesse pour reconstruire autrement[15] », opposant au chant cruel de la mort un recommencement superbe et tragique dans un récit qui porte précisément sur la mort à soi-même.

La mort semble à la fois angoissante et fascinante. À la mi-septembre, Proust, ayant appris qu'Ernst Forssgren était de passage à Paris, voulut revoir le jeune homme pour saisir une fois encore une image de la beauté vivante en un plaisir presque hallucinatoire. Le jour où il se rendit à son hôtel, rue Papillon, dans le IXe arrondissement, celui-ci était absent. En ce mois de novembre, cloué au lit depuis trois semaines, il pense que son existence a basculé. Dans les premiers jours, son état subit une nouvelle aggravation, l'organisme est de plus en plus affaibli par le régime qu'il s'impose. Il a des pertes de conscience qui l'empêchent de lire et d'écrire. Puis il connaît un léger mieux et reçoit, par deux fois, Jacques Rivière, pour s'entretenir avec lui de la publication de la fin de l'œuvre ; il lui remit sans doute de nouveaux fragments de *La Prisonnière* destinés à la *NRF*[16]. La toux et les suffocations ne cessent pas, il n'absorbe plus que de la bière glacée qui apaise son corps brûlant. À Céleste, il demande de faire appeler l'abbé Mugnier après sa mort, afin que le bon prélat prie pour lui. Parler lui est pénible, il communique donc avec

Céleste par petits papiers sur lesquels il trace d'une écriture tremblée et hachée quelques mots demandant qu'on lui apporte un fruit, des tricots de laine chauds ou que l'on téléphone à un ami. Inlassablement il continue la révision de ses manuscrits. Peut-être pense-t-il à Bergotte au sujet duquel il a écrit : « Il était mort. Mort à jamais ? Qui peut le dire[17] ? » ; il a en tout cas la conviction d'avoir donné sa vie pour une œuvre puissante et profonde. Il sait que l'homme Marcel Proust va mourir, mais que l'écrivain demeurera.

Comme Flaubert qui passa ses derniers moments obstiné à finir *Bouvard et Pécuchet*, Proust est acharné à tenter de parachever la *Recherche*. *Le Temps retrouvé* ne pourra cependant être revu, et restera le seul volume à n'avoir pas été dactylographié. Quand Robert passe prendre de ses nouvelles, il l'examine sommairement — il craint qu'un abcès pulmonaire fulminant ne se déclare —, mais n'évoque aucun traitement ; tout juste lui conseille-t-il, un jour, de prendre un peu d'adrénaline. Le 17 novembre au soir, après avoir manifesté le désir de boire un peu de vin blanc et de manger des petits fours, Proust appelle Céleste à son chevet pour qu'elle écrive sous sa dictée. Avant de travailler, il lui dit que la crise en est à son neuvième jour, ajoutant : « Si je passe cette nuit, je prouverai aux médecins que je suis plus fort qu'eux. Mais il faut la passer. Croyez-vous que j'y arriverai[18] ? » Il dicte des ajouts à propos de la mort de Bergotte, glosant sur la bêtise des médecins et sur leur cruauté qui en fait de modernes et tout-puissants Charon.

Vers trois heures du matin, Proust est pris d'étouffements et demande à cesser le travail. Il fait des recommandations à Céleste pour qu'elle dispose les ajouts sur le manuscrit de *La Prisonnière* et lui indique qu'il compte prendre des dispositions financières à son sujet. Au matin il réclame du café, mais se montre impuissant à en avaler une seule goutte. Soudain il semble s'agripper à ses draps, il a des hallucinations : la mort est là, près de lui, sous la forme d'une grosse femme habillée de noir. Céleste, affolée, avertit le docteur Bize et Robert Proust. Son maître l'a prévenue : il ne veut pas recevoir de soins qui ne font que prolonger le malade de quelques heures en lui infligeant d'inutiles tourments. Le bon docteur tente tout de même une piqûre d'huile camphrée ; Proust adresse alors à Céleste un regard de reproche dont elle se souviendra sa vie durant comme un remords. Il réclame un peu de bière glacée, mais sa respiration se fait plus lente, empêchant toute déglutition. Robert envoie chercher des ballons à oxygène pour le soulager. Puis il demande à son confrère Babinski une ultime consultation. Il est quatre heures de l'après-midi. Les trois médecins jugent l'état du malade désespéré. Marcel Proust sombre dans une semi-inconscience, gardant les yeux ouverts comme s'il regardait l'invisible. Il meurt à cinq heures et demie, ce 18 novembre 1922, dans les bras de son frère.

Céleste veut lui joindre les mains. Robert, d'un geste bienveillant et magnifique, l'en dissuade. « Il est mort au travail. Laissons-lui les mains allongées[19]. » Marcel Proust entra dans le néant les mains libres.

Notes

Abréviations :

Jean Santeuil, précédé de *Les Plaisirs et les Jours* : *JS* et *PJ*.

Contre Sainte-Beuve, précédé de *Pastiches et Mélanges* et suivi de *Essais et Articles* : *CSB*.

Correspondance de Marcel Proust : *Corr.*

Bulletin de la Société des amis de Marcel Proust, devenu en 1989 *Bulletin Marcel Proust* : *BMP*.

Bulletin d'informations proustiennes : *BIP*.

AVANT-PROPOS

1. *Matinée chez la princesse de Guermantes* (Notes pour *Le Temps retrouvé*), p. 328.

2. Lucien Daudet, *Autour de soixante lettres de Marcel Proust*, p. 19.

3. Paul Morand, *Hiver caraïbe*, GF, 1991, p. 31.

CHAPITRE PREMIER

1. Adrien Proust, fils de François Proust et de Virginie Torcheux, est né le 15 mars 1834 à Illiers. Il a une sœur aînée, Élisabeth, qui a épousé en 1847 Jules Amiot, négociant à Illiers. Jeanne Proust, née Weil en 1849, est la fille de Nathé Weil et d'Adèle Berncastel.

2. Claude Francis et Fernande Gontier, *Marcel Proust et les siens*, p. 41.

3. L'enfant est déclaré à la mairie de Paris, le 13 juillet, par son père Achille Adrien Proust, 37 ans, médecin des hôpitaux, accompagné de deux témoins : Nathé Weil, 57 ans, rentier, et Louis Weil, 54 ans, rentier lui aussi (informations extraites de l'acte de naissance de Marcel Proust).

4. Voir Denise Mayer, « Le jardin de Marcel Proust », *Cahiers Marcel Proust*, n° 12, p. 11-13.

5. *CSB*, p. 573.

6. André Maurois, *À la recherche de Marcel Proust*, p. 15.

7. Voir Marcel Plantevignes, *Avec Marcel Proust*, p. 425 et p. 466.

8. *À l'ombre des jeunes filles en fleurs*, II, p. 28. Sur l'oralité, voir Michel Erman, « Philosophie du goût », dans *Marcel Proust : Geschmack und Neigung*, p. 27 *sq*.

9. Maurice Duplay, *Mon ami Marcel Proust*, p. 42.

10. Ce qui représente environ 50 000 francs de 1994.

11. Fernand Gregh, *L'Âge d'or*, p. 154.

12. *Marcel Proust et les siens*, p. 103-106.

13. *Corr.*, t. XXI, p. 539-540 (lettres de 1879).

14. Entre autres ouvrages, *L'Enseignement par les yeux* (1868), *Manuel des maîtres* (1876).

15. Voir en particulier Milton Miller, *Psychanalyse de Proust*, p. 201-203 et Pierre Mauriac, *Aux confins de la médecine*.

16. *Marcel Proust et les siens*, p. 31 *sq*.

CHAPITRE II

1. Voir André Ferré, *Les Années de collège de Marcel Proust*, p. 49-56.

2. Il y a tout de même des grammairiens qui approuvent l'esprit de la réforme. Ainsi, en 1872, au moment où Jules Simon, ministre de l'Instruction publique, veut faire abandonner l'exercice désuet et inutile des vers latins, Michel Bréal, professeur de grammaire comparée au Collège de France, soutient que la méthode d'enseignement du latin ne forme pas l'intelligence (*Quelques mots sur l'Instruction publique*, 1872).

3. Lors des solennelles cérémonies de distribution des prix de fin d'année, il obtiendra un second prix en sciences naturelles, un accessit en français et en thème latin (1883), un accessit en sciences naturelles (1884).

4. Voir Paul Gerbod, *La Vie quotidienne dans les lycées et collèges au XIXe siècle*, p. 132-133.

5. *Ibid.*, p. 134.

6. *Corr.*, t. I, p. 99 (lettre du 15 juillet 1887 à Antoinette Faure).

7. Cité par Marie-Claire Bancquart, *Anatole France, un sceptique passionné*, p. 156.

8. Henri Bonnet, « Du côté de Combray », *Plaines et Collines*, n° 5, n. p.

CHAPITRE III

1. Voir Antoine Prost, *L'Enseignement en France, 1880-1967*.

2. Le texte de la dissertation est cité par André Maurois, *op. cit.*, p. 33-35.

3. André Ferré, *op. cit.*, p. 147.

4. Daniel Halévy, *Pays parisiens*, p. 121.

5. Voir *Écrits de jeunesse*, p. 101-109.

6. *Corr.*, t. XXI, p. 553 (la lettre semble dater du printemps ou de l'été 1888).

7. *Écrits de jeunesse*, p. 119. Ces vers semblent dater de novembre 1888.

8. *Corr.*, t. XXI, p. 551 (lettre du jeudi 17 mai 1888 à Nathé Weil).

9. « La spiritualité de l'âme » (André Ferré, *op. cit.*, p. 224-229) et « Comment le savant peut-il conclure du fait à la Loi » (*BMP*, n° 32, p. 484-492, présentation d'Édouard Morot-Sir). La Bibliothèque nationale possède la copie d'une dissertation corrigée par Darlu — peut-être s'agit-il d'un devoir relatif à une leçon privée, mais rien ne le prouve — qui porte sur les relations qu'entretiennent les croyances, les certitudes et la volonté. Dans ce devoir, l'élève Proust prétend que notre volonté influence nos jugements sans que nous nous en montrions conscients. Selon lui, le jugement ne peut pas être purement intellectuel. Le développement dialectique se conclut sur la part que prend l'esprit dans ledit jugement. Les corrections de Darlu sont sévères : il reproche à l'élève de tourner autour du sujet et d'avoir mal conduit son raisonnement.

10. *CSB*, p. 333-334.

11. *Corr.*, t. I, p. 125-126 (lettre de la mi-mai 1889 à Anatole France).

12. *Le Mensuel*, février 1891. Journal comportant des rubriques politiques, mondaines, théâtrales et littéraires, imprimé à Villefranche-de-Rouergue et distribué dans quelques librairies parisiennes. Voir *Écrits de jeunesse*, p. 174-177.

13. Le livret militaire de Marcel Proust indique qu'il mesure 1,68 mètre, qu'il a le visage ovale, le menton rond et les cheveux châtains. Fernand Gregh dira de lui qu'il était beau « d'une beauté un peu orientale, ou si l'on veut un peu italienne » (*L'Âge d'or*, p. 46).

14. Il est, d'autre part, possible que le morceau de prose symboliste signé Pierre de Touche paru dans *Le Mensuel* d'octobre 1891 soit de la plume de Proust. Voir à ce sujet l'édition des *Plaisirs et les Jours* procurée par Thierry Laget (Folio-Gallimard, 1993).

MAGDALEN COLLEGE LIBRARY

CHAPITRE IV

1. Inédit publié dans *Le Monde*, 26 juillet 1985, p. 14.

2. Le journal *La Presse* publiera en septembre et en octobre 1899 un dialogue signé Marcel Proust et Robert Dreyfus sous le titre « Lettres de
Perse et d'ailleurs » qui rappellera le projet de roman épistolaire (*CSB*,
p. 424-430).

3. Voir la dédicace aux *Plaisirs et les Jours*, p. 6-7.

4. *Ibid.*, p. 8.

5. Cf. le discours de Pausanias dans *Le Banquet* de Platon.

6. *Le Banquet*, mars 1892.

7. « Choses d'Orient », dans *Littérature et critique*, 25 mai 1892.

8. *Le Banquet*, 1ᵉʳ novembre 1892 et *Gratis-Journal*, juillet 1893. Cette
dernière publication est une feuille de publicité de la maison d'édition
Ollendorf qui a publié l'ouvrage du comte de Saussine.

9. *CSB*, p. 348.

10. *Ibid.*, p. 357.

11. Dîner qui eut lieu le lundi 7 novembre 1892. Bergson est le cousin
par alliance de Mme Proust. Le matin même, Marcel avait envoyé une
invitation joyeuse à son ami : « Veux-tu faire à nous tous le plaisir de
venir dîner ce soir, lundi, à 7 heures précises, seul avec M. Bergson »
(*Corr.*, t. I, p. 192).

12. Cité par Robert de Billy, *Lettres et conversations*, p. 64.

13. François Kessedjian, « La Décadence et Robert de Montesquiou »,
BMP, n° 17, p. 621.

14. Selon Henri Bonnet, les sujets de dissertation étaient les suivants :
« Unité et identité du moi » et « Opinion de Descartes sur quelques
Anciens » (*Alphonse Darlu, maître de philosophie de Marcel Proust*,
p. 78). Proust a aussi passé une épreuve de commentaire d'un texte critique en langue allemande. Il obtint un total de 118 points et fut classé 23ᵉ.

CHAPITRE V

1. Voir « À une snob » et « Contre une snob », récemment parus dans *La
Revue blanche*.

2. *PJ*, p. 47.

3. *Corr.*, t. I, p. 444 (lettre du 15 novembre 1895 à Reynaldo Hahn).

4. Le 14 janvier 1894, Proust entend une partie de *Parsifal* aux concerts Colonne. En mai 1895, il assiste à une représentation de *Tannhäuser* et s'y ennuie, sauf au dernier acte.

5. *Corr.*, t. I, p. 388-389 (lettre du printemps 1895 à Suzette Lemaire).

6. *Textes retrouvés*, p. 117-118.

7. Voir Anne Henry, *Marcel Proust. Théories pour une esthétique*, p. 46 *sq.*

8. Propos rapportés par Élisabeth de Gramont, *Marcel Proust*, p. 20 (Flammarion, 1981).

9. « Sonate au clair de lune », « Comme à la lumière de la lune », textes écrits à Trouville.

10. *PJ*, p. 17 et Tolstoï, *La Mort d'Ivan Illitch*, p. 79 (Stock, 1985).

11. « Marcel Proust par lui-même », *CSB*, p. 336.

12. *JS*, p. 181.

13. Cf. Anne Henry, *op. cit.*, p. 79.

14. Sur une copie de dissertation portant sur Socrate, Egger, le professeur de logique, a noté : « S'est servi de Boutr[oux] » (Henri Bonnet, *Alphonse Darlu*, p. 77).

15. Emerson, *Essais de philosophie américaine*, cité par Pierre-Edmond Robert, *Marcel Proust lecteur des Anglo-Saxons*, p. 47.

16. *CSB*, p. 394.

17. En 1895, Proust a également publié un poème, « Mensonges », avec une pièce musicale de Léon Delafosse, *Six Mélodies*, Au Ménestrel (*Cahiers Marcel Proust*, n° 10, p. 49-50).

18. *Corr.*, t. II, p. 50.

19. Il y eut aussi un tirage de luxe sur papier de Chine de 30 exemplaires.

20. Robert Dreyfus, *Souvenirs sur Marcel Proust*, p. 123.

CHAPITRE VI

1. *Corr*, t. II, p. 102.

2. Jean-Jacques Rousseau, *Les Confessions*, livre sixième.

3. Proust lit en particulier *La Cousine Bette*. Dès 1897, il commence cependant à exprimer quelques réserves sur le style de Balzac.

4. *Corr.*, t. II, p. 180 (lettre de mars 1897 à Édouard Rod).

5. George Painter, *Marcel Proust*, t. I, p. 261.

6. En 1896, Proust a consulté le docteur Brissaud. Celui-ci lui a prescrit des cigarettes antiasthmatiques Lepic et des fumigations de poudre à base de datura Legras.

7. En février 1894, à la suite de l'élection de Heredia sous la Coupole, sa fille, Marie, qui épousera bientôt Henri de Régnier, crée avec quelques amis l'Académie canaque — référence aux origines de la famille — en guise de parodie. Elle en sera la reine et Proust, le secrétaire perpétuel. Régnier, Pierre Louÿs, Léon Blum furent eux aussi canaques. Les membres s'engageaient à écrire des poèmes fantaisistes.

8. *CSB*, p. 549.

9. Au moment où Proust fit enfin la connaissance de Barrès, le 9 mai 1892, chez Léon Yeatman, son enthousiasme avait cependant beaucoup faibli.

CHAPITRE VII

1. Cf. Marie-Claire Bancquart, *op. cit.*, p. 227.

2. Léon Daudet, *Paris vécu*, p. 21.

3. *JS*, p. 632.

4. *CSB.*, p. 403-405.

5. *Corr.*, t. II, p. 66.

CHAPITRE VIII

1. Cf. George Painter, *op. cit.*, p. 325-326.

2. *CSB*, p. 671.

3. Voir André Brunet, « À propos d'un cahier de philosophie de Xavier Léon », *BMP*, n° 31, p. 417.

4. Ganderax ne tiendra pas son engagement.

5. « John Ruskin », *Chronique des arts et de la curiosité*, janvier 1900 ; « Pèlerinages ruskiniens en France », *Le Figaro*, 13 février 1900.

6. *CSB*, p. 111.

7. « Ruskin à Notre-Dame d'Amiens », *Mercure de France*, avril 1900.

8. Proust consulte aussi le *Dictionnaire raisonné de l'architecture française du XIᵉ au XVIᵉ siècle* de Viollet-le-Duc.

9. Robert de Billy, *op. cit.*, p. 130.

10. *La Bible d'Amiens*, Mercure de France, 1947, p. 242, note 2.

11. Léon Daudet, *Salons et journaux*, p. 258.

12. Marthe Bibesco, *Au bal avec Marcel Proust*, p. 10.

CHAPITRE IX

1. *CSB*, p. 455-456 et 478-481.

2. *Ibid.*, p. 470-474.

3. *Ibid.*, p. 132.

4. *Sésame et les lys*, p. 129 (éd. Complexe, 1987).

5. *CSB*, p. 183.

6. Dans une lettre à Reynaldo Hahn, en juillet 1907, Proust disait de la comtesse Greffulhe : « Sa petitesse et sa vénusté sont d'ailleurs très comiques et font penser à quelque beauté parfaite et minuscule comme on n'en voit l'étrangeté que dans certains bordels » (*BIP*, n° 19, p. 123-124).

7. *Corr.*, t. III, p. 383 (lettre du 29 juillet 1903 à Georges de Lauris).

8. *Corr.*, t. V, p. 234 (lettre de juillet 1905 à Fernand Gregh).

9. « La mort des cathédrales », *Le Figaro*, 16 août 1904 (*CSB*, p. 141-149).

10. Reynaldo est affublé de surnoms divers : Buninuls, Cormouls, Ginibuls, il est « mopchant », c'est-à-dire coquin et/ou homosexuel. Bunibuls, Buncht désignent Marcel. Les deux compères s'écrivent des « letterchs ».

11. « Une miniaturiste du Second Empire : Mme Herbelin », *La Chronique des arts et de la curiosité*, 23 avril 1904 ; « Robert d'Humières : L'île et l'Empire de Grande-Bretagne », *ibid.*, 13 août 1904.

CHAPITRE X

1. *Corr.*, t. V, p. 348 (lettre de fin septembre 1905 à Robert de Montesquiou).

2. *CSB*, p. 251.

3. *Ibid.*, p. 520-523.

4. *Corr.*, t. VI, p. 179 (lettre de début août 1906 à Mme Straus).

5. Le portrait en pied de Marcel Proust qui avait été exposé au Salon du Champ-de-Mars en mai 1893 a été coupé par Blanche. Il ne s'agit plus aujourd'hui que d'un portrait en buste.

6. Voir Céleste Albaret, *Monsieur Proust*, p. 74 *sq.*

7. Cf. Pierre-Edmond Robert, *op. cit.*, p. 55.

CHAPITRE XI

1. *CSB*, p. 158.

2. Selon Bernard de Fallois dans son édition de *Contre Sainte-Beuve* (Gallimard, 1954). Ces soixante-quinze feuillets contiendraient « la description de Venise, le séjour à Balbec, la rencontre des jeunes filles, le coucher de Combray, la poésie des noms et les deux côtés » (p. 14).

3. La description de l'église de Balbec emprunte beaucoup à un chapitre du livre d'Émile Mâle : « Le Miroir historique – les Apocryphes ».

4. L. Séché, *Sainte-Beuve*, Mercure de France, 1904. Remy de Gourmont, « Sainte-Beuve créateur de valeurs » (1904), repris dans *Promenades philosophiques*. Articles cités par Anne Henry, *op. cit.*, p. 253.

5. Cf., entre autres, Bernard Brun, « Introduction » à *Du côté de chez Swann*, p. 46 (GF-Flammarion).

6. Voir Henri Bonnet, « Introduction » à *Matinée chez la princesse de Guermantes*, p. 93.

7. Antoine Adam, « Notes à propos de Marcel Proust », *Revue des sciences humaines*, janvier-juin 1950, p. 131.

CHAPITRE XII

1. *Corr.*, t. XII, p. 234 (lettre de fin octobre 1912 à Antoine Bibesco).

2. *Ibid.*, p. 252 (lettre de fin octobre 1912 à Louis de Robert).

3. *Les Critiques de notre temps et Proust*, p. 13.

4. Proust cherche à nouveau à publier des extraits de son livre. Il s'adresse à Henri Letellier, directeur du *Journal*, à Francis Chevassu du *Figaro* et, une nouvelle fois, à Jacques Copeau. Tous trois refuseront. Toutefois, le 25 mars 1913, *Le Figaro* publiera sous le titre de « Vacances de Pâques » un extrait de *Guermantes* consacré à Florence et à la vocation artistique du héros.

5. Cité par Franck Lhomeau et Alain Coelho, *Marcel Proust à la recherche d'un éditeur*, p. 111.

6. *Corr.*, t. XIII, p. 53 (lettre d'André Gide du 11 janvier 1914).

7. Voir, en particulier, les protestations que Jacques Rivière, alors secrétaire de la *NRF*, adresse à Jacques Copeau dans le compte rendu de la réunion de rédaction du 21 mai 1913 (*Bulletin des amis de Jacques Rivière et d'Alain-Founier*, n° 27, p. 12).

8. Jean Cau, *Croquis de mémoire*, p. 42. L'auteur rapporte des propos de Gaston Gallimard, qui sont corroborés par l'éditeur lui-même dans l'entretien accordé à Madeleine Chapsal (*L'Express*, 5 janvier 1976, p. 18).

9. *Corr.*, t. XII, p. 156-157 (lettre de fin avril 1913 à Jacques Copeau).

10. Auguste Anglès, *André Gide et le premier groupe de la NRF*, t. I, p. 319 (voir aussi t. II, p. 393).

11. Cité dans *Les Critiques de notre temps et Proust*, p. 22. Il convient d'ajouter, sans tirer de conclusions hasardeuses, que Proust a envoyé son livre à tous les membres de la NRF sauf Schlumberger et Ghéon.

12. *Corr.*, t. XI, p. 235.

13. Ce qui représente environ 34 000 francs de 1994.

14. *Corr.*, t. XII, p.182 (lettre du 23 mai 1913 à Maurice Duplay).

15. Voir *Corr.*, t. XII, p. 176-177.

16. En avril 1911, Agostinelli avait déjà demandé à Proust d'intervenir pour que sa compagne, Anna, obtienne un emploi d'ouvreuse au Théâtre des Variétés. Agostinelli prend dans le cœur du romancier la place de la comtesse Thérèse Murat. Proust avait aperçu celle-ci le 26 février 1913, salle Pleyel, pendant un concert donné par le quatuor Capet et était tombé amoureux d'elle en l'imaginant, bien sûr, sous des traits masculins.

17. *Corr.*, t. XII, p. 259 (lettre de début septembre 1913 à Lucien Daudet).

18. Il y eut un tirage de luxe : cinq Japon et douze Hollande. Notons qu'un tirage de 1 500 exemplaires correspond, à l'époque, au tirage moyen d'un volume de ce genre vendu 3,50 francs (Jean-Yves Mollier, *L'Argent et les lettres. Histoire du capitalisme d'édition. 1880-1920*, Fayard, 1988, p. 467).

19. *Corr.*, t. XII, p. 291 (lettre du 4 novembre 1913 à Jean-Louis Vaudoyer).

20. *Ibid.*, p. 160 (lettre du 21 novembre 1913 de Reynaldo Hahn à Mme Duglé).

21. Voir aussi Franck Lhomeau et Alain Coelho, *op. cit.*, p. 165-182.

22. Dans *La Rassegna contemporana*, décembre 1913 (voir *BIP*, n° 4, p. 19).

23. *CSB*, p. 598-599.

24. Gabriel Boillat, *La Librairie Bernard Grasset et les lettres françaises*, t. 1, p. 279, note 47.

25. Ce qui représente environ 1 500 000 francs de 1994.

26. George Painter, *op. cit.*, t. 2, p. 251.

27. *Corr.*, t. XIII, p. 98 (lettre du 6 février 1914 à Jacques Rivière).

28. Céleste Albaret, *op. cit.*, p. 360.

29. Selon des recoupements opérés d'après la correspondance inédite Rivière/Copeau. Archives Rivière.

30. *Corr.*, t. XIII, p. 114 (lettre d'André Gide du 20 mars 1914).

31. Environ 34 000 francs de 1994.

32. *Corr.*, t. XIII, p. 134.

33. Archives Rivière.

34. Henri Bonnet, *Marcel Proust de 1907 à 1914*, p. 156.

35. Auguste Anglès, *op. cit.*, t. III, p. 120-121. Proust enverra une souscription de 750 francs à Jacques Copeau.

CHAPITRE XIII

1. Céleste Albaret, *op. cit.*, p. 93 *sq.*

2. Voir en particulier Léon Pierre-Quint, *Marcel Proust*, p. 325.

3. *Le Temps retrouvé*, IV, p. 355.

4. *Corr.*, t. XV, p. 27 (lettre de 1916 à Emmanuel Berl).

5. *Ibid.*, p. 264 (lettre du 14 août 1916 à Bernard Grasset).

6. Ce qui correspond à environ 2 700 000 francs de 1994.

7. Marcel Plantevignes, *op. cit.*, p. 303.

8. Baudelaire, « Lesbos », dans *Les Fleurs du mal*. Après l'attribution du prix Goncourt, en 1919, Proust écrit un poème dans lequel on relève ces vers :

> *Oubliez ces noirceurs ; préférez les couleurs*
> *Du seul nectar pour vous seules délicieux*
> *Jeunes filles en fleurs, ô buveuses de f...*

> (*Poèmes*, p. 86)

9. *La Prisonnière* et *Albertine disparue* (qui ne portent pas encore ces titres) forment alors la matière de *Sodome et Gomorrhe II* qui, avec *Le Temps retrouvé*, devrait constituer le cinquième volume de la *Recherche*.

10. Voir Jean Milly, *Proust dans le texte et l'avant-texte*, p. 186.

11. Voir *Corr.*, t. XVII, p. 450 (lettre du 11 novembre 1918 à Mme Straus).

12. *Corr.*, t. XVIII, p. 424 (lettre écrite peu après le 10 octobre 1919 à Paul Morand).

13. *Lampe à arc*, 1920.

14. Voir Marcel Jouhandeau, *Paris comme une fête*, p. 139 ; Maurice Sachs, *Le Sabbat*, p. 198 *sq.* ; Jean Cocteau, *Le Passé défini*, t. I, p. 288-289.

15. André Gide, *Journal 1939-1949*, p. 1223.

16. *Sodome et Gomorrhe*, III, esquisse IV, p. 945.

17. *Corr.*, t. XVIII, p. 331.

CHAPITRE XIV

1. Voir Jacques Rivière et Isabelle Rivière, *Correspondance*, p. 121-123.

2. Jacques-Émile Blanche, « Quelques instantanés de Marcel Proust », dans *Hommage à Marcel Proust*, p. 54.

3. *NRF*, juin 1919, p. 10.

4. Voir Jacques Rivière, *Quelques progrès dans l'étude du cœur humain*, p. 38 *sq.*

5. *La Revue de Paris*, 15 juillet 1919.

6. *Le Figaro* (Supplément littéraire), 24 août 1919.

7. *Comoedia*, 5 octobre 1919.

8. Compte rendu de A.B. Wakley dans le *Times Literary Supplement* du 14 août 1919. Le romancier Aldous Huxley fit une critique élogieuse dans *The Athaneum* du 7 novembre 1919.

9. Voir *Corr.*, t. XVIII, p. 364 (lettre du 5 août 1919 à Mme Schiff).

10. Jacques Rivière, *Nouvelles Études*, p. 267.

11. Fernand Vandérem (*La Revue de Paris*, 15 janvier 1920) et Georges Le Cardonnel (*La Minerve française*, 15 janvier 1920) feront aussi des articles favorables, ainsi que Charles du Bos dans une correspondance littéraire parue dans le journal anglais *The Athaneum* (9 avril 1920), puis Paul Morand dans un article du magazine new-yorkais *La France : An American Magazine* en juillet 1920. Le même numéro contient quelques lignes d'Edmond Jaloux qui présentent Proust comme un grand écrivain. Quant à Léon Daudet, il reviendra sur la question du prix dans *L'Action française* du 7 mars 1920 et dira de Proust qu'il est « l'héritier de Montaigne ».

12. Cité par Micheline Dupray, *Roland Dorgelès. Un siècle de vie littéraire française*, p. 196.

13. *Corr.*, t. XVIII, p. 335 (lettre du 19 juillet 1919 à Daniel Halévy).

14. *Le Journal des Débats*, 27 novembre 1920.

15. Les vœux de Proust seront exaucés. Maurice Levaillant publie dans le Supplément littéraire du *Figaro* un premier article, le 8 février 1920, dans lequel il reconnaît au romancier un grand talent puis un second, le 29 février.

16. Un autre article de Rivière justifiant l'attribution du prix à Proust paraîtra dans la *NRF* du 1er janvier 1920, sous le titre : « Le prix Goncourt ».

17. « Marcel Proust et la tradition classique », dans *Quelques progrès dans l'étude du cœur humain*, p. 61.

18. *Ibid.*, p. 64.

19. Voir *Corr.*, t. XVIII, p. 359 (lettre du 1er août 1919 à Jean de Gaigneron). La métaphore de l'œuvre-cathédrale est empruntée à Balzac.

20. *CSB*, p. 606.

21. Cité par Yann Le Pichon, *Le Musée retrouvé de Marcel Proust*, p. 20. Le dîner eut sans doute lieu le 28 février 1921.

22. En octobre 1917, Gaston Gallimard a racheté à Bernard Grasset 206 exemplaires de *Swann* au prix de 2,35 francs l'unité, soit 484,10 francs. Il ne semble pas que Gallimard ait jamais réglé d'indemnité compensatrice relative aux frais de composition du second volume.

23. Voir Mireille Naturel, « À ajouter à Flaubert : une énigme », *BIP*, n° 23, p. 9.

24. *La Revue de Paris* donnera le texte en prépublication le 15 novembre 1920, car il consiste, pour partie, en une réponse à un article d'Anatole France sur Stendhal paru dans la même revue, le 1er octobre 1920.

25. *Corr.*, t. XIX, p. 317 (lettre du 22 juin 1920 à Jean de Pierrefeu).

26. « À Venise », *Les Feuillets d'art*, n° 4, 15 décembre 1919. Proust avait donné un extrait de ce texte au journal socialiste *Le Matin* sur l'insistance de Colette. Celle-ci le publia précipitamment le 11 décembre 1919 après le prix Goncourt.

27. Le poète, à la tête d'une petite armée, refusait que la ville disputée à la Yougoslavie par l'Italie devienne indépendante.

CHAPITRE XV

1. En juin 1920 paraît une édition de luxe des *Jeunes Filles* tirée à cinquante exemplaires et contenant des fragments de manuscrit et d'épreuves corrigées. Elle est vendue par souscription au prix de 300 francs (Marcel Proust et Gaston Gallimard, *Correspondance*, p. 255. Lettre de juillet 1920 et sa note 3).

2. À compter du mois de février 1921, Proust touchera des mensualités de 2 500 francs, portées à 3 000 francs en février suivant.

3. Proust avait connu Philippe Soupault à Cabourg en 1913. L'année suivante, il lui avait envoyé un exemplaire de *Swann*.

4. Il envisagea de publier l'article dans la *NRF* ou dans *L'Opinion* en 1921. Il renoncera au projet; Daudet sent le soufre.

5. *CSB*, p. 615.

6. *Le Temps*, 4 novembre 1920. Il y eut aussi un article d'Henri de Régnier dans le Supplément littéraire du *Figaro* (28 novembre 1920) et un article de Jacques Boulenger dans *L'Opinion* (4 décembre 1920) exprimant quelques réserves sur la composition du roman, réserves qui seront reprises dans les pages que l'auteur consacrera à Proust dans un recueil critique : *Mais l'art est difficile* (1921). Un article mal intentionné (Proust s'y trouve comparé à une vieille institutrice qui entre dans le gratin) paraîtra en juillet 1921 dans *Les Écrits nouveaux* sous la signature d'André Germain. Ledit article amènera un froid entre Maurice Martin du Gard, directeur de la publication, et la NRF.

7. *Le Temps*, 12 mai 1921.

8. Il y eut aussi un article de Rosny aîné dans *Comoedia* (14 juin 1921).

9. Prépublications : « Une agonie », *NRF*, janvier 1921 ; « Un baiser », *NRF*, février 1921 ; « Une journée de brouillard », *La Revue hebdomadaire*, 26 février 1921.

10. Philip Kolb, « Du Bos, Gide et Proust », *Cahiers Charles du Bos*, n° 21, p. 45-46.

11. En revanche, Colette écrira à Proust : « Personne au monde n'a écrit des pages comme celles-là sur l'Inverti, personne ! » (*Corr.*, t. XX, p. 380, lettre de juillet 1921).

12. Voir Élisabeth Roudinesco, *Histoire de la psychanalyse en France*, t. II, p. 103-105 (Seuil, 1987).

13. « Gaston Gallimard parle », p. 22.

14. Après quelque hésitation — comme on le verra, le romancier songe en priorité à la publication dans *Les Œuvres libres* —, Proust a fait parvenir cet extrait à Jean Paulhan le 8 septembre. Le texte s'ouvre sur l'arrivée à Balbec. Un autre extrait paraîtra dans la *NRF* de décembre 1921 : « En tram jusqu'à la Raspelière ».

15. Les droits s'élèvent à 10 000 francs (environ 60 000 francs de 1994). Par comparaison, le premier tirage du *Côté de Guermantes II* devrait rapporter environ 23 500 francs au romancier (140 000 francs de 1994). Mais la NRF a du retard dans ses versements (calcul établi d'après les renseignements fournis par Pascal Fouché dans l'édition de la *Correspondance Proust-Gallimard*, p. 385, note 2).

16. Voir Antoine Compagnon, « Note sur *Sodome et Gomorrhe* », Pléiade, III, p. 1296.

17. Ce qui est parfaitement exact. À la date du 15 juillet 1921, la NRF, qui a incontestablement des difficultés de trésorerie, est débitrice de 50 185 francs envers l'écrivain (voir Pascal Fouché, *op. cit.*, p. 388, note 2).

18. *CSB*, p. 627.

19. En décembre 1922, le *Côté de Guermantes I* connaîtra un nouveau tirage de 4 400 exemplaires.

20. Proust présente les mêmes arguments dans une lettre publiée le 26 février 1922 dans *Les Annales politiques et littéraires*, en réponse à des questions d'André Lang (*CSB*, p. 640-641).

21. Il s'agit d'« Étrange et douloureuse raison d'un projet de mariage », *Intentions*, n° 4, avril 1922 et d'« Une soirée chez les Verdurin », *Les Feuilles libres*, n° 26, avril-mai 1922.

22. « L'arrivée de Mme d'Orvillers chez la princesse de Guermantes », dans le Supplément littéraire. D'autre part, la *NRF* de juin annonce sur sa quatrième de couverture la parution de *Sodome et Gomorrhe II* avec le texte suivant : « La figure singulière de M. de Charlus, à laquelle s'ajoutent des traits nouveaux, domine le nouvel ouvrage de M. Marcel Proust. Jamais moraliste ne pénétra si profondément dans les replis secrets des passions les plus étranges qu'il peint sans complaisance, mais avec une suprême liberté... » Le numéro d'avril annonçait à la même place le volume comme étant sous presse et reprenait la liste des livres de l'auteur déjà publiés.

23. Il y eut d'autres articles favorables dans *La Revue de Paris* du 1er juin (Henri Bidou), *Le Gaulois* du 1er juillet (André Chaumeix), *L'Intransigeant* du 13 juillet (Les Treize). Dans la *NRF* de juin, Roger Allard fit un article sur la question de la moralité, que Proust jugea bien léger.

24. *Corr.*, t. XXI, p. 357 (lettre du 16 juillet 1922 à Jean Schlumberger). Dans la même lettre, Proust lui reproche d'avoir présenté ses personnages selon une généalogie relevant de la transposition des sexes.

25. François Mauriac, « Sur la tombe de Marcel Proust », *La Revue hebdomadaire*, 2 décembre 1922, p. 7.

26. « M. Proust décrit le processus graduel et inévitable par lequel une théorie de l'expérience s'est formée dans la conscience qui l'applique »,

The Quarterly Review, cité par R. Gibson, *Proust et la critique anglo-saxonne*, p. 13.

27. *Mercure de France*, 15 janvier 1922, p. 365.

28. *Corr.*, t. XII, p. 230 (lettre de juillet 1913 à Louis de Robert).

CHAPITRE XVI

1. IV, p. 612.

2. Cité par Walter Berry dans *Hommage à Marcel Proust*, p. 74.

3. Cité par George Painter, *op. cit.*, t. II, p. 431.

4. Selon l'heureuse formule de Georges Poulet dans *Études sur le temps humain*, t. I, p. 408 (Le Rocher, 1976).

5. Céleste Albaret, *op. cit.*, p. 403.

6. Marcel Proust et Gaston Gallimard, *Correspondance*, p. 332 (lettre de fin mars 1921 à Gaston Gallimard).

7. *CSB*, p. 645.

8. Les motivations de Proust sont doubles : il pense toucher un public plus large et il compte sur les 10 000 francs de droits offerts par *Les Œuvres libres*.

9. L'article VI du contrat d'édition signé le 23 juin 1918 est le suivant : « L'autorisation de reproduire en France ou à l'étranger dans les journaux, revues, magazines, etc., tant en langue française qu'en langue étrangère, ou de publier en librairie, à l'étranger, par quelque mode que ce soit le texte français ou une traduction, devra être obtenue des deux parties. Les sommes à provenir de ces opérations seraient attribuées : moitié à M. Proust, moitié à la Société » (cité par Pascal Fouché, p. 646).

10. Dans *Les Œuvres libres* de février 1923 paraîtra un passage intitulé « Précaution inutile » qui a trait à la vie du narrateur jaloux avec Albertine. Dans la *NRF* de novembre 1922 paraîtront deux courts extraits : « La regarder dormir » et « Mes réveils ». Au début du mois d'octobre, Proust promettra à Rivière de lui offrir un fragment plus long tiré d'*Albertine disparue*, sur la mort de la jeune fille. Mais il ne donnera pas suite. Vers le 20 octobre, il ne propose plus au directeur de la *NRF* que des pages concernant l'ambassadeur Norpois, à la suite des remaniements qu'il vient d'effectuer sur le texte d'*Albertine disparue*.

11. *Monsieur Proust*, p. 413.

12. *Corr.*, t. XXI, p. 519 (lettre du 25 octobre 1922 à Jacques Rivière). Les extraits étaient déjà composés ; Rivière se pliera cependant aux exigences de Proust.

13. Voir Jean Milly, « Introduction » à *Albertine disparue*, p. 54-56.

14. Pierre-Edmond Robert, « L'édition des posthumes de *À la recherche du temps perdu* », *Revue des lettres modernes*, 1992, p. 146.

15. Jean Milly, *op. cit.*, p. 55.

16. Le numéro d'*Hommage* de la *NRF* qui paraîtra en janvier 1923 contiendra deux extraits : « Une matinée au Trocadéro » et « La mort de Bergotte ». *La Prisonnière* ne sera publiée qu'en novembre 1923. Dans les semaines qui suivent la mort de Proust, la NRF s'évertue à combattre la rumeur selon laquelle la *Recherche* serait un livre inachevé.

17. *La Prisonnière*, III, p. 693.

18. *Monsieur Proust*, p. 421.

19. *Ibid.*, p. 431.

Bibliographie

I

Œuvres de Marcel Proust

À la recherche du temps perdu, 4 vol., Paris, Gallimard, Bibliothèque de la Pléiade, 1987-1989 (édition établie sous la direction de Jean-Yves Tadié).

Jean Santeuil, précédé de *Les Plaisirs et les Jours*, Paris, Gallimard, Pléiade, 1971 (édition établie par Pierre Clarac avec la collaboration d'Yves Sandre).

Contre Sainte-Beuve, précédé de *Pastiches et Mélanges* et suivi de *Essais et Articles,* Paris, Gallimard, Pléiade, 1971 (édition établie par Pierre Clarac avec la collaboration d'Yves Sandre).

Albertine disparue, Paris, Grasset, 1987 (édition établie par Nathalie Mauriac et Étienne Wolff).

Albertine disparue, Paris, Champion, 1992 (édition établie par Jean Milly).

L'Indifférent, Paris, Gallimard, 1978.

Textes retrouvés, Paris, Gallimard, 1971 (*Cahiers Marcel Proust*, n° 3).

Le Carnet de 1908, Paris, Gallimard, 1976 (*Cahiers Marcel Proust*, n° 8).

Poèmes, Paris, Gallimard,1982 (*Cahiers Marcel Proust*, n° 10).

Matinée chez la princesse de Guermantes, Cahiers du Temps retrouvé, Paris, Gallimard, 1982 (édition critique établie par Henri Bonnet en collaboration avec Bernard Brun).

Bricquebec. Prototype d'À l'ombre des jeunes filles en fleurs, Oxford, Clarendon Press, l989 (texte établi par Richard Bales).

MAGDALEN COLLEGE LIBRARY

Écrits de jeunesse, 1887-1895, Paris, Institut Marcel Proust international, 1991.

Correspondance de Marcel Proust, 21 vol., Paris, Plon, 1970-1993 (correspondance établie par Philip Kolb).

Marcel Proust et Gaston Gallimard, *Correspondance*, Paris, Gallimard, 1989 (correspondance établie par Pascal Fouché).

Mon cher petit. Lettres à Lucien Daudet, Paris, Gallimard, 1991 (correspondance établie par Michel Bonduelle).

II

Ouvrages et éléments biographiques

ALBARET (Céleste), *Monsieur Proust*, Paris, Robert Laffont, 1973.

ASTRUC (Gabriel), *Le Pavillon des fantômes*, Paris, Belfond, 1987.

BÉHAR (Serge), *L'Univers médical de Proust*, Cahiers Marcel Proust, n° 1, Paris, Gallimard, 1970.

BENOIST-MÉCHIN (Jacques), *Avec Marcel Proust*, Paris, Albin Michel, 1977.

BIBESCO (Marthe), *Au bal avec Marcel Proust*, Cahiers Marcel Proust, n° 2, Paris, Gallimard, 1971.

BILLY (Robert DE), *Marcel Proust. Lettres et conversations*, Paris, Éd. des Portiques, 1930.

BLANCHE (Jacques-Émile), *Mes Modèles*, Paris, Stock, 1984.

BONNET (Henri), « Du côté de Combray », *Plaines et Collines*, n° 5, avril 1947.

—, *Alphonse Darlu, maître de philosophie de Marcel Proust*, Paris, Nizet, 1961.

—, *Marcel Proust de 1907 à 1914*, Paris, Nizet, 1971,

—, *Les Amours et la sexualité de Marcel Proust*, Paris, Nizet, 1985.

BRUNET (André), « À propos d'un cahier de philosophie de Xavier Léon », *BMP*, n° 31, 1981.

BUISINE (Alain), *Proust*, Paris, Lattès, 1991.

CANDAR (Gilles), « Jean Jaurès et Marcel Proust », *Bulletin de la Société d'études jaurésiennes*, n° 101, avril-juin 1986.

CHAPSAL (Madeleine), « Gaston Gallimard parle », *L'Express*, 5 janvier 1976.

COCTEAU (Jean), « Notes sur Proust », *NRF*, 1er juin 1930.

—, *Le Passé défini*, t. I, Paris, Gallimard, 1983.

COTTIN (Céline), « À l'ombre de Marcel Proust » (entretien avec Paul Guth), *Le Figaro littéraire*, 25 septembre 1954.

DAUDET (Lucien), *Autour de soixante lettres de Marcel Proust*, Paris, Gallimard, 1929 (*Cahiers Marcel Proust*, n° 5).

DELAGE (Roger), « Reynaldo Hahn et Marcel Proust », *BMP*, n° 26, 1976.

DIESBACH (Ghislain DE), *Proust*, Paris, Perrin, 1991.

DREUILHE (Alain), *Marcel Proust et les nationalismes*, Thèse Lettres, Paris IV, 1974.

DREYFUS (Robert), *Marcel Proust à 17 ans*, Paris, Simon Kra, 1926.

—, *Souvenirs sur Marcel Proust*, Paris, Grasset, 1926

—, *De M. Thiers à Marcel Proust*, Paris, Plon, 1939.

DUPLAY (Maurice), *Mon ami Marcel Proust, Cahiers Marcel Proust*, n° 5, Paris, Gallimard, 1972.

DUVEAU (Clovis), « Proust à Orléans », *BMP*, n°33, 1983.

FERRAND (Michel), *Marcel Proust asthmatique*, Paris, Arnette, 1939.

FERRÉ (André), *Les Années de collège de Marcel Proust*, Paris, Gallimard, 1959.

FRANCIS (Claude) et GONTIER (Fernande), *Marcel Proust et les siens*, Paris, Plon, 1981.

GAVOTY (Bernard), « Reynaldo Hahn, Marcel Proust et la Belle Époque », *Revue des Deux Mondes*, août 1975.

GIDE (André), *Journal 1889-1939*, Paris, Gallimard (Pléiade), 1951.

—, *Journal 1939-1949*, Paris, Gallimard (Pléiade), 1954.

GIMPEL (René), *Journal d'un collectionneur marchand de tableaux*, Paris, Calmann-Lévy, 1963.

GREGH (Fernand), « Mes souvenirs sur Marcel Proust », *Carrefour*, 16 novembre 1945.

—, *L'Âge d'or*, Paris, Grasset, 1947.

—, *L'Âge d'airain*, Paris, Grasset, 1951.

—, *Mon amitié avec Marcel Proust*, Paris, Grasset, 1958

GUILLOT DE SAIX, « Céleste servante au grand cœur nous raconte les derniers jours de Proust », *Les Nouvelles littéraires*, 20 novembre 1952.

HAHN (Reynaldo), *Notes. Journal d'un musicien*, Paris, Plon, 1933.

Hommage à Marcel Proust, NRF, 1ᵉʳ janvier 1923 (« NRF reprints », 1990).

JALOUX (Edmond), « Marcel Proust », *Revue de Paris*, juin 1951.

—, *Avec Marcel Proust*, Genève, La Palatine, 1953.

JOUHANDEAU (Marcel), *La Vie comme une fête*, Paris, Pauvert, 1977.

KOLB (Philip), « Proust vu à travers sa correspondance », *Annales du Centre universitaire méditerranéen*, 1972-1973.

—, « Proust et les Brancovan », *BMP*, n° 27, 1977.

—, « Du Bos, Gide et Proust », *Cahiers Charles du Bos*, n° 21, juin 1977.

LACRETELLE (Jacques DE), « Souvenirs sur Proust », *La Table ronde*, juin 1955.

—, « Souvenirs sur Proust », *Entretiens sur Marcel Proust*, La Haye, Mouton, 1966.

LE MASLE (Robert), *Le Professeur Adrien Proust (1834-1903)*, Paris, Lipschutz, 1935.

LE PICHON (Yann), *Le Musée retrouvé de Marcel Proust*, Paris, Stock, 1990.

LHOMEAU (Franck) et COELHO (Alain), *Marcel Proust à la recherche d'un éditeur*, Paris, Olivier Orban, 1988.

Marcel Proust, Catalogue de l'exposition à la Bibliothèque nationale, Paris, 1965.

MAURIAC (Claude), *Le Temps immobile*, t. X, Paris, Grasset, 1988.

MAURIAC (François), « Sur la tombe de Marcel Proust », *La Revue hebdomadaire*, 2 décembre 1922.

MAURIAC (Pierre), *Aux confins de la médecine*, Paris, Grasset, 1926.

MAUROIS (André), *À la recherche de Marcel Proust*, Paris, Hachette, 1949.

MAYER (Denise), « Le jardin de Marcel Proust », *Cahiers Marcel Proust*, n° 12, Paris, Gallimard, 1984.

MICHEL (François-Bernard), *Le Souffle coupé*, Paris, Gallimard, 1984.

MILLER (Milton), *Psychanalyse de Proust*, Paris, Fayard, 1977.

MORAND (Paul), *Le Visiteur du soir*, Genève, La Palatine, 1949.

MOROT-SIR (Édouard), « Introduction à une dissertation philosophique de Marcel Proust », *BMP*, n° 32, 1982.

PAINTER (George D.), *Marcel Proust*, 2 vol., Paris, Mercure de France, 1985.

PÉCHENARD (Christian), *Proust à Cabourg*, Paris, Quai Voltaire, 1992.

PIERRE-QUINT (Léon), *Proust et la stratégie littéraire*, Paris, Corrêa, 1954.

—, *Marcel Proust*, Paris, Le Sagittaire, 1976.

PLANTEVIGNES (Marcel), *Avec Marcel Proust*, Paris, Nizet, 1966.

POUQUET (Jeanne-Maurice), *Le Salon de madame Arman de Caillavet*, Paris, Hachette, 1926.

REY (Pierre-Louis), *Marcel Proust, sa vie, son œuvre*, Paris, Frédéric Birr, 1984.

ROSTAND (Jean), « Robert Proust », *Les Nouvelles littéraires*, 8 juin 1935.

SACHS (Maurice), *Le Sabbat*, Paris, Gallimard, 1960.

SCHEIKÉVITCH (Marie), *Souvenirs d'un temps disparu*, Paris, Plon, 1935.

SOUPAULT (Robert), « Adrien Proust », *Médecine de France*, n° 167, mai 1956.

—, *Proust du côté de la médecine*, Paris, Plon, 1967.

III

L'œuvre et sa genèse

ADAM (Antoine), « Notes à propos de Marcel Proust », *Revue des sciences humaines*, janvier-juin 1950.

ALDEN (Douglas), *Marcel Proust's Grasset Proofs*, North Carolina University Press, 1978.

AUTRET (Jean), « La dette de Marcel Proust envers Émile Mâle », *Gazette des Beaux-Arts*, janvier 1958.

BARDÈCHE (Maurice), *Marcel Proust romancier*, 2 vol., Paris, Les Sept Couleurs, 1971.

BERSANI (Jacques), *Les Critiques de notre temps et Proust*, Paris, Garnier, 1971.

BLANCHOT (Maurice), « Proust », *NRF*, août 1954.

BONNET (Henri), « Introduction » à l'édition critique de *Matinée chez la princesse de Guermantes*, Paris, Gallimard, 1982.

BOUILLAGUET (Annick), *Marcel Proust. Le jeu intertextuel*, Paris, Éd. du Titre, 1990.

BRUN (Bernard), « L'édition d'un brouillon et son interprétation : le problème du *Contre Sainte-Beuve* », dans *Essais de critique génétique*, Paris, Flammarion, 1979.

—, « Introduction » à l'édition de *Du côté de chez Swann*, Paris, GF-Flammarion, 1987.

BRYDGES (Robert), « Remarques sur le manuscrit et les dactylographies du *Temps perdu* », *BIP*, n° 15, 1984.

CHANTAL (René DE), *Marcel Proust critique littéraire*, Montréal, Les Presses de l'université de Montréal, 1967.

COMPAGNON (Antoine), « Notice » à *Sodome et Gomorrhe*, Bibliothèque de la Pléiade, t. III, Paris, Gallimard, 1988.

—, « Préface » à l'édition de *Du côté de chez Swann*, Gallimard (Folio), 1988.

—, *Proust entre deux siècles*, Paris, Seuil, 1989.

DEGUY (Jacques), « Étude de la revue *Le Banquet* », *BIP*, n° 4, 1976.

DESCOMBES (Vincent), *Proust, philosophie du roman*, Paris, Minuit, 1987.

ERMAN (Michel), « Philosophie du goût », dans *Marcel Proust : Geschmack und Neigung*, Tübingen, Stauffenburg Verlag, 1989.

FEUILLERAT (Albert), *Comment Marcel Proust a composé son roman*, New Haven, Yale University Press, 1934.

GIBSON (R.), « Proust et la critique anglo-saxonne », *Cahiers Marcel Proust*, n° 11, Paris, Gallimard, 1982.

GOUJON (Florence), « Des plans pour *Guermantes* », *BIP*, n° 21, 1990.

HENRY (Anne), *Marcel Proust. Théories pour une esthétique*, Paris, Klincksieck, 1981.

—, *Proust*, Paris, Balland, 1986.

KOLB (Philip), « La genèse de la *Recherche* : une heureuse bévue », *Revue d'histoire littéraire de la France*, septembre-décembre 1971.

MAURIAC-DYER (Nathalie), « Introduction » à *La Prisonnière* suivi d'*Albertine disparue*, Paris, Le Livre de poche classique, 1993.

MIGUET-OLLAGNIER (Marie), « *La Recherche* : tombeau d'Adrien Proust ? », *BIP*, n° 22, 1991.

MILLY (Jean), *Les Pastiches de Proust*, Paris, Armand Colin, 1970.

—, « Introduction » à *La Prisonnière*, Paris, GF-Flammarion, 1984.

—, *Proust dans le texte et l'avant-texte*, Paris, Flammarion, 1985.

—, « Introduction » à l'édition d'*Albertine disparue*, Paris, Champion, 1992.

NATUREL (Mireille), « À ajouter à Flaubert : une énigme », *BIP*, n° 23, 1992.

NICOLE (Eugène), « L'auteur dans ses brouillons : *Marginalia* des cahiers de Proust », *BMP*, n° 39, 1989.

POULET (Georges), *L'Espace proustien*, Paris, Gallimard (Tel), 1982.

QUÉMAR (Claudine), « De l'essai sur Sainte-Beuve au futur roman : quelques aspects du projet proustien à la lumière des avant-textes », *BIP*, n° 8, 1978.

RAIMOND (Michel), « Le Balzac de Marcel Proust », *BMP*, n° 18, 1968.

—, « Histoire du texte », dans *Un amour de Swann*, Paris, Éd. de l'Imprimerie nationale, 1987.

RIVIÈRE (Jacques), *Quelques progrès dans l'étude du cœur humain*, *Cahiers Marcel Proust*, n° 13, Paris, Gallimard, 1985.

ROBERT (Louis DE), *Comment débuta Marcel Proust*, Paris, Gallimard, 1969.

ROBERT (Pierre-Edmond), *Marcel Proust lecteur des Anglo-Saxons*, Paris, Nizet, 1976.

—, « L'édition des posthumes de *À la recherche du temps perdu* », *La Revue des lettres modernes* (Marcel Proust 1) ; Paris, Minard, 1992.

RODRIGUE (Jean-Marc), « Genèse du wagnérisme proustien », *Romantisme*, n° 57, 1987.

ROGERS (Brian G.), « Le Côté de Guermantes II », *BIP*, n° 20, 1989.

SARAYDAR (Alma), « Proust disciple de Stendhal, les avant-textes d'*Un amour de Swann* dans *Jean Santeuil* », *La Revue des lettres modernes*, Paris, Minard, 1980.

TADIÉ (Jean-Yves), *Proust*, Paris, Belfond, 1983.

—, « Proust et l'inachèvement », dans *Le Manuscrit inachevé*, Paris, Éd. du CNRS, 1986.

—, « Introduction générale » à la *Recherche*, Bibliothèque de la Pléiade, t. I, Paris, Gallimard, 1987.

YOSHIDA (Jo), « La grand-mère retrouvée. Le procédé de montage des " Intermittences du cœur " », *BIP*, n° 23, 1992.

YOSHIKAWA (Kazuyoshi), « Remarques sur les transformations subies par la *Recherche* autour des années 1913-1914 d'après des cahiers inédits », *BIP*, n° 7, 1978.

IV

Histoire littéraire

ANGLÈS (Auguste), *André Gide et le premier groupe de la NRF*, Paris, Gallimard, 3 vol., 1978-1986.

ASSOULINE (Pierre), *Gaston Gallimard*, Paris, Balland, 1984.

BAC (Ferdinand), *La Fin des temps délicieux*, Paris, Hachette, 1935.

BANCQUART (Marie-Claire), *Anatole France, un sceptique passionné*, Paris, Calmann-Lévy, 1984.

BLIN (Georges) (sous la direction de), *Autour de Natalie Clifford Barney*, Universités de Paris, Bibliothèque littéraire Jacques Doucet, 1976.

BOILLAT (Gabriel), *La Librairie Bernard Grasset et les lettres françaises*, Paris, Champion, 3 vol., 1974-1988.

BOTHOREL (Jean), *Bernard Grasset : vie et passion d'un éditeur*, Paris, Grasset, 1989.

BROCHE (François), *Maurice Barrès*, Paris, Lattès, 1987.

—, *Anna de Noailles. Un mystère en pleine lumière*, Paris, Robert Laffont, 1989.

CAU (Jean), *Croquis de mémoire*, Paris, Julliard, 1985.

COPEAU (Jacques), *Les Registres du Vieux-Colombier*, I, Paris, Gallimard, 1979.

DAUDET (Léon), *Fantômes et Vivants*, Paris, Nouvelle Librairie nationale, 1914.

DEFFOUX (Léon), *Chronique de l'Académie Goncourt*, Paris, Firmin-Didot, 1929.

DUPRAY (Micheline), *Roland Dorgelès. Un siècle de vie littéraire française*, Paris, Presses de la Renaissance, 1986.

JACKSON (A. B.), *La Revue blanche*, Paris, Minard, 1957.

KESSEDJIAN (François), « La Décadence et Robert de Montesquiou », *BMP*, n°17, 1967.

MOLINO (Lina), *La Nouvelle Revue française dans l'histoire des lettres*, Paris, Gallimard, 1939.

MONTESQUIOU (Robert DE), *Les Pas effacés*, 3 vol., Paris, Émile Paul, 1923.

MONTFORT (Eugène), *Vingt-cinq ans de littérature française*, 2 vol., Paris, Librairie de France, 1922-1925.

PENNEL (Joseph et Élisabeth), *James McNeill Whistler*, Paris, Hachette, 1913.

RIVIÈRE (Alain)(éd.), « Le dialogue entre Jacques Rivière et Jacques Copeau », *Bulletin des amis de Jacques Rivière et d'Alain-Fournier*, n° 27, 1982.

RIVIÈRE (Jacques), *Nouvelles Études*, Paris, Gallimard, 1947.

RIVIÈRE (Jacques et Isabelle), *Correspondance, Bulletin des amis de Jacques Rivière et d'Alain-Fournier*, n° 52/53, 1989.

V

Histoire et société

BECKER (Jean-Jacques), *La Première Guerre mondiale*, Paris, M. A. éditions, 1985.

BILLY (André), *L'Époque 1900*, Paris, Tallandier, 1951.

BREDIN (Jean-Denis), *L'Affaire*, Paris, Julliard, 1983.

CRÉMAZIE (Octave), « Journal du siège de Paris », dans *Œuvres*, vol. II, Éd. de l'université d'Ottawa, 1976.

CRUBELIER (Maurice), *Histoire culturelle de la France, XIXe-XXe siècle*, Paris, Armand Colin, 1974.

DAUDET (Léon), *Paris vécu*, Paris, Gallimard, 1930.

—, *Salons et Journaux*, Paris, Grasset, 1932.

DUBY (Georges) (sous la direction de), *Histoire de la France*, Paris, Larousse, 1987.

FAYOL (Amédée), *Auteuil au cours des âges*, Paris, Librairie académique Perrin, 1947.

GERBOD (Paul), *La Vie quotidienne dans les lycées et collèges au XIXe siècle*, Paris, Hachette, 1968.

GYP, *La Joyeuse Enfance de la IIIe République*, Paris, Calmann-Lévy, 1931.

HALÉVY (Daniel), *Pays parisiens*, Paris, Grasset, 1932.

HAUSSER (Élisabeth), *Paris au jour le jour. Les événements vus par la presse 1900-1919*, Paris, Minuit, 1968.

LEROY (Géraldi) *et alii*, *Les Écrivains et l'affaire Dreyfus*, Paris, PUF, 1983.

MAYEUR (Jean-Marie) *et alii*, *Histoire du peuple français*, t. V, Paris, Nouvelle Librairie de France, 1964.

MAYEUR (Jean-Marie), *Les Débuts de la IIIe République*, Paris, Seuil, 1973.

—, *La Vie politique sous la IIIe République*, Paris, Seuil, 1984.

MIQUEL (Pierre), *La Grande Guerre*, Paris, Fayard, 1983.

MOLLIER (Jean-Yves), *L'Argent et les lettres*, Paris, Fayard, 1988.

PROST (Antoine), *L'Enseignement en France, 1800-1967*, Paris, Armand Colin, 1968.

SIX (Jean-François), *1886. Naissance du XXe siècle en France*, Paris, Seuil, 1986.

WEBER (Eugen), *Fin de siècle*, Paris, Fayard, 1986.

Index

MAGDALEN COLLEGE LIBRARY

SCHEIKÉVITCH (Marie) : 167, 190.
SCHIFF (Sydney) : 224, 228, 238.
SCHIFF (Violet) : 210, 238.
SCHLUMBERGER (Jean) : 162, 181, 206, 225, 233.
SCHOPENHAUER (Arthur) : 98.
SCHUBERT (Franz) : 169.
SCHUMANN (Robert) : 169.
SCHWOB (Marcel) : 69.
SÉAILLES : 86.
SÉCHÉ : 145.
SEM : 143.
SÉVIGNÉ (Marquise de) : 40, 77.
SHAKESPEARE (William) : 76, 118, 215.
SIDDAL (Élisabeth) : 113.
SOCRATE : 33.
SOLIMEI (Carlos Zucchini) : 205.
SOLLIER (docteur) : 128.
SOREL (Albert) : 47, 123.
SOUDAY (Paul) : 171, 214, 225, 234, 241.
SOUPAULT (Philippe) : 223.
SOUTZO (Hélène) : 192-194, 199, 205.
SPINOZA (Baruch) : 146.
STAËL (Mme de) : 118.
STENDHAL : 146, 215, 218.
STEVENSON (Robert Louis) : 17, 115.
STRAUS (Émile) : 18, 179.
STRAUS (Mme) : 44, 45, 48, 49, 51, 53, 57, 62, 86, 92, 93, 105, 109, 131, 140, 142-144, 155, 159, 170, 184, 189, 193, 199.
STRAVINSKI (Igor) : 155.
SULLY PRUDHOMME : 68, 109.

TACITE : 23, 171.
TAGORE (Rabindranath) : 232.

TAINE (Hippolyte) : 145.
TARDE (Gabriel de) : 80.
THIBAUDET (Albert) : 214.
THIERRY (Augustin) : 23, 26.
THIERS (Adolphe), 9, 12.
TIRMAN (Louis) : 47.
TOLSTOÏ (Léon) : 48, 61, 62, 135.
TOULOUSE-LAUTREC (Henri de) : 49, 143.
TRARIEUX (Gabriel) : 31, 40.
TRONCHE (Gustave) : 212.
TRUC (Gonzague) : 214.
TURNER (William) : 97, 114, 151.

ULRICH (Robert) : 150.
UZANNE (Octave) : 82.
UZÈS (famille) : 118.

VALÉRY (Paul) : 222, 223.
VALLETTE (Alfred) : 111, 112, 147, 149, 222.
VALLÈS (Jules) : 24.
VAN BLARENBERGHE (Henri) : 136, 137.
VANDÉREM (Fernand) : 209, 225, 233.
VAN DYCK (Anton) : 51, 68.
VAUDOYER (Jean-Louis) : 150, 167, 221, 231, 232.
VERLAINE (Paul) : 26, 30, 60, 66.
VERMEER de DELFT : 231, 232.
VERNE (Jules) : 64.
VETTARD (Camille) : 241.
VIGNY (Alfred de) : 197.
VIOLLET-LE-DUC (Eugène) : 54.
VIVARINI : 133.
VIVIANI (René) : 174.
VUILLARD (Édouard) : 113, 143.

WAGNER (Richard) : 59, 60, 113, 151, 169, 188.

WAGRAM (comtesse de) : 54.

WALDECK-ROUSSEAU (Pierre) : 89, 125.

WARENS (Mme de) : 74.

WATTEAU (Antoine) : 68.

WEIL (Adèle) : 19, 25, 28.

WEIL (Baruch) : 11.

WEIL (Georges) : 18, 19, 130.

WEIL (Mme Georges) : 132, 207.

WEIL (Jeanne), voir : PROUST (Jeanne).

WEIL (Lazare, dit Louis) : 11, 12, 19, 20, 27, 28, 33, 91, 132.

WEIL (Nathé) : 11, 19, 27, 28, 34, 91, 142.

WELLS (Herbert-George) : 147, 184.

WHISTLER (James) : 62, 113, 115, 116, 151.

WIDMER (docteur) : 128.

WILDE (Oscar) : 42, 65.

WILLY : 148.

WILSON (Thomas Woodrow) : 189, 200.

YEATMAN (Léon) : 55, 100.

ZAHAROFF (Basil) : 238.

ZOLA (Émile) ; 86-91.

Table des matières

Mise en page
par LAMBDA BARRE
78620 L'ÉTANG-LA-VILLE

Impression réalisée sur CAMERON par
BRODARD ET TAUPIN
La Flèche

pour le compte des Éditions Fayard
en février 1994

Imprimé en France
Dépôt légal : février 1994
N° d'édition : 8921 – N° d'impression : 67671-5
ISBN : 2-213-59211-X
35-68-9211-01/0